谨以此书献给长期从事大学生思想政治教育的工作者们

DAXUESHENG DANGYUAN
XIANJINXING JIAOYU DUBEN

# 大学生党员

## 先进性教育读本

孙书光◎著

科学出版社
北 京

## 内 容 简 介

本书在全面阐述大学生党员先进性教育相关理论问题的基础上，重点对保持大学生党员先进性教育活动中所存在的问题与措施、长效机制的内容与建立，以及民生视阈下大学生党员先进性教育问题等进行了探讨，同时紧密结合中国共产党90年光辉历程和当下涌现的英雄模范人物事迹进行了认真的思考，提出了重提保持大学生党员先进性教育和不断提高大学生培养质量的对策建议。

本书可作为大学生入党启蒙教育和大学生党员继续教育的培训教材，也可作为高等院校党务工作者、思想政治理论课教师的参考用书。

**图书在版编目（CIP）数据**

大学生党员先进性教育读本/孙书光著．—北京：科学出版社，2011

ISBN 978-7-03-032266-1

Ⅰ．①大… Ⅱ．①孙… Ⅲ．①中国共产党-高等学校-党员-思想政治教育-研究 Ⅳ．①D261.42

中国版本图书馆CIP数据核字（2011）第179784号

责任编辑：侯俊琳 李 娄 程 凤 / 责任校对：钟 洋
责任印制：徐晓晨 / 封面设计：无极书装
编辑部电话：010-64035853
E-mail：houjunlin@mail.sciencep.com

科学出版社出版
北京东黄城根北街16号
邮政编码：100717
http://www.sciencep.com
北京凌奇印刷有限责任公司印刷
科学出版社发行 各地新华书店经销

*

2012年3月第 一 版 开本：B5（720×1000）
2020年2月第五次印刷 印张：17 1/2
字数：263 000
**定价：79.00元**
（如有印装质量问题，我社负责调换）

# 不断的追求　永远的责任（自序）

一个有远见的民族，总是把关注的目光投向青年；一个有远见的政党，总是把青年看做是推动社会历史前进的最活跃力量。[①] 胡锦涛同志在庆祝中国共产党成立 90 周年大会上的讲话中强调，青年是我们党的未来和希望，这既是历史的生动写照、现实的深切呼唤，也是对祖国富强和民族复兴的殷切期待。[②] 当今，大学生党员就是青年群体中的中坚力量。如何使大学生党员不断发展、实现卓越，为将来走向工作岗位打下坚实的基础，成为社会主义现代化建设的栋梁，是高等院校面临的迫切任务；如何不断加强大学生党员先进性教育，切实提高大学生的就业能力和社会影响力，是高等院校广大思想政治工作者必须高度重视又要注重实效的问题。

2004 年 8 月，中共中央、国务院颁发了《中共中央国务院关于进一步加强和改进大学生思想政治教育的意见》（中发〔2004〕16 号文件）。该文件强调指出："大学生是十分宝贵的人才资源，是民族的希望，是祖国的未来。"在社会主义市场经济体制不断发展和完善的今天，如何为社会主义现代化建设培养更多、更好的人才，是摆在我们教育工作者面前的紧迫任务。根据党的十六大和

---

① 2011 年 7 月 11 日人民日报评论员文章，《赢得青年，就是赢得未来和希望——七论学习贯彻胡锦涛同志"七一"重要讲话》，新华网，北京 2011 年 7 月 10 日电。

② 胡锦涛在庆祝中国共产党成立 90 周年大会上的讲话，新华网，2011 年 7 月 1 日。

十六届四中全会精神，为进一步加强党的执政能力建设，全面推进党的建设新的伟大工程，确保党始终走在时代前列，更好地肩负起历史使命，中共中央决定，从2005年1月开始，用一年半左右的时间，在全党开展以实践“三个代表”重要思想为主要内容的保持共产党员先进性的教育活动。这项全党范围的先进性教育活动虽然已经结束，但是对党员，特别是对大学生党员进行马克思主义理论经常性教育远远没有结束。党的十七大报告指出：“先进性是马克思主义政党的生命所系、力量所在，要靠千千万万高素质党员来体现。要扎实抓好党员队伍建设这一基础工程，坚持不懈地提高党员素质。”① 回顾中国共产党90年发展历程，全党必须清醒地看到，在世情、国情、党情发生深刻变化的新形势下，提高党员领导干部素质和社会形象，提高党的领导水平和执政水平，提高党员领导干部拒腐防变和抵御风险能力，加强党的执政能力建设和先进性建设，保持党和国家长治久安、和谐发展、繁荣昌盛，面临着许多前所未有的新情况、新问题、新挑战。在这样的背景下，对如何进一步加强大学生党员先进性教育，如何为社会主义现代化事业培养建设者和接班人，在全党范围开展的保持共产党员先进性教育活动在高等院校开展得如何，特别是对大学生党员进行先进性教育的重要性和必要性如何，其基本内容、评价标准又怎样，大学生党员先进性教育过程中又存在哪些问题及其应对措施，如何建立保持大学生党员先进性教育长效机制等问题，我们必须作认真的思考。本书就是笔者积极开展党的先进性教育活动、切实践行“三个代表”重要思想、长期从事马克思主义理论与思想政治教育教学工作的阶段性成果，也是笔者长期从事大学生思想政治教育工作所取得经验的总结，必将对进一步推动大学生的思想政治工作具有重要的借鉴性意义。

笔者多年来一直从事高等院校马克思主义理论与思想政治教育研究和教学工作，身处日常大学生思想政治工作第一线。本书的学术特色，就是能紧密结

① 胡锦涛在中国共产党第十七次全国代表大会上的报告，《高举中国特色社会主义伟大旗帜 为夺取全面建设小康社会新胜利而奋斗》，2007年10月15日。

合大学生思想政治教育工作的实际，紧密结合党的路线、方针和政策，积极吸收当今关于大学生党员先进性教育最新理论成果，通过开展党的先进性教育活动，特别是对保持大学生党员先进性教育的长效机制、经常性理论教育进行研究。关于这方面的学术专著，目前国内学术界、理论界还不多见。现在已出版的关于大学生党员先进性教育方面的著作，大多是在全党范围内开展的保持共产党员先进性教育活动过程中高等院校关于先进性教育研究的论文集。笔者长期从事马克思主义理论与思想政治教育教学和研究，有着比较丰富的大学生思想政治教育和管理方面的经验，并试图结合当今创先争优活动中所涌现的先进典型，从上述方面进行有益的探索。其特点就是研究对象具体、实践性强、有可操作性和一定的创新性，也是笔者多年来教学与管理经验的总结。这对高等院校的思想政治工作和我国教育界都将起着积极的借鉴作用。

随着高等教育的不断发展，我国青年一代的综合素质也在不断提高，大学生的综合素质从总的方面看也是喜人的，但是，在实际工作中，笔者也深深感觉到目前大学生的素质良莠不齐、千差万别，特别是在当今世情、国情、党情发生深刻变化的新形势下，大学生的思想政治素质差别更大。这就要求我们必须加强对大学生的思想政治教育。因为从家庭、学校和社会等多方面看，我们的思想政治教育工作还存在许多问题，与党的教育目标还相差很远。在大学生中，甚至在大学生党员中也存在诸多问题，如共产主义理想信念问题，世界观、人生观和价值观问题，奉献与索取问题，传统文化与世界文明问题，现实任务与未来目标问题等。这些问题的存在使高等院校思想政治工作面临着严峻的挑战，使高等院校的思想政治工作者倍感重任在肩、挑战巨大。因此，本书以“大学生党员先进性教育”为题，积极开展对大学生思想政治教育的研究，从而不断促进大学生党员综合素质的提高，为构建社会主义和谐社会培养更多更优秀的人才。

不断的追求，永远的责任，是广大思想政治工作者的奋斗目标和应尽的义务。笔者长期从事马克思主义理论与思想政治教育教学和研究，对大学生思想政治教育工作，可谓是兢兢业业、踏踏实实，在自己的工作岗位上为单位的发展和建设做出了一定的贡献。笔者愿意充分发挥自己的专业优势，不断进取，加强学习，以人才培养质量为核心，为建设学习型党组织、学习型社会而倍加努力，积极为我国的教育事业贡献自己更大的力量。同时，本书的出版也是向党的十八大献礼！

孙书光

2011 年 7 月 31 日

# 目录

# 导　论

## 一、保持大学生党员先进性教育的背景及其重要意义

在经济全球化背景下，世情、国情、党情深刻变化，利益、价值、观念日趋多元。在社会主义现代化进程中，切实发挥青年作用，重视青年工作，特别是在高等院校加强大学生教育，充分发挥大学生党员的先锋模范作用，为社会主义现代化建设培养高素质的建设者和接班人，具有更加重要的战略意义和现实意义。因为要想赢得青年，就必须用先进的理论引导青年，用光辉的事业凝聚青年，用良好的作风吸引青年，用优化的环境影响青年。这就要求各级党组织必须用马克思主义中国化最新成果教育和引导青年，特别是对大学生党员进行先进理论引导教育，造就更多的青年马克思主义者。广大青年，特别是大学生党员要永远热爱我们伟大的党、伟大的祖国、伟大的事业和伟大的人民，能够始终坚定共产主义理想信念，增长知识本领，锤炼品德意志，矢志拼搏奋斗，在为国家富强和人民幸福奋斗的伟大事业中建功立业，成长成才，为社会主义现代化建设做出应有的贡献。

### 1. 保持大学生党员先进性教育的背景

2004年8月26日，中共中央、国务院颁发的《中共中央国务院关于进一步加强和改进大学生思想政治教育的意见》，以“三个代表”重要思想为指导，贯彻党的十六大精神，就新形势下加强和改进大学生思想政治教育工作做出全面

部署，是当前指导我们加强和改进大学生思想政治教育的纲领性文献。因为大学生是十分宝贵的人才资源，是民族的希望，是祖国的未来。在当今国际国内形势下，要加强和改进大学生的思想政治工作，不断提高大学生的综合素质，为社会主义现代化建设培养合格的接班人，特别是提高大学生党员的社会影响力，就必须“要坚持和巩固马克思主义在意识形态领域的指导地位，在哲学社会科学教学中充分体现马克思主义中国化的最新理论成果，用科学理论武装大学生，用优秀文化培育大学生”①。该意见把大学生思想政治教育作为事关国家前途命运的战略工程，作为推进社会主义现代化建设的基础工程，作为全面建设小康社会、实现中华民族伟大复兴的希望工程，充分体现了以胡锦涛同志为总书记的党中央对大学生思想政治教育的高度重视和对大学生健康成长的殷切希望。该意见同时指出，“面对新形势、新情况，大学生思想政治教育工作还不够适应，存在不少薄弱环节。一些地方、部门和学校的领导对大学生思想政治教育工作重视不够，办法不多。全社会关心支持大学生思想政治教育的合力尚未形成”②。因此，加强和改进大学生思想政治教育是一项极为紧迫的重要任务。笔者在2004年年初就提出全党不仅要加强和改进未成年人的思想政治教育工作，更要重视加强和改进大学生的思想政治教育。该意见的颁发，为加强和改进大学生的思想政治教育、保持大学生党员的先进性、切实提高大学生的综合素质，奠定了坚实的理论基础。

2004年11月7日，中共中央又印发了《中共中央关于在全党开展以实践“三个代表”重要思想为主要内容的保持共产党员先进性教育活动的意见》（中发〔2004〕20号文件）。2005年1月，中共中央召开保持共产党员先进性教育活动工作会议，全党范围的先进性教育活动随即在全国逐次展开。这项决策的提出，源于2000年中共中央组织部组织开展的30万名党员思想状况调查。这次调查表明，从总体上看，我们党的基层组织是有战斗力的，党员队伍的主流是好的。但是，在新的形势下，我们的党员队伍中还存在着与保持党的先进性的

①② 中共中央、国务院颁发的《中共中央国务院关于进一步加强和改进大学生思想政治教育的意见》（中发〔2004〕16号文件），2004年8月26日。

要求不相适应、不相符合的问题。加强党的先进性建设，使中国共产党始终做到代表中国先进生产力的发展要求，代表中国先进文化的前进方向，代表中国最广大人民的根本利益，是加强和改进党的建设的长期任务和永恒课题。在高等院校，保持共产党员的先进性，特别是保持大学生党员的先进性，仍具有极为重要的现实意义。

保持共产党员先进性教育活动是中国共产党加强党的执政能力建设和先进性建设的一次成功实践。从 2005 年 1 月开始，全党开展了以实践“三个代表”重要思想为主要内容的保持共产党员先进性教育活动，历时一年半，到 2006 年 6 月基本结束。虽然全党范围保持共产党员先进性教育活动已经结束五年多了，但是对广大党员进行先进性教育永远不会结束，在大学生党员中开展的先进性教育活动也永远不会结束，并且是高等院校思想政治工作者的经常性工作，也是在实践中必须高度重视的问题。因为要想赢得青年，充分发挥青年的作用，就必须用先进的理论教育和引导青年，用典型示范和榜样影响和带领青年，用光辉的事业凝聚和造就青年。

2007 年 10 月，胡锦涛同志在党的十七大报告中指出，“党要站在时代前列带领人民不断开创事业发展新局面，必须以改革创新精神加强自身建设，始终成为中国特色社会主义事业的坚强领导核心”，“全面巩固和发展先进性教育活动成果，着力加强基层党的建设”。① 可见，加强党员先进性教育是我们党长期的任务，特别是在当下，加强大学生党员先进性教育还任务艰巨，不可忽视。

总结中国共产党 90 年的发展历程，我们党保持和发展马克思主义政党先进性的根本点之一就是：坚持解放思想、实事求是、与时俱进，以科学态度对待马克思主义，用发展着的马克思主义指导新的实践，不断增加新鲜血液，始终保持党的蓬勃活力，正视并及时解决党内存在的突出问题，始终保持党的肌体健康。② 在新形势下，加强和改进大学生思想政治教育工作，永葆大学生党员的

① 胡锦涛在中国共产党第十七次全国代表大会上的报告，《高举中国特色社会主义伟大旗帜 为夺取全面建设小康社会新胜利而奋斗》，2007 年 10 月 15 日。

② 胡锦涛在庆祝中国共产党成立 90 周年大会上的讲话，新华网，2011 年 7 月 1 日。

先进性，为社会主义现代化建设不断增加新鲜血液，不断提高人才培养质量，提高党的战斗力和影响力，是立足现实、惠及未来的光辉事业。

2. 重要意义

在党员领导干部或者全党范围开展的“三讲”教育和先进性教育活动，都是中国共产党加强自身建设的重要形式，是提高党的执政能力的重要手段。回顾我们党的发展历程，把经常性教育与适当的集中性教育结合起来，是我们党加强自身建设、保持党的先进性的一条重要经验。在全党开展先进性教育活动，正是我们党在改革开放和发展社会主义市场经济的历史条件下，为实现党的与时俱进、始终保持先进性而做出的战略决策。这对进一步用“三个代表”重要思想武装全党，对加强党的先进性建设和执政能力建设、全面推进党的建设新的伟大工程，对加紧培养社会主义现代化建设事业接班人，对实现全面建设小康社会宏伟目标、推进中国特色社会主义伟大事业，都具有十分重大的意义。

党员干部队伍中存在的问题，在大学生党员中也不同程度地存在着。结合现实，面对未来，对共产党员，特别是大学生党员继续进行先进性教育具有深远的现实意义和实践价值。当前，加强和改进大学生思想政治教育工作，更有效地用马克思主义理论武装大学生头脑的问题，就是我们必须认真思考的问题。因为，“加强和改进大学生思想政治教育，提高他们的思想政治素质，把他们培养成中国特色社会主义事业的建设者和接班人，对于全面实施科教兴国和人才强国战略，确保我国在激烈的国际竞争中始终立于不败之地，确保实现全面建设小康社会、加快推进社会主义现代化的宏伟目标，确保中国特色社会主义事业兴旺发达、后继有人，具有重大而深远的战略意义”①。

本书就是基于当前国际国内的形势和保持共产党员先进性教育活动、创先争优活动而思考的，是马克思主义中国化的最新理论成果紧密结合当今社会

① 中共中央、国务院颁发的《中共中央国务院关于进一步加强和改进大学生思想政治教育的意见》(中发〔2004〕16号文件)，2004年8月26日。

实际的，具有很强的实践性和操作性的阶段性成果，这也是常见常新的理论问题。

## 二、国内研究概况与社会效益分析

### 1. 国内研究概况

目前，关于加强和改进大学生思想政治教育、党建和思想政治工作等研究成果较多，关于用马克思主义理论武装大学生头脑的文章也不少，但是将上述内容与保持共产党员先进性教育活动结合起来，进一步强调或者重申加强大学生党员先进性教育研究的较高水平的学术著作还不多，特别是紧密结合当代大学生党员的实际、限于大学生党员先进性教育研究且更具操作性的学术著作，就显得更少。目前所见的关于大学生党员先进性教育的著作大多是2006年在全党范围开展的保持共产党员先进性教育活动结束时，高等院校思想政治工作者关于先进性教育的研究成果论文集。因此，作为长期从事马克思主义理论与思想政治教育教学、研究的理论工作者，笔者愿意进一步探究加强和改进大学生思想政治教育，更有效地用马克思主义理论武装大学生头脑，特别是用马克思主义中国化的最新理论成果教育和影响大学生，继续研究保持大学生党员先进性教育长效机制问题。

我国是社会主义国家，坚持以马列主义、毛泽东思想、邓小平理论和“三个代表”重要思想为我们党的指导思想。这一点必须坚持，毫不动摇。但是，在实践中，我们对国民教育，特别是对广大青少年的教育还存在许多问题。例如，有人认为学习马克思主义理论已经过时、西方自由化思想更加实际等。这对我们的教育提出了严峻的挑战，特别是在进一步推进马克思主义中国化、时代化、大众化的过程中又面临着许多困难。更何况，在我们的教育界，教育制度、教育方法、教师素质、学生能力、教学条件等方面确实存在许多不尽如人意或者不平衡的问题。在思想政治教育领域，从表面上看好像是“歌舞升平”，实际上差异较大，或者大多是表面文章而已。在很多高等院校、很多领域还存在许多盲区和死角，在实践中马克思主义理论运用得很不理想，也没有应有的重要地位。这就要求我们广大的思想政治工作者紧密结合我们党90年来的光辉历程，必须肩负起历史使命，不断学习党的创新理论，进一步传播党的创新理论，进一步发展党的创新理论，完成党赋予我们的光荣任务，在各级各类学校中继续开展保持共产党员先进性教育活动，并要努力落到实处，增强思想政治教育工作的实效性，从而为社会主义现代化建设培养更多高质量的人才。

2. 社会效益分析

通过对马克思主义理论与思想政治教育的研究，特别是结合党的十七大以来的文件精神，结合全党范围开展的保持共产党员先进性教育活动所取得的伟大成果，本书具有一定的社会效益和经济价值。

首先，这是为社会主义现代化建设培养优秀人才的需要。大学生是十分宝贵的人才资源，是民族的希望，是祖国的未来。祖国要振兴，社会要发展，必须要有强大的人才支持和智力支持。大学生党员则是青年群体中的精英部分。因此，我们加强对大学生的思想政治教育，加强和保持对大学生党员的先进性教育，至关重要，这对为加强社会主义现代化建设而培养优秀的建设者和接班人具有重要的意义。

其次，这是提高整体国民素质的需要。要提高整体国民的素质，就必须紧紧抓住青年一代，可以说，谁抓住了青年，谁就抓住了未来。我们党的90年伟大征程，就是一首始终代表广大青年、赢得广大青年、依靠广大青年的“青春之歌”。大学生党员，就是青年群体中的精英，是青年的马克思主义者，在社会有着广泛的影响，同时，大学生党员代表着优秀青年的一部分，其关系到民族的希望、祖国的未来。加强大学生党员先进性教育，是提高大学生综合素质、提高整体国民素质的需要。

最后，这是加强和改进思想政治工作的需要。通过开展大学生党员先进性教育研究，对全党范围的保持共产党员先进性教育活动继续思考，重提加强大学生党员先进性的重要性，还对高等院校思想政治工作理论与实践作总结和探索，促使广大思想政治工作者对大学生思想政治教育工作作进一步的思考，为经济与社会的发展，为物质文明和精神文明建设，为社会主义现代化建设培养更多更优秀的人才贡献力量。

## 三、主要内容

笔者通过本书，结合建党 90 周年的光辉历程，继续认真学习和研究《中共中央国务院关于进一步加强和改进大学生思想政治教育的意见》，继续学习和总结保持共产党员先进性教育活动文件精神及所取得的伟大成果，结合胡锦涛同志在 2011 年“七一”重要讲话精神，不断加强对大学生的教育，特别是结合对大学生党员进行的保持共产党员先进性教育活动，以马克思主义理论武装大学生的头脑，为社会主义现代化建设培养高素质人才，从而进一步研究和探索在新形势下高等院校大学生思想政治教育的内容、规律和经验。本书主要内容有关于加强大学生党员先进性教育的重要性和必要性、加强大学生党员先进性教育的主要内容、大学生党员先进性教育存在的问题与措施、加强和改进大学生思想政治教育工作必须灌输马克思主义理论、大学生思想政治教育工作与大学生就业能力问题、高等院校大学生思想政治教育工作的经验、大学生党员先进性教育的现实思考、如何进一步阐述大学生党员先进性教育与大学生思想政治工作、大学生综合素质的培养、大学生人生价值的实现、校园文化建设、大学生党员先进性教育工作中存在的主要问题、影响大学生党员先进性教育的主要因素、保持大学生党员先进性的有效途径、如何真正充分发挥大学生党员的积极作用等方面。

本书要重点解决的问题就是紧密结合保持共产党员先进性教育活动，结合胡锦涛同志在庆祝中国共产党成立 90 周年大会上的讲话中的指示精神，在如何加强和改进大学生思想政治教育、如何提高大学生党员社会影响力、如何提高人才培养质量等方面作些具体的思考，进一步思考保持大学生党员先进性长效机制问题，并为大学生综合素质的提高提供必要的建议，为高等院校提高人才培养质量和为加强党建与思想政治工作提供有效的措施，从而为经济社会发展服务。这也是本书的难点，因为思想政治工作是一项长期而复杂的任务，需要社会多方面的合力。

本书是在认真学习中央文件精神的基础上，结合胡锦涛同志在庆祝中国共产党成立90周年大会上的讲话精神，结合高等院校学习型党组织建设，广泛收集资料，进行调查研究，深入总结分析，在形成具有独到见解的一系列论文、调查报告基础上而编写的。本书是笔者多年来从事马克思主义理论与思想政治教育工作教学、研究和工作实践的总结，也是笔者近年来从事大学生党员先进性教育方面课题研究所形成成果的总结和重新思考，同时也对大学生党员先进性教育的一些理论问题进行了梳理和归纳，为新形势下有效开展大学生思想政治工作，切实提高人才培养质量提供了有益的借鉴。

由于辽宁是全国的教育大省，高等院校数量比较多，大学生数量也比较多，层次又比较复杂，所以，笔者在调查研究的时候，可能有所遗漏或者不全面；各高等院校的具体情况不同，文、理、工、艺、体等专业又存在明显的差别，有的高等院校片面重视重点学科建设，对大学生思想政治工作的重视程度又不够，对大学生思想政治工作队伍的建设和投入也不足，这些都能成为科学研究的制约因素。学术水平和科学研究经费也可能是限制笔者进行大学生党员先进性教育研究的因素。在当下，有许多思想政治教育工作者面临着种种困惑或者困难，受社会各方面因素的限制，重提加强大学生党员先进性教育还会遇到很多问题。但是，笔者会积极地想办法，尽可能地全面调查，把可能存在的问题、所面临的困难给以充分的认识，并尽量利用各方面的积极因素，以适当的物质和精神投入，保证关于加强大学生党员先进性教育研究的正常进行，积极投身于为社会主义现代化建设培养人才的大潮之中，为大学生思想政治工作者们提供有价值的素材和工作的方法，为培养社会主义现代化建设高素质人才做出自己应有的贡献。

## 四、创新之处及对未来的设想

1. 学术特色与立论依据

本书的学术特色，是紧密结合大学生思想政治教育工作的实际，结合2005年以来在全党范围开展的保持共产党员先进性教育活动的伟大成果，通过调查研究，强调继续加强大学生党员先进性教育工作的经常性和实效性。目前国内学术界、理论界结合这两方面的研究成果还不多。笔者长期从事马克思主义理论与思想政治教育教学和研究，有着丰富的大学生思想教育和管理方面的经验，并力争在思想政治教育领域、党建研究领域产生一定的影响。本书的特点就是面向基层，面向学生，实践性强，有操作性。这必将对大学生思想政治教育工作和党建工作发挥积极的推动作用。

本书的立论依据是，随着我国高等教育的不断发展，青年一代的综合素质也在不断提高，大学生的综合素质从总的方面看也是喜人的，但是，在实际工作中，笔者深深地感觉到我们的大学生个人素质还良莠不齐、千差万别；进行社会主义现代化建设必须积极培养优秀的接班人，特别是结合胡锦涛同志在庆祝中国共产党成立90周年大会上的讲话精神，如何进一步加强对青少年的教育和培训、培养，是广大教育工作者必须切实思考又必须落实的问题。这就要求我们必须加强对大学生的思想政治教育，特别是加强对大学生党员的先进性教育。因为从家庭、学校和社会等多方面看，我们的思想政治教育工作还存在许多问题。在大学生中，甚至是在大学生党员中也存在许多问题，如共产主义理想、信念问题，世界观、人生观和价值观问题，奉献与索取问题，现实任务与未来目标问题，入党动机与职业选择问题等。因此，本书以“大学生党员先进性教育读本”为题，积极开展对大学生思想政治教育的研究，深入探讨保持大学生党员先进性教育长效机制；试图为不断提高大学生党员的综合素质，切实提高大学生的整体水平，为构建社会主义和谐社会而培养更多优秀的人才做出贡献。

2. 创新之处与不足

本书的创新之处，主要体现在以下三个方面。

(1) 能紧密结合大学生思想政治工作的实际，强调继续保持大学生党员先进性教育的经常性。对大学生进行思想政治教育，特别是加强对大学生党员的教育和管理，是日见日新的问题，同时还必须了解学生、研究学生，通过对优秀学生、骨干学生的培养，提高大学生的整体素质。

(2) 实践性强，有操作性，符合大学生工作的规律。因为笔者是长期从事马克思主义理论与思想政治教育工作教学与研究的教师，在大学生思想政治工作第一线工作，能充分调动一定范围内广大教师各方面的积极性，面向基层，掌握大学生的第一手资料，加强调查研究，并形成有价值的阶段性研究成果。这也是思想政治教育工作者经验的总结。

(3) 为加强和改进大学生思想政治教育工作提供辅导教材。本书对大学生思想政治教育工作与保持共产党员先进性教育进行了有益的探索，特别是对在新形势下如何加强和重提加强大学生党员先进性教育具有特别重要的意义。要加强和改进大学生思想政治教育工作，就必须从大学生党员抓起，同时还必须有合适的培训教材。本书的出版，必定对此是个有益的补充。

当然，由于时间的限制和笔者学术水平的制约，本书难免存在许多不足之处，这也是笔者日后开展科学研究必须加强的方面。

3. 对未来的设想

通过进一步总结党的先进性教育活动的伟大成果，结合当今大学生党员的实际，加强和改进思想政治工作，积极开展对大学生及大学生党员的思想政治教育，要求我们必须不断地创新工作方法，积极开展科学研究，培养和造就更多高水平、有修养的思想政治工作者，并从政策和制度的层面保障思想政治工作者的地位和待遇。这就是笔者对未来的设想。具体的设想如下。

(1) 要时刻加强学习，切实提高自己的理论水平和学术水平。高等院校思想政治工作者，要不断地学习党的创新理论，努力践行“三个代表”重要思想，坚持科学发展观，更好地为社会主义现代化建设提供智力支持和舆论导向。对大学生党员继续进行先进性教育，是常见常新的课题。加强对大学生群体的马克思主义理论教育，确立社会主义核心价值体系，不断地提高大学生的思想素质和政治素质，具有积极的意义。广大的思想政治工作者在不断地加强自身学习的同时，必须培养更多的青年马克思主义者。

（2）精心组织，加强合作，积极开展科学研究。面对新形势、新任务，高等院校思想政治工作者必须不断地创新工作方法，组织队伍，积极开展科学研究。例如，要分文、理、工、艺、体等类别，针对大学生或大学生党员的实际，有目的地提出问题、调查研究，力争形成有价值、有影响的调查报告或学术论文、专著，为高等院校领导和教育的主管部门提供决策依据。经验的积累、思考的升华，必须被及时地归纳、梳理、总结。这也是提高思想政治工作者和大学生党员理论水平和学术水平的重要方式。

（3）必须强调高等院校的育人功能，为社会主义现代化建设培养高质量的人才。高等院校不仅是创新知识、传播知识、服务社会的场所，更是育人的地方。师范院校更是培养人才的摇篮，是育人的孵化器。高等院校必须强调育人的功能，同时，政府对高等院校必须有足够的政策支持和经费支持，因为教育是公共事业，高等院校不能为了经济效益而忙碌。高等院校培养人才要强调个性，强调创造性，但必须符合标准。这个标准就是能适应我国社会主义现代化建设的实际、能切实践行“三个代表”重要思想、能切实发挥广大教师的主导作用和大学生的主体作用。试想高等院校，特别是师范院校如果不能培养合格的人才，怎么能提高基础教育师资水平，怎么能形成师资结构的良性循环，怎么能为社会主义现代化建设做出更大的贡献，何谈建设社会主义和谐社会？这是看似简单又必须加以重视和解决的大问题。

（4）必须重视思想政治工作队伍建设。一旦政策和路线确定了，人就是关键的问题。在保持共产党员先进性教育活动伟大成果基础上，继续加强大学生党员先进性教育，进一步加强和改进党建和思想政治工作，不断提高大学生党员的思想政治觉悟，切实提高人才培养质量，重视和建设思想政治工作队伍就是至关重要的问题了。对此，各高等院校要切实采取措施从根本上重视思想政治工作队伍建设，解决工作者面临的各方面问题，关心他们的成长和发展。特别是从地位、待遇和工作经费等方面解决问题，要像重视人才引进、学科建设、换建维修、外树形象一样，真正重视并落实中共中央有关文件精神，把高等院校党建和思想政治工作提高到一定水平，充分释放高等院校和教师、学生应有的效能。

# 第一章 保持大学生党员先进性教育的重要性和必要性

## 一、"三个代表"重要思想的提出与保持共产党员先进性教育活动

### （一）"三个代表"重要思想的提出

"三个代表"重要思想，是中国特色社会主义理论体系的重要组成部分，是以江泽民同志为核心的第三代中央领导集体根据国际国内形势的新变化，根据我国改革开放和社会主义现代化建设面临的新问题和新任务，根据我们党肩负的历史使命和党自身建设实际，在深刻总结党的历史经验的基础上，做出的精辟论断和科学总结。其基本内容是中国共产党必须始终代表中国先进社会生产力的发展要求、始终代表中国先进文化的前进方向、始终代表中国最广大人民的根本利益。[①]"三个代表"重要思想具有鲜明的时代精神，蕴涵着丰富的马克思主义理论内涵，从根本上进一步回答了在新的历史条件下建设一个什么样的党、怎样建设党的重大问题，是新时期党的建设的伟大纲领。

江泽民同志"三个代表"重要思想的提出并不是偶然的，而是有着比较长

① 江泽民在庆祝中国共产党成立八十周年大会上的讲话，新华网，2001年7月1日。

时间的思考和酝酿过程。1989年6月，党的十三届四中全会提出了大力加强党的建设、坚决惩治腐败的要求。同年8月，党中央发出了《关于加强党的建设的通知》；12月，江泽民同志在党建研讨班上发表《为把党建设成为更加坚强的工人阶级先锋队而斗争》的讲话。1990年，党中央做出了《关于加强党同人民群众联系的决定》。1991年在庆祝中国共产党成立70周年大会上的讲话中，江泽民同志第一次提出“要通过社会主义制度的自我完善和发展，建设有中国特色社会主义的经济、政治、文化，以适应和促进社会生产力的不断发展和社会的全面进步，实现社会主义现代化”①。这就是“三个代表”重要思想的萌芽。

1994年党的十四届四中全会专门研究新形势下党的建设问题，并通过了《关于加强党的建设几个重大问题的决定》。1997年，党的十五大提出了建设有中国特色社会主义的经济、政治、文化的基本目标和基本政策，并由此构成了社会主义初级阶段的基本纲领。这些内容实际上成为后来提出“三个代表”重要思想的发端。

2000年2月21～25日，江泽民同志在出席广东茂名高州领导干部“三讲”教育会议之后，在广东考察工作，围绕加强新时期党的建设和推进高新技术产业发展这两个问题进行调研。他强调，要把中国的事情办好，关键在于我们党，在于党的思想、作风、组织、纪律状况和战斗力、领导水平。只要我们党始终成为中国先进社会生产力的发展要求、中国先进文化的前进方向、中国最广大人民的根本利益的忠实代表，我们党就能永远立于不败之地，永远得到全国各族人民的衷心拥护并带领人民不断前进。这是江泽民同志第一次完整地提出“三个代表”重要思想。

2000年5月8～15日，江泽民同志在江苏、浙江、上海考察工作，再次强调了“三个代表”重要思想，并指出这是我们党的立党之本、执政之基、力量之源。

2001年7月，在纪念中国共产党成立80周年的讲话中，江泽民同志第一次系统地阐述了“三个代表”重要思想的内涵、相互关系，强调要按照“三个代

---

① 江泽民在庆祝中国共产党成立七十周年大会上的讲话，1991年7月1日。

表”重要思想加强和改进党的建设，从而使“三个代表”重要思想更加完整，成为新世纪党的建设的根本指针。

“三个代表”重要思想是由江泽民同志第一次系统地阐述并强调的，也是党的第三代中央领导集体智慧的结晶，是马克思主义中国化的最新理论成果。它与毛泽东思想、邓小平理论都是一脉相承的，都是马克思主义在中国的运用和发展，是马克思主义基本原理同中国具体实际相结合的产物。这为进一步开展保持共产党员先进性教育活动、建立社会主义核心价值体系、构建中国特色社会主义理论体系提供了理论基础和重要内容。

### （二）保持共产党员先进性教育活动

保持共产党员先进性教育活动是中国共产党科学运用马克思主义理论并结合我国社会主义现代化建设的实际而开展的马克思主义思想教育活动。这项活动是经过我们党的充分酝酿而展开的。这项决策的提出，源于 2000 年中共中央组织部组织开展的 30 万名党员思想状况调查。继党的十六大部署之后，党的十六届四中全会再次强调要“在全党开展以实践‘三个代表’重要思想为主要内容的保持共产党员先进性教育活动，学习贯彻党章，坚定理想信念，坚持党的宗旨，增强党的观念，发扬优良传统，保持党员队伍的先进性和纯洁性”①。

2004 年 11 月 7 日，中共中央印发了《中共中央关于在全党开展以实践“三个代表”重要思想为主要内容的保持共产党员先进性教育活动的意见》。2005 年 1 月，中共中央召开保持共产党员先进性教育活动工作会议，决定从 2005 年 1 月开始，用一年半左右的时间，分三批在全党开展以实践“三个代表”重要思想为主要内容的保持共产党员先进性教育活动。全党的先进性教育活动分三批进行，每批半年左右时间。第一批：县及县以上党政机关和部分企事业单位，从 2005 年 1 月开始到 2005 年 6 月基本结束；第二批：城市基层和乡镇机关，从 2005 年 7 月开始到 2005 年 12 月基本结束；第三批：农村和部分党政机关，从

① 《中共中央关于加强党的执政能力建设的决定》（2004 年 9 月 19 日中国共产党第十六届中央委员会第四次全体会议通过），人民日报，2004 年 9 月 27 日。

2006年1月开始到2006年6月基本结束。

在这个总体安排的前提下，对个别情况特殊的县（市、区）先进性教育活动的安排，省（自治区、直辖市）党委可根据党员在城乡分布的实际情况作适当调整。要保证先进性教育活动覆盖到全党所有的基层组织，力争使每个党员都参加活动、受到教育。在每批的半年时间内，各单位集中学习教育，可在确保质量的前提下，根据实际情况灵活掌握和安排，但一般不得少于三个月。高等院校参加的是第二批先进性教育活动，从2005年7月起至12月底结束。与第一批相比，参加第二批先进性教育活动的单位分布领域广，党员和党组织数量大，情况更为复杂。沈阳开展的第二批先进性教育活动，共涉及1.6万个基层党组织的39.3万名党员。沈阳要求教育系统的先进性教育活动，要围绕贯彻党的教育方针，进一步端正办学方向，加强校风和师德建设，防止乱收费、乱补课等不正之风，提高办学质量、办好人民群众满意的教育来开展。① 这项活动虽然已经结束，但是对全党开展的马克思主义教育活动永远不会结束，要持续下去。这也是我们党不断加强自身建设、肩负历史使命必须长期坚持的任务。特别是在反腐败斗争中，如何有效地对党员领导干部加强教育和严惩腐败，如何加强对高等院校党员领导干部包括广大师生党员进行先进性教育，都是极为迫切的任务。

保持共产党员先进性教育活动，是我们党成立以来参加人数最多、规模最大的一次党内集中教育活动，是我们党在长期执政、改革开放和发展社会主义市场经济条件下用发展着的马克思主义武装全党的一项重大举措，是在全面建设小康社会、实现中华民族伟大复兴的关键时期，加强党的执政能力建设和先进性建设的一次成功实践。

在这次先进性教育活动中，我们党坚持用“三个代表”重要思想和科学发展观武装党员头脑，切实把政治理论学习贯穿始终；坚持以正面教育、自我教育为主，实行开门搞教育，增强党员学习、整改、提高的动力；紧紧围绕改革

① 房延彦．2005-07-06．沈第二批先进性教育启动．华商晨报，第3版．

发展稳定大局，努力做到先进性教育活动与生产、工作“两不误、两促进”；坚持先进性教育活动实践成果、制度成果、理论成果一起抓，实现了整体推动、相互促进，取得了巨大的成果。

通过开展先进性教育活动，广大党员受到了一次深刻的马克思主义教育，思想政治素质得到较大提高；人民群众关注的一些实际问题得到初步解决。特别是广大党员在抗击重大自然灾害、防控重大疫情、处理突发事件时，不顾个人安危冲在最前面，以实际行动体现了共产党员的先进性。“日常工作能看出来，关键时刻能站出来，生死关头能豁出来”，是许多地方人民群众对身边党员的生动评价。

在全党范围开展保持共产党员先进性教育活动已经结束了，不可否认的是，它是新世纪、新阶段加强党的建设、保持党的先进性的基础工程。因此，结合我们党 90 年的光辉历程，强调对大学生党员继续加强先进性教育，首先必须使大学生党员全面认识党的先进性和共产党员的先进性。大学生是青年群体中的精英，大学生党员更是精英中的佼佼者。一个共产党员，特别是大学生党员，只有全面、深刻和科学地认识到党的先进性和党员的先进性，才能树立和具有为党的事业奋斗的信心和动力，才能具有实践“三个代表”重要思想要求和维护党的先进性的高度自觉性，从而成为坚定的青年马克思主义者，成为社会主义现代化事业的接班人，成为社会主义现代化建设的重要力量。

## 二、保持大学生党员先进性教育的重要性

回顾中国共产党 90 年的发展历程，全党必须清醒地看到，在世情、国情、党情发生深刻变化的新形势下，提高党的领导水平和执政水平，提高拒腐防变和抵御风险能力，加强党的执政能力建设和先进性建设，面临许多前所未有的新情况、新问题、新挑战。执政考验、改革开放考验、市场经济考验、外部环境考验是长期的、复杂的、严峻的。精神懈怠的危险、能力不足的危险、脱离群众的危险、消极腐败的危险，更加尖锐地摆在全党面前。党要管党、从严治

党的任务比以往任何时候都更繁重、更紧迫。① 特别是在新形势下如何继续加强对大学生党员进行先进性教育，使大学生树立正确的世界观、价值观和人生观，是重要的大问题。

开展保持共产党员先进性教育活动，对全面贯彻“三个代表”重要思想，全面加强新世纪、新阶段党的建设，全面提高党员队伍素质，特别是提高大学生党员队伍素质，充分发挥大学生党员的先锋模范作用，顺利实现全面建设小康社会的奋斗目标，具有重大的现实意义和深远的历史意义。在新形势下，再次强调在大学生党员中继续开展先进性教育，对加强大学生党员理想信念教育，提高其综合素质，不断提高大学生党员的社会影响力，为社会主义现代化建设培养高素质人才，具有更重要的现实意义。

### （一）切实践行“三个代表”重要思想的重大举措

胡锦涛同志在庆祝中国共产党成立 90 周年大会上的讲话中强调，青年是我们党的未来和希望，这既是历史的生动写照、现实的深切呼唤，也是对祖国富强和民族复兴的殷切期待。② 大学生是民族和国家的希望，也是党的新鲜血液的重要来源；而大学生党员作为大学生中的优秀群体，将来不仅要在社会主义建设事业中发挥中流砥柱的作用，更要担负起党的可靠接班人的历史使命。因此，加强大学生党员先进性教育是高等院校基层党建工作和高等院校党的先进性建设的重要组成部分，也是大学生思想政治教育工作的重中之重。以胡锦涛同志庆祝中国共产党成立 90 周年重要讲话精神为指导，进一步总结保持共产党员先进性教育活动所取得的伟大成果，提高大学生党员践行“三个代表”重要思想本领，促进马克思主义理论中国化、时代化和大众化，用马克思主义中国化最新成果教育和引导大学生，着力构建保持高等院校大学生党员先进性教育长效机制，使当代大学生党员实现卓越，具有重大而深远的战略意义。

注重用马克思主义理论武装全党，是我们党在长期的革命、建设和改革实

①② 胡锦涛在庆祝中国共产党成立 90 周年大会上的讲话，新华网，2011 年 7 月 1 日。

践中得到的宝贵经验。我们党成立时，中国正处于半殖民地半封建社会。那时，虽然工人阶级战斗力很强，但人数很少，且集中在反动统治控制比较严密的中心城市，党组织的活动难以迅速开展。大革命失败以后，党的工作重心开始由城市向反动统治控制比较薄弱的农村转移，党面临着两难的局面：如果不从农民和其他劳动阶级，以及非劳动者阶级出身的革命分子中大量吸收党员，我们党就不能成为有广泛群众基础的党；如果不能有效地克服来自农民、小资产阶级等阶级中的非无产阶级思想，我们党就会削弱自己的阶级基础。如何在这样的情况下把党建设成一个真正的工人阶级政党，我们党经过探索，找到了解决问题的答案，这就是把思想建党放在首位。毛泽东同志在他起草的古田会议决议里，创造性地论述了把党的思想建设放在首位的理论，强调要在中国特殊的社会历史条件下，通过思想建设的途径，解决党的阶级基础不断巩固和增强的问题。我们党大力加强马克思主义教育，创造了整风的形式，努力纠正主观主义、经验主义和教条主义的错误倾向，使党的战斗力不断得到加强。毛泽东同志曾经指出，我们党的发展和进步，是从同一切违反马克思列宁主义普遍真理的教条主义和经验主义作坚决斗争的过程中发展和进步起来的。① 党的思想建设的巨大成就为我们党的发展壮大奠定了坚实的思想和组织基础。

党的十一届三中全会前后，鉴于“文化大革命”搞乱了人们的思想，新时期的改革开放迫切需要用符合实际的先进理论来指导和武装全党，以及大量的知识分子加入党组织，并担任各级领导干部的实际情况，邓小平同志提出“全党同志一定要善于重新学习”的重要思想。在他的主持和倡导下，我们党开展了真理标准问题的大讨论，恢复和重新确立了解放思想、实事求是的马克思主义思想路线。1981 年党的十一届六中全会通过的《关于建国以来党的若干历史问题的决议》，充分论述了毛泽东思想作为党的指导思想的伟大意义，坚持了毛泽东思想这面旗帜。“要教育全党同志发扬大公无私、服从大局、艰苦奋斗、廉

① 毛泽东在中国共产党第七次全国代表大会上的政治报告，《论联合政府》，1945 年 4 月 24 日。

洁奉公的精神，坚持共产主义思想和共产主义道德。”[①] 同时，还提醒大家，“就是我们在建设具有中国特色的社会主义社会时，一定要坚持发展物质文明和精神文明，坚持五讲四美三热爱，教育全国人民做到有理想、有道德、有文化、有纪律”[②]。我们一定要经常教育我们的人民，尤其是我们的青年，要有理想。我们党必须坚持四项基本原则的教育，抵制各种剥削阶级腐朽思想的侵蚀，用坚定的信念把人民团结起来。我们党在思想建设方面的努力，使绝大多数党员和干部经受住了执政和改革开放的考验，成为领导社会主义现代化建设的核心力量。

以江泽民同志为核心的党的第三代中央领导集体，在改革开放处于攻坚阶段、国际局势复杂多变的情况下，高度重视党的思想建设。江泽民同志指出："党在理论上的提高，是党的领导的正确性、科学性的根本保证。”[③] 20 世纪 90 年代以来党的思想建设继续全面深入地开展。我们党把邓小平理论确定为党的指导思想，并在全党兴起学习邓小平理论的新高潮，坚持用邓小平理论武装全党，教育人民。邓小平理论是党的第二代中央领导集体智慧的结晶，是马克思主义中国化的必然产物。从 1998 年开始，在全国县级以上党员干部普遍开展了以“三讲”为主要内容的党性党风教育。“讲学习、讲政治、讲正气，三者是紧密相连和相互统一的，核心是讲政治。”[④] 从 2000 年开始，在全国农村开展了“三个代表”重要思想的教育活动。广大党员干部的思想水平和政治觉悟有了明显的提高，增强了驾驭全局和抵御风险的能力。2001 年 1 月，在全国宣传部长会议上，江泽民同志明确提出了“把依法治国与以德治国紧密结合起来”的治国方略。“以德治国”是执政的中国共产党人借鉴中国历代的治国之道，吸取国外国家事务管理中的经验教训，在新的历史条件下，对如何管理国家事务，如

① 邓小平在中共中央工作会议上的讲话，《贯彻调整方针，保证安定团结》，1980 年 12 月 25 日。

② 邓小平在全国科技工作会议上作《改革科技体制是为了解放生产力》的讲话后，即席作的一次讲话，《一靠理想二靠纪律才能团结起来》，1985 年 3 月 7 日。

③ 江泽民在庆祝中华人民共和国成立四十周年大会上的讲话，1989 年 9 月 29 日。

④ 江泽民在纪念中国共产党成立七十八周年座谈会上的讲话，1999 年 6 月 28 日。

何教育引导人民崇尚高尚的精神生活进行思考的结晶。

“三个代表”重要思想是马克思主义中国化的最新理论成果之一，是我们党必须长期坚持的指导思想，是我们党面向现代化、面向世界、面向未来的先进执政理念，是对党的执政规律、社会主义建设规律和人类社会发展规律的深刻揭示。全面贯彻“三个代表”重要思想，把它落实到社会主义现代化建设的各个领域，体现到党的建设的各个方面，充分发挥科学理论对社会主义伟大事业的指导作用，归根到底，要靠广大党员干部去组织、去推动、去落实、去实践。建设一支高素质的党员队伍，是贯彻落实“三个代表”重要思想的重要保证。在全党开展以学习实践“三个代表”重要思想为主要内容的保持共产党员先进性教育活动，就是要进一步用马克思主义中国化的最新理论成果教育全体党员，用发展着的马克思主义指导新的实践；就是要努力把全体党员锻炼成“三个代表”重要思想的坚定实践者，使我们党始终充满生机与活力，永葆党的先进性。实践已经充分证明，科学理论一旦为广大党员和干部群众所掌握，就会变成推动社会前进的巨大的精神力量和物质力量。自 2005 年 1 月开始的开展保持共产党员先进性教育活动，必将推动全党马克思主义理论水平进一步提高，推动中国特色社会主义事业不断向前发展。

对于大学生党员来说，如何使他们树立共产主义远大理想，认真学习和掌握马克思主义理论，学习毛泽东思想、邓小平理论，特别是在当今学习“三个代表”重要思想，坚持科学发展观，是各级党组织和广大党员必须思考和解决的问题。邓小平理论、“三个代表”重要思想以及科学发展观等重大战略思想构成的中国特色社会主义理论体系，是我们党在坚持把马克思主义基本原理同中国具体实际相结合、推进马克思主义中国化的历史进程中产生的又一大理论成果，是对毛泽东思想的继承和发展。通过开展保持共产党员先进性教育活动，保持大学生党员先进性，就是使广大党员，特别是大学生党员切实践行“三个代表”重要思想，坚持科学发展观，真正地在实践中深化对中国特色社会主义理论体系的认识和把握。

## （二）切实培养社会主义事业接班人的基础工程

我们党历来认为，党风问题关系到党的生死存亡。如何加强党的建设，提高党的执政能力，如何发展教育事业，提高人才培养质量，为社会主义事业培养优秀接班人，是摆在我们党面前的重要任务，必须切实抓好。

我们党遵循马克思主义的建党原则，从诞生的时候起，就把党员队伍建设作为党的建设的最基本问题。党的路线、方针、政策必须通过全体党员去宣传贯彻，党的所有工作任务必须依靠党员去完成，党的建设的各方面要求必须通过党员的行为去落实，党的各级领导干部必须从党员队伍中产生。因此，以江泽民同志为核心的党的第三代中央领导集体和以胡锦涛同志为总书记的新一代中央领导集体都把保持共产党员先进性教育作为推进党的建设“新的伟大工程”的基础性工程。

中国共产党成立 90 年来，党员队伍不断发展壮大，充满了生机与活力。90 年前，我们党只有 50 多名党员，而今天已经有 8026 万多名党员①。党的十六大、十七大以来，中央各级党组织努力加强党的执政能力建设和先进性建设，继续推进党的建设新的伟大工程，以改革的精神加强和改进党员队伍建设和党的基层组织建设，党员队伍结构不断得到改善，分布更趋合理。

但是，不容忽视的是，“现在党的建设同新形势新任务不相适应的地方还相当不少，党内在思想上、组织上、作风上存在的不符合甚至违背党和人民利益的问题也相当不少”②。党员队伍中还不同程度地存在与先进性要求不相符合、与时代要求不相适应的问题，党员队伍的整体素质还有待大力提高。在一部分党员中，存在着党员意识和党性观念退化、组织观念和纪律意识弱化、奉献精神和宗旨观念淡化、知识结构和专业技能老化等现象，在少数地方和单位，出现了“骨干不是党员、党员不是骨干”，“党员不像党员”，甚至不如普通群众的

---

① 据中共中央组织部 2011 年统计，截至 2010 年年底，有中共党员 8026.9 万人，中国共产党新闻网，2011 年 6 月 24 日。

② 江泽民 .2001. 论“三个代表”. 第 1 版 . 北京：中央文献出版社：3.

现象。这些现象严重损害了党在人民群众中的形象，影响了党的先进性，妨碍了党组织凝聚力和战斗力的形成与提高。在新的形势下，我们的党员队伍中也还存在着与保持先进性的要求不相适应、不相符合的问题，主要是一些党员理想信念动摇，党员意识和执政意识淡薄，带领群众前进的能力不强，先锋模范作用发挥得不好；一些党员干部事业心和责任不强，思想作风不端正，工作作风不扎实，脱离群众的问题比较突出；一些党员领导干部思想理论水平不高，依法执政能力不强，解决复杂矛盾的本领不大，素质和能力同所肩负的责任和任务不相适应，有的甚至以权谋私、腐化堕落。另外，我们党的一些基层组织凝聚力、战斗力不强，有的甚至软弱涣散、不起作用。为有效解决这些问题，从整体上进一步保持和增强党的队伍的先进性，中共中央组织部提出了在全党开展先进性教育活动的建议。2000 年年底，中央政治局常委会议和政治局会议在听取汇报后，表示原则同意。

党员队伍中之所以出现这样那样的问题，除个别党员放松对自己的要求外，还有两个重要的原因：一是少数基层党组织错误地理解“以经济建设为中心”，对党员不提出要求，不加强管理，不进行监督，在抓经济建设和党的建设中，一手硬，一手软，导致“党不管党”、“治党不严”；二是在改革开放和发展社会主义市场经济的新形势下，一些基层党组织不善于管党。在党的改革开放政策的推动下，我国社会主义市场经济体制的框架已经形成，社会经济成分、组织形式、就业方式、利益关系和分配方式出现多样化的趋势（简称“四个多样化”），给党的基层组织建设提出了不少新的课题。特别是在“四个多样化”日趋明显的社会环境中，一些党组织不注意研究环境和形势的变化，不注意研究党员的工作和思想实际，在党员教育管理中仍然照搬过去的经验和做法，党员教育管理的内容、方法与党员实际特点和客观需要不相适应，党组织开展的一些教育活动不能激发党员的参与热情，效果较差。要改变上述状况，只有面对现实，正视矛盾，采取综合措施，狠抓党员队伍建设，把保持党员队伍的先进性、充分发挥党员先锋模范作用的任务鲜明地提到全党面前，把开展保持共产党员先进性教育作为解决党员队伍中存在的突出问题的首要措施。

在大学生党员中，受上述因素的影响也不同程度地存在这样或那样的问题。例如，有的大学生入党只是为了就业，或者只是为了考取公务员；有的大学生党员理想信念淡泊，或者个人主义严重等。在社会主义市场经济条件下，在高等院校，如何加强和改进大学生思想政治工作，如何培养人和为谁培养人，确是迫切需要解决的问题。在全党开展保持共产党员先进性教育活动，不仅是新阶段党的建设的基础工程，而且是培养社会主义现代化建设事业接班人的基础工程。

## （三）努力实现全面建设小康社会奋斗目标的重要保证

党的十六大确立了全面建设小康社会这个党在新世纪、新阶段的奋斗目标。这一目标是中国特色社会主义经济、政治、文化全面发展的目标，是与加快推进社会主义现代化建设相统一的目标，符合我国国情和现代化建设的实际，符合人民的愿望，意义十分重大。在全党开展以实践“三个代表”重要思想为主要内容的保持共产党员先进性教育活动，可以为完成全面建设小康社会的奋斗目标，为社会主义现代化建设培养和造就更加优秀的人才，提供更加坚实的组织保证。正如党的十七大报告指出的，“我们已经朝着十六大确立的全面建设小康社会的目标迈出了坚实步伐，今后要继续努力奋斗，确保到二〇二〇年实现全面建成小康社会的奋斗目标”①。

### 1. 全面建设小康社会需要全体共产党员发扬谦虚谨慎、艰苦奋斗的精神

我国正处于并将长期处于社会主义初级阶段，我国现在达到的小康还是低水平的、不全面的、发展很不平衡的小康，人民日益增长的物质文化需要同落后的社会生产之间的矛盾仍然是我国社会的主要矛盾。我国生产力和科技、教育、文化还比较落后，实现工业化和现代化还有很长的路要走；城乡二元经济

① 胡锦涛在中国共产党第十七次全国代表大会上的报告，《高举中国特色社会主义伟大旗帜　为夺取全面建设小康社会新胜利而奋斗》，2007 年 10 月 15 日。

结构还没有根本改变，地区差距扩大的趋势尚未扭转，贫困人口还为数不少；人口总量继续增加，老龄人口比重上升，就业和社会保障、医疗体制改革压力增大；生态环境、自然资源和经济社会发展的矛盾日益突出；我们仍然面临发达国家在经济、科技等方面占优势的压力；经济体制和其他方面的管理体制还不完善；民主法制建设和思想道德建设等方面还存在一些不容忽视的问题。从总体上说，民生问题涉及方方面面，很多方面都需要改善和解决。在这种条件下，要建设一个惠及十几亿人口的经济更加发展、民主更加健全、科教更加进步、文化更加繁荣、社会更加和谐、人民生活更加殷实的小康社会，任务十分艰巨。因此，2002 年年底，胡锦涛同志在西柏坡学习考察时指出："我们取得的成就只是在伟大征途上迈出的坚实一步，要实现十六大提出的全面建设小康社会的奋斗目标，要完成基本实现现代化、把我国建设成为富强民主文明的社会主义国家的历史任务，要不断开创中国特色社会主义事业新局面，我们要走的路还很长，我们肩负的任务还很艰巨，我们可能遇到的困难和挑战还会很多，我们必须始终谦虚谨慎、艰苦奋斗。"① 始终保持谦虚谨慎、艰苦奋斗的作风，是共产党员保持先进性的重要体现。② 要完成党在新世纪新阶段的奋斗目标，必须按照"三个代表"重要思想提出的先进性要求，通过开展共产党员先进性教育，特别是对青年马克思主义者加强共产主义理想信念教育，加强中国特色社会主义理论体系的教育，保证全体共产党员始终保持谦虚谨慎、艰苦奋斗的作风。

2. 全面建设小康社会需要全体共产党员作勇于实践、锐意创新的表率

江泽民同志在党的十六大报告中论述全面建设小康社会这一奋斗目标时提出："为完成党在新世纪新阶段的这个奋斗目标，发展要有新思路，改革要有新突破，开放要有新局面，各项工作要有新举措。各地各部门都要从实际出发，

---

① 胡锦涛 . 2004. 坚持发扬艰苦奋斗的优良作风 努力实现全面建设小康社会的宏伟目标 . 北京：人民出版社：6.

② 参见毛泽东提出的"两个务必"，即第二章"相关链接"之"毛泽东提出'两个务必'"。

采取切实有效的措施，努力实现这个目标。”[①] 提出这四个“新”，就为我们在新世纪新阶段完成全面建设小康社会的奋斗目标而大力弘扬改革创新的精神，指明了大方向和总要求。它要求全体共产党员，积极投身改革开放和社会主义现代化建设的伟大实践之中，把实践作为最好的老师，把实践过程当做发现问题、解决矛盾的过程，当做求索真理、不断创新的过程；它要求全体共产党员，要有一种“敢为天下先”的精神，不安于现状，不甘于平庸，不畏惧困难，不计较名利，敢于并善于打开新的局面。在全面建设小康社会的过程中，共产党员不管是树立开拓创新所需要的科学思维，还是树立创新所需要的事业心和责任感，都必须依靠党内的严格而科学的教育。在这个需要共产党员带头创新的时代，按照“三个代表”重要思想的要求，开展保持共产党员先进性教育，可谓非常及时，十分必要。高等院校，是育人的摇篮，对大学生党员进行先进性教育就显得更为重要。

3. 全面建设小康社会需要全体共产党员坚持实事求是、求真务实的作风

我们正处在一个大变革和大发展的时期，这也是崇尚实干精神、呼唤实干作风、重视实干人才的时代。党员领导干部的成绩从实干中来，威信从实干中来，好的作风同样从实干中来。只有真抓实干，多办实事，才能密切党同人民群众的血肉联系。那种做官当老爷，高高在上，不抓落实的不良习气，那种坐而论道，说一套、做一套的虚浮作风，那种工作摆摆样子，敷衍塞责，不思进取的精神状态，实为广大群众所不齿。为基层排忧解难，为群众多办实事，是党员干部的职责。党员干部只有具有发现问题的办法、化解矛盾的手段、解决问题的能力、求真务实的态度，做到工作目标切实、工作措施扎实、工作作风务实，能够通过实实在在的努力促进发展、造福群众，才能带领群众在全面建设小康社会的道路上阔步前进。

---

① 本书编写组．2002. 中国共产党第十六次全国代表大会文件汇编．北京：人民出版社：20.

抓好党员先进性教育活动，进一步提高全体党员的马克思主义理论水平，全面提高全体党员的思想政治素质和科学文化素质，把广大党员的积极性更加充分地调动起来，把广大党员的先锋模范作用更加充分地发挥出来，全面建设小康社会就有了更加坚实的保证。当今，要紧密结合胡锦涛同志在庆祝中国共产党成立90周年大会上的讲话精神，坚决贯彻落实中央有关文件精神，加强对大学生党员的经常性教育和科学化管理，不断提高大学生党员的马克思主义理论水平，培养大学生党员在社会主义现代化建设中的创新能力和实践精神，使之成为践行中国特色社会主义理论体系的典范，始终保持大学生党员与人民群众的血肉联系，努力实现全面建设小康社会的奋斗目标。

**相关链接**

## “三讲”教育活动①

1995年11月8日，江泽民同志在北京视察工作时指出：“根据当前干部队伍的状况和存在的问题，在对干部进行教育当中，要强调讲学习，讲政治，讲正气。全国都要这样做，北京市更要起带头作用。”25日，《人民日报》发表题为“讲学习 讲政治 讲正气”的评论员文章，指出：讲学习，主要是学理论，学知识，学技术。首先是学理论。讲政治，包括政治方向、政治立场、政治纪律、政治鉴别力、政治敏锐性。讲正气，就是要继承和发扬我们党在长期革命和建设事业中形成的好传统、好作风，坚持真理、坚持原则，坚持同一切歪风邪气和各种腐败现象作斗争。1996年，党的十四届六中全会做出决定，对县处级以上领导干部进行一次以讲学习、讲政治、讲正气为主要内容的党性党风教育。讲学习、讲政治、讲正气，三者是紧密相连和相互统一的，核心是讲政治。这次为期三年的教育活动，发扬了延安“整风运动”的精神，采取自上而下、分期分批进行、党内的批评和自我批评相结合的方式，使全党同志，尤其使领导

① 根据以下资料整理、归纳。
http：//baike. baidu. com/view/559094. htm。

干部受到了一次深刻的党性党风教育，达到了预期的效果。这次活动无疑对改革开放和社会主义现代化建设事业起了巨大的推动作用。

## “以德治国”理念的提出[①]

2000 年 6 月，江泽民同志《在中央思想政治工作会议上的讲话》中指出：“法律与道德作为上层建筑的组成部分，都是维护社会秩序、规范人们思想和行为的重要手段，它们互相联系、互相补充。法治以其权威性和强制手段规范社会成员的行为。德治以其说服力和劝导力提高社会成员的思想认识和道德觉悟。道德规范和法律规范应该互相结合，统一发挥作用。”

2001 年 1 月，在全国宣传部长会议上，江泽民同志明确提出了“把依法治国与以德治国紧密结合起来”的治国方略。“以德治国”就是要以马列主义、毛泽东思想、邓小平理论为指导，以为人民服务为核心，以集体主义为原则，以爱祖国、爱人民、爱劳动、爱科学、爱社会主义为基本要求，以职业道德、社会道德、家庭美德的建设为落脚点，积极建立适应社会主义市场经济发展的社会主义思想道德体系，并使之成为全体人民普遍认同和自觉遵守的规范。“以德治国”是执政的中国共产党人借鉴中国历代的治国之道，吸取国外国家事务管理中的经验教训，在新的历史条件下，对如何管理国家事务，如何教育、引导人民崇尚高尚的精神生活进行思考的结晶。

## 关于党的执政能力建设[②]

党的十六大提出，要“加强党的执政能力建设，提高党的领导水平和执政水平”。这是我们党立足所处的历史方位和时代赋予的光荣使命，站在党和国家长治久安的战略高度提出的一项重大任务。加强党的执政能力建设，是学习贯彻“三

---

① 根据以下资料整理、归纳。
http：//baike. baidu. com/view/20462. htm；
http：//news. xinhuanet. com/ziliao/2003－01/20/content_698038. htm。

② 根据以下资料整理、归纳。
http：//www. people. com. cn/GB/40531/40746/2994977. html；
http：//www. sdyc. cn/qgy/xuexiyuandi/16jie4zhongquanhui/neihan. htm。

个代表”重要思想，永远保持党的先进性的必然要求。2004年9月19日中国共产党第十六届中央委员会第四次全体会议通过了《中共中央关于加强党的执政能力建设的决定》(简称《决定》)。《决定》强调了加强党的执政能力建设的重要性和紧迫性，总结了55年来党执政的主要经验，进一步加强党的执政能力建设的指导思想、总体目标和主要任务，坚持把发展作为党执政兴国的第一要务，不断提高驾驭社会主义市场经济的能力，以提高党的执政能力为重点，全面推进党的建设新的伟大工程。《决定》指出：“提高党的执政能力，关键在于搞好党的建设，不断增强党的创造力、凝聚力、战斗力。必须坚持党要管党、从严治党的方针，紧密联系治国理政的实践，全面加强和改进党的思想、组织、作风和制度建设。”

## 社会主义核心价值体系[①]

社会主义核心价值体系是2006年10月召开的党的十六届六中全会首次明确提出的一个科学命题。社会主义核心价值体系在我国整体社会价值体系中居于核心地位，发挥着主导作用，决定着整个价值体系的基本特征和基本方向，是建设和谐文化的根本。社会主义核心价值体系包括四个方面的基本内容，即马克思主义指导思想、中国特色社会主义共同理想、以爱国主义为核心的民族精神和以改革创新为核心的时代精神、以“八荣八耻”为主要内容的社会主义荣辱观。这四个方面的基本内容相互联系、相互贯通，共同构成辩证统一的有机整体。

## 全面建设小康社会[②]

小康社会，是一个社会生产力发展、人均国民生产总值和人民生活水平不断提高、国家的综合国力特别是经济实力显著增强的社会发展阶段。1979年12

---

① 根据以下资料整理、归纳。
http：//baike. baidu. com/view/1033303. htm；
http：//www. xinhuanet. com/politics/ssrc/shzyhxjztx。

② 根据以下资料整理、归纳。
http：//baike. baidu. com/view/1310698. htm；
http：//baike. baidu. com/view/190966. htm；
胡锦涛在中国共产党第十七次全国代表大会上的报告，《高举中国特色社会主义伟大旗帜　为夺取全面建设小康社会新胜利而奋斗》，2007年10月15日。

月6日，邓小平在会见日本首相大平正芳时，根据我国经济发展的实际情况，在现代社会第一次提出了“小康”概念及在20世纪末我国要达到“小康社会”的构想。他说：“我们要实现的四个现代化，是中国式的四个现代化。我们的四个现代化的概念，不是像你们那样的现代化的概念，而是‘小康之家’。到本世纪末，中国的四个现代化即使达到了某种目标，我们的国民生产总值人均水平也还是很低的。要达到第三世界中比较富裕一点的国家的水平，比如国民生产总值人均一千美元，也还得付出很大的努力。”在这之后，他又多次提出了这一构想。党的十二大正式引用了这一概念，并把它作为20世纪末的战略目标。“小康社会”人民的生活达到“小康水平”，是指在温饱的基础上，生活质量进一步提高，达到丰衣足食。因此，小康社会是一个经济发展、政治民主、文化繁荣、社会和谐、环境优美、生活殷实、人民安居乐业和综合国力强盛的经济、政治、文化全面协调发展的社会，是中华民族走向伟大复兴的社会发展阶段。

邓小平同志不仅描绘了小康社会的发展蓝图，而且构想了建设小康社会的跨世纪发展战略，即著名的“三步走”发展战略。1997年，党的十五大报告提出“建设小康社会”的历史新任务。2002年，党的十六大提出了到2020年全面建设小康社会的奋斗目标，并做出具体的战略部署。2007年，党的十七大提出了中国实现全面建设小康社会奋斗目标的五个新要求，即增强发展协调性，努力实现经济又好又快发展；扩大社会主义民主，更好保障人民权益和社会公平正义；加强文化建设，明显提高全民族文明素质；加快发展社会事业，全面改善人民生活；建设生态文明，基本形成节约能源资源和保护生态环境的产业结构、增长方式、消费模式。党的十七大报告还首次提出实现人均国内生产总值到2020年比2000年翻两番的奋斗目标。

## 五讲四美三热爱[①]

1981年2月25日，全国总工会、共青团中央、全国妇联等九个单位，为响

---

① 根据以下资料整理、归纳。
http://baike.baidu.com/view/49470.htm；
http://news.sina.com.cn/c/2004_07_29/16503863590.shtml。

应中共中央关于加强社会主义精神文明建设的号召，在联合发出的《关于开展文明礼貌活动的倡议》中提出开展“五讲四美”活动。“五讲四美”，即讲文明、讲礼貌、讲卫生、讲秩序、讲道德和心灵美、语言美、行为美、环境美。在开展“五讲四美”活动中，中央总结了有些地方开展的热爱祖国、热爱社会主义、热爱共产党的活动经验，从 1983 年起，把“五讲四美”和“三热爱”统一起来，开展“五讲四美三热爱”活动。当今，对广大青少年重提“五讲四美三热爱”活动尤其具有重要的现实意义。

# 第二章 保持大学生党员先进性教育的指导思想和主要任务

## 一、保持大学生党员先进性教育的指导思想

2005～2006 年，在全党范围开展的保持共产党员先进性教育活动，要求坚持以邓小平理论和“三个代表”重要思想为指导，认真贯彻党的十六大和十六届三中、四中全会以来的文件精神，树立和落实科学发展观以学实践“三个代表”重要思想为主要内容，引导广大党员学习贯彻党章，坚定理信念，坚持党的宗旨，紧紧围绕全面建设小康社会的奋斗目标和改革发展稳定的大局，着眼于保持党员队伍的先进性、纯洁性，不断增强党员队伍和党组织的创造力、凝聚力、战斗力。保持大学生党员先进性教育活动，是自 2005 年 1 月以来全党范围内开展保持共产党员先进性教育活动的重要组成部分。在这次保持党员先进性教育活动中，在教育系统，除了要重视对教师党员进行先进性教育外，还必须重视对大学生党员进行先进性教育。现在我们强调保持大学生党员的先进性，就是全党范围开展的保持共产党员先进性教育活动的继续。当前，就必须紧密结合胡锦涛同志在庆祝中国共产党成立 90 周年大会上的讲话精神，时刻关注青年、关心青年、关爱青年，倾听青年心声，鼓励青年成长，支持青年创业，同时要求广大青年坚定理想信念，增长知识本领，锤炼品德意志，矢志奋斗拼搏，让青春在为党和人民建功立业中焕发出绚丽光彩。

保持大学生党员先进性教育活动当然也要坚持以邓小平理论和“三个代表”重要思想为指导，坚持和落实科学发展观，结合党的教育方针，认真贯彻《中共中央国务院关于进一步加强和改进大学生思想政治教育的意见》文件精神，切实加强和改进大学生的思想政治教育工作，为社会主义现代化建设培养更加优秀的人才。简单地说，保持大学生党员先进性教育活动的指导思想就是中国特色社会主义理论体系。中国特色社会主义理论体系是包括邓小平理论、“三个代表”重要思想及科学发展观等重大战略思想在内的科学理论体系。通过组织党员深入学习实践“三个代表”重要思想，坚持科学发展观，引导广大党员学习贯彻党章、坚定理想信念、发扬党的优良传统，切实解决高等院校各级党组织和党员队伍，特别是大学生党员队伍中存在的突出问题，不断改进大学生们的学习，充分调动广大党员投身于改革开放和社会主义现代化建设的积极性，达到提高党员素质、解决突出问题、服务人民群众、促进各项工作的目的和效果，为全面建设小康社会、开创中国特色社会主义伟大事业新局面，提供坚强的政治保证和组织保证。在这一思想指导下，不断加强和改进大学生的思想政治教育工作是长期的任务，加强大学生党员先进性教育是高等院校各级党组织的重要职责。

## 二、保持大学生党员先进性教育的主要任务

根据上述指导思想和中央的要求，结合党的十七大以来的方针、政策，以及各地各行业反映出来的主要问题，在当前继续保持大学生党员先进性教育活动的主要任务和所要达到的效果，主要体现为以下六个方面。

### （一）大学生党员树立理想信念更加坚定

正确的理想信念，是共产党员的政治灵魂，是保持党员先进性要解决的首要问题。一个党员具有正确的理想信念，就能保持正确的方向和坚定的立场，就能经受住各种复杂环境的考验，就能自觉为党的理想和目标而奋斗。作为大学生党员，必须树立正确的理想信念，具有坚定的政治信仰，自觉接受和宣传

马克思主义，并以马克思主义理论指导自己的实践，切实为共产主义事业贡献出自己的力量。我们党历来高度重视加强对党员的理想信念教育，帮助广大党员深刻理解、正确把握人类社会的发展规律，坚定走中国特色社会主义道路的信念，增强共产主义必定实现的信心。但是，在苏联解体和东欧剧变的影响下，在资本主义有了新发展的情况下，在改革开放和发展社会主义市场经济的过程中，党内有一些人理想信念淡薄了，有的甚至产生了“信仰危机”、“信任危机”。这些观念也不同程度地影响着大学校园，影响着大学生党员。有的人认同社会上所谓“理想是远的，理论是虚的，金钱是实的；要抛弃远的，放弃虚的，抓住实的”的观点，对社会主义经过长期发展必将战胜资本主义的信心不足；有的人不能正确看待改革中暂时存在的困难以及我们党所采取的政策措施，把支流当成主流、个别当成普遍、局部当成全部，对中国特色社会主义的前途产生疑问；有的人“在单位讲马列主义，在市场用拜金主义，在家里信封建主义”。上述论调也不同程度地影响着大学生党员，这在以后的章节里还会提及。在党员先进性教育活动中，各级党组织必须组织党员深入学习党的基本理论、基本路线、基本纲领和基本经验，帮助广大党员牢固树立中国特色社会主义坚定信念和共产主义远大理想，自觉实践“三个代表”重要思想，以全部精力、全部热情为实现党的最高理想和现阶段的基本纲领而奋斗，这是2005年全党范围开展的先进性教育的最根本任务。当然，也是当今对大学生党员进一步加强先进性教育的最根本任务。

### （二）大学生党员实践“两个务必”更加自觉

世界观、人生观和价值观解决人到底为什么活着和怎样活着的问题。有了正确的世界观、人生观和价值观，就能定准人生坐标，辨别是非善恶，认清荣辱功过，明白爱憎美丑，正确对待得失苦乐。正确的世界观、人生观、价值观对大学生的成长有着深刻的影响。2002年12月，胡锦涛总书记亲赴西柏坡，参观西柏坡纪念馆重温革命足迹，回顾我们党带领人民进行伟大革命斗争的历史，强调广大党员、干部要牢记毛泽东同志当年倡导的“两个务必”，首先从自身做起，并号召全党同志特别是领导干部，大力发扬艰苦奋斗的作风，为实现党的十六大确定的目标和任务开拓进取、团结奋斗。长期以来，我们党坚持在广大党员中进行马克思主义的“三观”教育和党的“两个务必”传统教育，大部分党员能够实践党的全心全意为人民服务的宗旨，保持先锋队战士和人民公仆本色，形成了一支讲大局、能吃苦、肯奉献的党员队伍。但是，在改革开放和发展社会主义市场经济条件下，社会上拜金主义、享乐主义、个人主义抬头，有些人提出要为“唯利是图”和“一切向钱看”正名，鼓吹“人生能有几回乐，何不潇洒走一回”等。受社会上不良风气的影响，有的党员淡忘了艰苦奋斗的优良作风，忍不住寂寞，耐不得清苦，追求物质享受；有的党员一事当前，首先考虑个人得失、斤斤计较、不愿吃亏；有的党员过于看重名、权、位，闹名誉、争待遇、要职位。有些同志平时也认为应该把名利看得淡一些，可是一旦到了调职晋级、评优表彰的时候，往往是“看得破，忍不过；想得到，做不到”。于是，忍不住去争一争。有时忍住了不去争，但心里很不平衡。人的一生，不论贫富贵贱、穷达逆顺，都免不了要同“名”和“利”打交道。贪欲会给人暂时的享受，但同时也带来无穷的烦恼，最终使人为了满足不断膨胀的私欲而走向堕落甚至毁灭。许多贪官在写悔罪书时，时常痛哭流涕、悔恨交加，常见的一些话就是检讨自己放松对世界观、人生观、价值观的改造，表示以后如何做人等。对有的人来说，哪还有什么机会啊！如早知道这样，何必当初呢？我们要在保持共产党员先进性教育中，切实加强“两个务必”的教育，帮助广大党员进一步树立正确的权力观、地位观、利益观，使之切实经得起改革开放和执政的考验，顶得住外界的各种诱惑，真正淡泊名利、无私奉献，做到权为民所用、情为民所系、利为民所谋。对于大学生党员来说，正值风华正茂、年富力强、精力充沛之际，更应树立正确的世界观、人生观和价值观，自觉履行“两个务必”，为将来顺利走向社会、服务社会打下坚实的基础。

### （三）大学生党员发挥先锋模范作用更加充分

一个党员就是一面旗帜，一个党员就是一个标杆。党的先进性不仅体现在党的路线方针政策的正确上，而且体现在党员的实际行动中。如果每一个党员都能充分发挥先锋模范作用，我们党就能永葆先进性，就能永远保持强大的战斗力、凝聚力和创造力。改革开放以来，大多数党员能够做到政治坚定、对党忠诚，思想解放、勇于创新，勤奋敬业、任劳任怨，并涌现出了以孔繁森、郑培民、任长霞、方永刚等同志为代表的一批优秀共产党员，在群众和党外人士中树立了良好的形象。但是，也有一些党员同志党员意识淡薄，放松对自己的要求。比如，有的同志很少参加组织生活，不按时缴纳党费。有的同志事业心和责任感不强，或者思想懒惰，不思进取，缺乏创业和创新精神；或者遇事回避矛盾，推卸责任，满足于随大流；或者眼高手低，大事做不了，小事不愿做。有的同志缺乏组织纪律观念，自由主义严重，对党的路线方针政策乱发议论、评头论足；对组织对同志不负责任，当面不说背后乱说，会上不说会下乱说；对马路传闻、小道消息、海外传言、庸俗短信、黄色笑话有特殊的兴趣，一听就信，一信就传。对党员领导干部来说，本应带头学习党的基本理论，模范地贯彻执行党的路线方针政策；认真学习马克思主义中国化历史进程中所产生的两大理论成果，即毛泽东思想、中国特色社会主义理论体系，这是保持党员先进性的基本要求。但是，有的同志放松学习，理论政策水平不高，缺乏运用马克思主义基本理论观察、分析和解决问题的能力，甚至对一些基本理论政策问题的认识与中央的精神还有较大的差距。因此，要针对党员发挥先锋模范作用方面存在的问题，教育广大党员珍惜荣誉，增强党员意识和公仆意识，不断提高理论政策水平，增强用科学理论指导实践的能力，处处以身作则，充分发挥先锋模范作用，争当“三个代表”重要思想的坚定实践者，深入学习和坚决落实科学发展观。对于大学生党员来说，就是必须认真学习“三个代表”重要思想，加强专业知识的学习，乐于助人，热心为广大师生服务，积极参与学校的管理工作，处处都成为大学生中的表率，引领大学生更加积极地为投身社会、服务社会而不断打下坚实的基础，切实发挥大学生党员的先锋模范作用。

### （四）大学生党员确立群众关系更加密切

密切联系群众，一切为了群众，一切依靠群众，是我们党的优良传统和根本工作路线。我们共产党人区别于其他任何政党的一个显著的标志，就是和最广大的人民群众取得最密切的联系。[①] 在和平建设时期，坚持群众路线对执政党具有特别重要的意义。执政党的地位，既为广大党员和党的各级领导干部联系群众、更好地为人民服务提供了有利条件，又有可能带来脱离群众甚至腐败变质的危险。保持党同人民群众的血肉联系、不断增强党的阶级基础、扩大党的群众基础，关系到党和国家的前途命运，关系到中国特色社会主义事业的兴衰成败。长期以来，我们党始终重视在全体党员中进行马克思主义群众观点和党的群众路线教育，大多数党员和身边的群众保持着良好而密切的关系。但也有一些党员群众观点和宗旨意识淡薄，特别是一些党员领导干部对群众没有感情，不能深入群众，不能在决策和领导工作中做到依靠群众，服务群众。因此，我们要把党群干群关系是否更密切、广大群众对活动是否满意，作为检验党员先进性教育活动效果好坏的一个重要标准。在先进性教育活动中，要广泛征求群众意见，认真倾听群众呼声，抓住广大群众反映强烈、迫切要求解决的问题，抓住那些影响改革发展稳定的突出问题，认真加以解决。当前，人民群众最关心的问题是如何加快经济发展，如何扩大就业，如何增加收入，如何健全完善社会保障体系，如何保持社会稳定，如何转变干部作风等。各级党组织、全体共产党员都要心系人民，关心群众，做到群众的利益高于一切、群众的疾苦急于一切、群众的呼声先于一切。对于大学生党员，就必须保持与普通大学生的和谐关系，加强合作，处处以班集体利益为重，以学院（系）和学校的利益为重，为他人利益着想，时刻体现为人民服务的宗旨。大学生应树立“先就业后择业”的观念，树立“劳动者最光荣”的观念，切实为社会主义现代化建设服务。大学生应该做到认真上课、按时缴费、诚信考试等，处处体现大学生的风采，展示大学生的良好形象。

① 毛泽东在中国共产党第七次全国代表大会上的政治报告，《论联合政府》，1945 年 4 月 24 日。

### （五）大学生党支部的战斗力更加坚强

基层党组织是党的全部工作和战斗力的基础。党的先进性必然要体现在基层党组织的战斗力上。在高等院校，各基层党组织一般都有若干党支部，大都设学生党支部，或者按年级、专业设几个学生党支部。大学生党员先进性的体现，除了靠基层党组织开展适当的工作外，各大学生党支部的工作也特别重要。这正是我们各级党组织需要加强和指导的方面。经验表明，党员的先进性固然需要党员自我教育、自我改进、自我提高，同时也需要党的基层组织对党员经常性的、有组织的、严格的教育、管理和约束。基层党组织强的地方，落后党员可以转化为先进；基层党组织弱的地方，先进党员也可能变成落后。长期以来，我们党始终把基层党组织建设和领导班子建设当成一件大事来抓。经过坚持不懈的努力，大多数基层党组织能够严格党的生活，强化党员管理，规范组织活动，发挥党支部的战斗堡垒作用。但是我们也要看到，在基层党组织建设方面还存在一些值得重视的问题：有的软弱涣散，战斗力不强，甚至处于瘫痪状态；有的决策不民主，办事不公正，在群众中没威信；有的发展思路不开阔，工作长期打不开局面；有的思想政治工作比较薄弱，学习活动流于形式，对党员群众在工作生活等方面的困难关心不够。有的大学生党员只顾自己的利益，关心他人不够，凝聚人心的能力不强。在一些基层党组织中，党员好人主义盛行，崇尚“多栽花少栽刺”的信条，相互批评没有真正开展起来。因此，在党员先进性教育活动中，各基层党组织都要对照党章，认真查找薄弱环节，加强班子建设，改进工作方法，创新活动方式，搞好党支部建设，健全组织生活，做好党员的教育、管理和监督工作，充分发挥大学生党支部的战斗堡垒作用。

### （六）大学生党员教育管理制度更加健全

制度是规范和约束人们行为的准则。制度具有根本性、全面性、稳定性的特点，抓住了制度建设，就抓住了保持党员先进性的关键。1980 年 8 月，邓小平同志在“党和国家领导制度的改革”的讲话中就曾经明确指出：“我们过去的各种错误，固然与某些领导人的思想、作风有关，但是组织制度、工作制度方面的问题更重要。这些方面的制度好可以使坏人无法任意横行，制度不好可以使好人无法充分做好事，甚至会走向反面。”这一论述，指明了制度建设在党的建设中的重要意义。保持大学生党员的先进性，同样必须有制度建设作保证。没有一定的制度作保证，好的东西不能形成规范，就难以长期坚持下去；没有一定的制度作保证，坏的东西得不到有效的遏制，就会滋生蔓延。保持大学生党员先进性是党的一项长期任务，必须常抓不懈。除需要相对集中开展先进性教育活动外，更要通过建立健全各项规章制度，使这项教育工作经常地、有效地开展下去，使广大党员时时处处自警自律、时时处处严格要求、时时处处发挥先锋模范作用。

近些年来，大多数地方党组织能够有针对性地建立一整套行之有效的规章制度，使党组织的活动有章可循、党员的行为有规可依。但是，也有一些党组织制度不够健全，有的虽然制定了制度但没有很好地落实，工作中存在着较大的随意性，就像有的同志批评的那样，各种规定只是“说在嘴上、写在纸上、挂在墙上”，就是没有落实到行动上。虽然在全党范围开展的保持共产党员先进性教育活动已经结束，但是，各级党组织要认真查找在党员教育管理方面还存在的不足和漏洞，建立和完善简单易行、切实管用的制度并抓好落实，使保持党员先进性能够依靠机制的作用真正成为一项经常进行、长期有效的活动。

关于大学生党员的教育和管理制度的制定，更为重要。大学生党员富有朝气，有热情、有知识、有能力，但流动性比较强，因此高等院校各级党组织必须狠抓大学生党员的入口关，加强大学生党员预备期的教育和管理，加强大学生党员转正后的继续教育和管理，避免将大学生党员所存在的问题推向社会。因为在大学校园，学校风气相对来说还比较正统、纯朴，具有育人的优势和条件。加强和改进大学生思想政治教育工作，必须重视大学生党员的教育和管理，必须重视大学生党员教育和管理制度的建设。

相关链接

## 毛泽东提出"两个务必"①

1949年3月5～13日，中共七届二中全会在河北西柏坡召开。毛泽东在会上作报告，提出党的工作重心应逐步由乡村转到城市，规定了夺取全国胜利的各项方针和胜利后中共在各方面的基本政策。

毛泽东同志在报告中深刻地指出："我们很快就要在全国胜利了。这个胜利将冲破帝国主义的东方战线，具有伟大的国际意义。""夺取全国胜利，这只是万里长征走完了第一步。如果这一步也值得骄傲，那是比较渺小的，更值得骄傲的还在后头。在过了几十年之后来看中国人民民主革命的胜利，就会使人们感觉那好像只是一出长剧的一个短小的序幕。剧是必须从序幕开始的，但序幕还不是高潮。中国的革命是伟大的，但革命以后的路程更长，工作更伟大，更艰苦。这一点现在就必须向党内讲明白，务必使同志们继续地保持谦虚、谨慎、不骄、不躁的作风，务必使同志们继续地保持艰苦奋斗的作风。这就是'两个务必'。我们有批评和自我批评这个马克思列宁主义的武器。我们能够去掉不良作风，保持优良作风。我们能够学会我们原来不懂的东西。我们不但善于破坏一个旧世界，我们还将善于建设一个新世界。"

## 东欧剧变和苏联解体②

东欧剧变，又称苏东剧变、东欧大革命、东欧民主化，是指东欧各国的社会制度发生了根本性的变化，即由社会主义制度演变为资本主义制度。1989～1990年，东欧局势发生了激烈的动荡，在短短两年的时间里，波兰、罗马尼亚、

① 根据以下资料整理、归纳。

毛泽东在中国共产党第七次全国代表大会上的政治报告，《论联合政府》，1945年4月24日。

② 根据以下资料整理、归纳。

http：//baike. baidu. com/view/34057. htm；

http：//www. km14z. net/second/jxzyg/ls/2/28/jasl. htm；

http：//wenku. baidu. com/view/606c1dabd1f34693daef3e86. html。

民主德国、南斯拉夫、捷克斯洛伐克等东欧社会主义国家，政权纷纷易手。执政 40 多年的共产党、工人党纷纷下野。伴随着共产党丧失执政地位，东欧各国的社会制度也发生了根本性的变化。东欧国家的剧变并不是偶然的，它是各国长期积累起来的各种矛盾的总爆发，是各种因素综合作用的结果。

戈尔巴乔夫在 1985 年就任苏共中央总书记后，首先把注意力集中在经济改革上。但由于对原有经济体制触动不大，改革困难重重，成效不大。从 1988 年起，戈尔巴乔夫又转向政治改革。他所推行的政治改革，是以“民主社会主义”取代科学社会主义，提倡“民主化”和“公开性”。这种“新思维”的认识，反映到政治改革上，便是否定苏联历史，否定十月革命，甚至否定列宁主义，放弃社会主义道路，放弃共产党的领导。戈尔巴乔夫改革显然缺乏具体而符合实际的设想，出现了许多失误，使全国在政治上失去了领导核心，在思想上失去了统一的指导，使各民族失去了联系的纽带。结果导致苏联社会思想混乱、民族矛盾加剧、经济状况恶化、社会秩序动荡、党内斗争尖锐。苏联的政治局面已经到了难以控制的地步。

1991 年 8 月 14 日，苏联公布了《苏维埃主权共和国联盟条约》。该条约将“苏维埃社会主义共和国联盟”改名为“苏维埃主权共和国联盟”。这一条约的签订，不仅意味着苏联国家体制将面临重大变化，而且意味着对民族分离活动的让步和认可，是苏联解体的开始。在苏联行将毁灭的时候，一些试图维护苏联本来的联盟体制、避免苏联解体的苏联高级官员于 8 月 19 日发动事变。“八·一九”事件的悲剧性在于，它以维护苏联为初衷，却成了加速苏联瓦解的催化剂。“八·一九”事件后，叶利钦及其支持者迅速掌握了国家大权。苏共被排挤出政权机构，国家政权发生了质变；各共和国分离势力急剧增长，纷纷宣布独立。苏联解体的速度骤然加快。1991 年 12 月 8 日，俄罗斯、乌克兰、白俄罗斯三国领导人签署明斯克协定，宣布成立“独立国家联合体”，同时宣称，苏维埃社会主义共和国联盟已“不复存在”。12 月 22 日，《阿拉木图宣言》的签署，标志着苏联的完全解体。12 月 25 日圣诞节夜，戈尔巴乔夫发表电视演说，宣布辞职。19 时 32 分，克里姆林宫屋顶旗杆上，那面几代苏联人为之奋斗、熟悉的由镰刀、锤子、闪耀五角星组成的红旗（苏联国旗）开始徐徐下落、下落……一面白、蓝、红三色旗（俄罗斯联邦国旗）升上了克里姆林宫上空。苏联从地图上消失了。

# 第三章 党的先进性和党员先进性、大学生党员先进性的基本内涵

## 一、党的先进性基本内涵

### （一）党的先进性的基本含义

作为一个无产阶级政党，要想长期执政，必须讲政治，始终保持党的先进性。“讲学习、讲政治、讲正气，三者是紧密相连和相互统一的，核心是讲政治。一个政党，就是围绕自己的政治纲领、按照自己的政治路线、为实现自己的政治目标而组织起来的政治集团。”① 所谓先进，就是先行、先导、先锋，是指事物所处的最进步状态，一般是指进步比较快、水平比较高、可以作为学习榜样的状态。所谓先进性，指的是一事物相比较于其他事物所表现出来的超前性、先导性、独到性的优势特征。所谓政党的先进性，是指一定阶级、阶层和集团中的先进分子，顺应时代进步的潮流，代表和实现本阶级根本利益的各种思想和行动的集中体现。所谓共产党的先进性，是指以马克思主义为指导、以工人阶级为基础、以优秀分子为成员、以民主集中制为组织原则所形成的具体体现在党的纲领、理想、宗旨、路线、方针、政策之中，体现在党员和党的干

① 江泽民在纪念中国共产党成立七十八周年座谈会上的讲话，1999年6月28日。

部的模范带头作用之中的一种特质。当然，世界上的政党，其具体形态多种多样，有的政党即便称为“共产党”，也形形色色，但是中国共产党则不同。因为中国共产党的产生是马克思主义普遍原理与中国具体实际相结合的产物，从诞生的那一天起，就时刻以马克思主义理论为指导，为了民族的解放、为了人类的解放而奋斗着。这正如毛泽东同志所指出的，“我们的党从它一开始，就是一个以马克思列宁主义的理论为基础的党，这是因为这个主义是全世界无产阶级的最正确最革命的科学思想的结晶”[①]。对于中国共产党来说，党的先进性是党的执政合法性的根本来源，是党成为中国特色社会主义建设事业领导核心的根本前提。

党的先进性，是指无产阶级政党的先进性。在这里，就是指中国共产党的先进性，是指中国共产党的本质属性。《中国共产党章程》明确指出，“中国共产党是中国工人阶级的先锋队，同时是中国人民和中华民族的先锋队，是中国特色社会主义事业的领导核心，代表中国先进生产力的发展要求，代表中国先进文化的前进方向，代表中国最广大人民的根本利益。党的最高理想和最终目标是实现共产主义”。因此，永葆党的先进性是贯彻“三个代表”重要思想的核心要求，是党的建设的最核心问题。

无产阶级革命导师在建党理论和建党实践中，从来都把保持和发展党的先进性放在头等重要的地位。马克思、恩格斯在《共产党宣言》中指出：“在无产阶级和资产阶级的斗争所经历的各个发展阶段上，共产党人始终代表整个运动的利益。因此，在实践方面，共产党人是各国工人政党中最坚决的、始终起推动作用的部分；在理论方面，他们胜过其余无产阶级群众的地方在于他们了解无产阶级运动的条件、进程和一般结果。”他们还强调：“共产党人为工人阶级的最近的目的和利益而斗争，但是他们在当前的运动中同时代表运动的未来。”[②]这是马克思主义创始人对工人阶级政党先进性内涵的科学揭示和集中阐述。对

① 毛泽东在中国共产党第七次全国代表大会上的政治报告，《论联合政府》，1945 年 4 月 24 日。

② 马克思，恩格斯．1997．共产党宣言．北京：人民出版社：40，61.

于中国共产党来说，其先进性的基本内涵，就是在阶级性、代表性和时代性相统一的基础上，始终走在时代前列。

## （二）中国共产党的先进性基本内涵

中国共产党作为马克思主义政党，从诞生的那天起，就具有其他阶级政党无可比拟的先进性，是无产阶级组织的最高形式，是无产阶级的先锋队组织。总结中国共产党 90 年的发展历程，我们党保持和发展马克思主义政党先进性的根本点主要是坚持解放思想、实事求是、与时俱进，以科学态度对待马克思主义，用发展着的马克思主义指导新的实践，始终保持党开拓前进的精神动力；坚持为了人民、依靠人民，诚心诚意为人民谋利益，始终保持党同人民群众的血肉联系；坚持任人唯贤、广纳人才，不断增加新鲜血液，始终保持党的蓬勃活力；坚持党要管党、从严治党，正视并及时解决党内存在的突出问题，始终保持党的肌体健康。[①] 中国共产党先进性的基本内涵如下。

### 1. 坚定的阶级性

中国工人阶级是近代以来我国经济社会发展，特别是社会化大生产发展的产物，具有严格的组织性、纪律性，以及革命的坚定性、彻底性等品格。中国共产党从成立之日起，就把自己确定为中国工人阶级的政党，始终坚持工人阶级先锋队的性质，为保持自己的先进性奠定了坚实的阶级基础。正因为有了工人阶级的先进性，我们党才与中国以往的一切政党区别开来，没有任何一党之私利，以推翻帝国主义、封建主义、官僚资本主义三座大山，实现民族独立、人民解放以至全人类的解放为己任，凭借高度的组织性、纪律性和坚强的革命精神，带领中国人民走出黑暗，迎来光明，建立社会主义制度，进行社会主义建设，体现了工人阶级先锋队的特质。

随着改革开放和现代化建设的发展，中国工人阶级状况发生了种种新变化。第一，我国工人阶级队伍不断壮大。全国职工人数由 1949 年的 800 多万人发展

① 胡锦涛在庆祝中国共产党成立 90 周年大会上的讲话，新华网，2011 年 7 月 1 日。

到2003年的3.75亿人，中国工人阶级的形成（而非中国中产阶级的形成）是当今中国社会分层发展变化的主旋律。中国工人阶级分布更加广泛，不仅分布在国有企事业单位，而且分布在乡镇企业、私营企业、外资企业和各类股份制企业，使工人阶级发挥作用的领域不断扩大。第二，工人阶级的思想道德素质和科学文化素质日益提高，特别是知识分子作为工人阶级的一部分，大大增强了工人阶级的整体素质。第三，在实行经济结构的战略性调整过程中，虽然一些工人群众的工作岗位发生了变化，但其国家主人翁的地位没有改变。随着工作岗位的变化，广大职工努力学习和掌握新技术、新本领，提高劳动技能和创造才能，以适应社会竞争的需要，这必将有利于提高工人阶级的整体素质，发挥工人阶级的整体优势。第四，工人阶级代表着先进的生产关系，因此始终是推动中国先进生产力发展的基本力量。这些方面表明，工人阶级的先进性不仅没有改变，而且随着时代的前进和社会的发展而不断发展，工人阶级仍然是我国的领导阶级。我们党必须始终全心全意依靠工人阶级，必须始终以工人阶级为阶级基础，必须始终把来自工人、农民、知识分子、军人、干部的党员作为党的队伍最基本的组成部分和骨干力量。这是始终保持党的先进性的前提。

2. 广泛的代表性

广泛的代表性，归根结底是广泛的群众性。“以马克思列宁主义的理论思想武装起来的中国共产党，在中国人民中产生了新的工作作风，这主要的就是理论和实践相结合的作风，和人民群众紧密地联系在一起的作风以及自我批评的作风。”[①] 中国共产党自成立以来，就肩负着阶级解放和民族解放的双重使命。党所面对的敌人是那样强大，这就要求我们党必须团结一切可以团结的力量，结成最广泛的统一战线，紧紧依靠最广大的人民群众，共同完成民族解放和民族复兴的历史重任。今天，我们面临着实现中华民族伟大复兴的新的历史任务，中国共产党也已从一个领导人民夺取政权而奋斗的党，成为一个代表人民执政

① 毛泽东在中国共产党第七次全国代表大会上的政治报告，《论联合政府》，1945年4月24日。

的党，更需要具有广泛的代表性，不断扩大党的群众基础和阶级基础，不断扩大党的社会影响。一方面，在改革开放过程中成长起来的新的社会阶层都是中国特色社会主义事业的建设者，都是我们党能够依靠的群众基础；另一方面，把那些经过长期考验、符合条件的社会各阶层的优秀分子吸收到党内来，将使我们党执政的基础更加广泛和巩固。我们党既是中国工人阶级的先锋队，又是中国人民和中华民族的先锋队；既是工人阶级根本利益的忠实代表，也是中国最大多数人民根本利益的忠实代表。

3. 鲜明的时代性

马克思、恩格斯在《共产党宣言》中指出："共产党人为工人阶级的最近的目的和利益而斗争，但是他们在当前的运动中同时代表运动的未来。"我们党作为一个有着远大理想的党，一个能够把握人类社会发展方向的党，必然是与时俱进的党，必然是紧跟时代潮流的党。正如江泽民同志在《论"三个代表"》的开篇之作，即 2000 年 2 月 25 日《在新的历史条件下，我们党如何做到"三个代表"》一文中指出的："总结我们党七十多年的历史，可以得出一个重要的结论，这就是：我们党所以赢得人民的拥护，是因为我们党在革命、建设、改革的各个历史时期，总是代表着中国先进生产力的发展要求，代表着中国先进文化的前进方向，代表着中国最广大人民的根本利益，并通过制定正确的路线方针政策，为实现国家和人民的根本利益而不懈奋斗。"① 江泽民同志还强调："时代在发展，形势在变化，我们必须紧跟世界发展进步的潮流……确保我们党能够始终保持住自己的先进性和蓬勃生机。"这深刻地表明，江泽民同志对于党的先进性问题的考察，并不是简单地以工人阶级的阶级性作为唯一的根据的，而是强调要以时代的发展、形势的变化和世界进步的潮流为坐标，他的眼光并没有停留在中国工人阶级的阶级属性本身，而是运用工人阶级的先进的思想武器，以广阔的世界历史进程为背景，去考察时代的变化、把握世界的潮流，赋予党的先进性以丰富的时代内涵和鲜明的时代特征。

---

① 江泽民 . 2001. 论"三个代表". 北京：中央文献出版社：2.

## 二、党员的先进性基本内涵

### （一）党员的先进性是党的先进性的基石

党的先进性决定了和要求着共产党员也必须保持先进性，党的先进性是通过千千万万名共产党员的先进性体现出来的。共产党员的先进性是指党员个体和党员群体以高尚的思想境界和精神世界为前提，以掌握的科学知识和技能为载体，以充分发挥党员先锋模范作用为标志的行为特征总和。只有广大党员个体具备先进性，整个党的先进性才会有坚实的组织基础和坚强的组织保证。

1. 党员是党的组织细胞和党内生活的主体

党是由不同领域、不同战线的党员按照一定的思想原则和组织制度组织起来的有机整体，党员是党组织的细胞和党内生活的主体。党的各项方针政策要通过全体党员去贯彻执行，党的所有工作任务要依靠广大党员去完成，党的优良作风要通过党员的行为来体现。正如刘少奇同志所指出的，“我们要建设一个最好的党！要达到这个目的，固然需要我们各方面的努力，需要中央与各级领导机关正确的领导，但是最基本的还需要我们有很多好的党员”，“只有我们多数党员努力工作，努力学习，努力提高与增进自己的品质，努力前进，才能建设一个好的党”。[①] 邓小平同志指出，“我们这个党要恢复优良的传统和作风，有一个党员要合格的问题”，“对党员的要求一定要严格”。[②] 一个党员在按规定的条件和程序入党时，一般来说是合格的，是符合党的基本条件的，但这并不能保证他永远合格，永远保持先进性。加强党员队伍建设，尤其是保持党员先进性的教育，其重要功能和作用就是全面提高党员素质，增强党员的党性观念，

① 中共中央文献研究室，中共中央党校．1991．刘少奇论党的建设．北京：中央文献出版社：209，220.

② 中共中央文献编辑委员会．1994．邓小平文选．第2卷．北京：人民出版社：269.

使党员始终保持自身的先进性，从而使整个党始终保持先进性。这是历史赋予我们的艰巨任务。

2. 加强党员队伍建设是密切党群关系的重要途径

我们党同人民群众保持密切联系的方式很多，党的各级组织及其领导干部就是密切党群关系的关键性因素。但是，能够最经常地、最直接地同人民群众保持密切联系的，则是基层党组织中的、生活在人民群众中间的广大党员，他们正是因为发挥了自己的先锋模范作用，才成为党紧密联系人民群众的桥梁和纽带。人民群众也正是以这些党员与自己联系的密切程度来观察和判断党对自己的态度，并以此来决定接受党的领导的态度。因此，必须加强党员队伍建设，使党员牢固树立群众观点，紧紧依靠群众，密切联系群众，倾听群众呼声，关心群众疾苦，代表群众利益，同群众打成一片。正如党的十六大报告所提出的："共产党员首先是各级领导干部，都要努力运用说服教育、示范引导和提供服务等方法，做好新形势下的群众工作，团结和带领群众不断前进。"① 反之，如果自视优越于群众、高明于群众、特殊于群众，不愿做或不会做群众工作，就必然降低党在群众中的地位和威信，损害党在群众中的形象，削弱党在社会上的影响力和号召力。

3. 党员队伍是团结群众完成党的任务的基本力量

当抗日战争正在紧张进行的时候，毛泽东同志针对当时的困难局面指出："在这里，共产党员的先锋作用和模范作用是十分重要的。"② 这启示我们，在当今经济全球化、社会发展多样化的复杂环境中，面对全新的课题、艰巨的任务、复杂的形势和严峻的挑战，全体共产党员肩负的责任是多么重大，全体共产党员发挥先锋模范作用具有多么重大的意义。胡锦涛同志在庆祝中国共产党成立80周年座谈会上强调："一个先进基层党组织就是一个坚强的战斗堡垒，一名优

---

① 本书编写组．2002．中国共产党第十六次全国代表大会文件汇编．北京：人民出版社：53．

② 毛泽东．1991．毛泽东选集．第2卷．北京：人民出版社：522．

秀共产党员就是群众中的一面旗帜。”“80 年来我们党取得的所有成就和胜利，都是同广大基层党组织和共产党员充分发挥作用密不可分的。确立‘支部建在连上’的建党原则，高度重视抓基层、打基础的工作，充分发挥共产党员的先锋模范作用，是我们党自身建设的一个显著特点和成功经验。”[①] 只有广大共产党员充分体现了先进性，充分发挥了先锋模范作用，我们党才能团结和率领全国人民开拓进取，艰苦奋斗，全面建设小康社会，加快推进社会主义现代化建设，实现中华民族的伟大复兴。

4. 壮大党员队伍力量是实现党的领导的组织基础

党员队伍力量是实现党的领导的组织基础。邓小平同志早在 1948 年 4 月《跃进中原的胜利形势与今后的政策策略》的报告中就提出：“中国革命的队伍大得很，任务又多，共产党员担负的任务很重。党领导得好不好，中央的路线政策执行得如何，要看共产党员合不合标准。”[②] 党的领导是政治领导、思想领导和组织领导的统一。无论要实现哪一方面的领导，都必须以有一支好的党员队伍为基本条件。从实现党的政治领导来看，党的方针政策的制定，必须依靠广大党员准确地反映党内外群众的意见和要求；党的方针政策的实施，必须依靠广大党员去宣传和动员群众。从实现党的思想领导来看，开展党的宣传教育工作，做群众的思想政治工作，都必须依靠广大党员的言传身教。从实现党的组织领导来看，决定党内各级组织重要干部的人选，推荐或选择优秀党员担任政府和群众组织的领导干部，都需要广大党员敢于和善于行使党内民主权利，有对党的事业高度负责的态度。而且，党的干部是从党员队伍中产生的，没有高质量的党员队伍，就不可能产生高素质的干部队伍。从某种意义上说，党员干部在群众中的形象和影响更为重要，甚至影响整个社会风气。

由此可见，只有全体党员的先进性充分体现和发挥，党的先进性才能有可靠的根基和保证。

---

① 胡锦涛在庆祝中国共产党成立 80 周年座谈会上的讲话（2001 年 7 月 2 日），人民日报，2001 年 7 月 3 日，第 1 版。

② 中共中央文献编辑委员会，1994. 邓小平文选，第 1 卷，北京：人民出版社：102

### （二）党员的先进性始终体现着“三个代表”重要思想

当今，党员的先进性具体地表现为“三个代表”重要思想。这在以后的章节里还有详细的表述。

作为党员，必须坚定理想信念，做党的最高纲领与最低纲领的统一论者，树立共产主义远大理想，正确认识社会主义和资本主义发展的历史进程，坚定我国社会主义改革开放的观念不动摇，自觉地为实现党在社会主义初级阶段的基本路线和基本纲领努力奋斗；作为党员，必须始终保持理论上的先进性，用马克思主义中国化最新理论成果武装自己的头脑，做坚定的马克思主义者，切实践行“三个代表”重要思想，积极投身于社会主义现代化建设之中；作为党员，必须时刻牢记党的宗旨，全心全意为人民服务，要把中国最广大人民的根本利益作为自己一切工作的出发点和落脚点；作为党员，必须严守党的纪律，自觉履行党员的义务，时刻保持和发扬党的优良传统和作风，与时俱进，不断更新自己的观念，处处体现共产党人的品行，充分发挥党员的先锋模范作用。

## 三、大学生党员先进性的基本内涵

### （一）大学生党员先进性是党员先进性的重要组成部分

大学生党员的先进性与其他行业党员的先进性一样，也是党的先进性的重要体现。党的先进性，归根结底是要由党员的先进性来体现的。当然，党的先进性的体现方式是多种多样的，如党的方针、政策、纲领的先进性，各行各业、不同年龄段的党员个体先进性的表现形式又不尽相同。大学生党员的先进性就是党的先进性的重要体现之一。

为什么当今社会有人对党有许多模糊认识，将社会腐败现象经常与党员或党员领导干部联系在一起？就是因为在我们党内确实存在一些贪污腐败现象，有的甚至还很严重，这严重地损害了党的形象。“精神懈怠的危险，能力不足的危险，脱离群众的危险，消极腐败的危险，更加尖锐地摆在全党面前，落实党要管党、从严治党的任务比以往任何时候都更为繁重、更为紧迫。”① 我们党所面临的这四个危险，必须引起全党的高度重视。其实，个别党员领导干部的贪污腐败现象，并不能代表所有党员领导干部都贪污腐败，更不能与党的整体形象画等号，其终归是少数人，而关键是我们党能否在最短的时期内根除或基本根除贪污腐败现象，这也是考量我们党执政能力、执政水平高低的标准。

党章所体现的内容都是神圣的，是正确的，也处处为广大人民利益着想，体现着党的奋斗目标和宗旨。在掌握政策时，必须注意党的先进性与党员的先进性的区别、党的先进性与个别党员的腐败现象的关系，不能把个别党员的腐败现象都强加于党的形象之上。大学生党员是青年马克思主义者，其先进性体现在政治思想、专业学习、日常工作和发挥共产党员的先锋模范作用等方面，体现在是否能成为社会主义事业的建设者和接班人。

大学生党员思想活跃、思维敏捷，有朝气、有活力，如何发挥他们的先锋模范作用确实需要我们思考。高等院校各级党组织要重视对大学生党员的教育和培养，用马克思主义中国化最新理论成果灌输，使之成为宣讲和践行马克思主义理论的促进派，造就成熟的坚定的马克思主义工作者。对于大学生党员来说，绝不是组织发展完了，就完事了，党组织必须对大学生党员负责，必须加强共产主义理想信念教育，加强世界观、人生观、价值观的教育。在现实中，必须认真考察大学生的入党动机，使他们真正从思想上和行为上入党，而不仅仅是为了就业、名誉，或者是因为跟随（从众心理）。大学生入党的条件涉及政治思想、工作表现、学习成绩、群众关系和其他表现等方面。总的来说，对大学生党员的评价，重在综合表现，而不仅仅是学习成绩；重在日常活动，即是否能在关键时刻表现出来、站得出来。

---

① 胡锦涛在庆祝中国共产党成立 90 周年大会上的讲话，新华网，2011 年 7 月 1 日。

## （二）大学生党员先进性的基本内涵

通过上述内容，大学生党员先进性是体现党员先进性的重要组成部分。大学生党员先进性的基本内涵主要有以下三个方面。

（1）政治立场坚定，做坚定的马克思主义者。这就要求大学生党员必须是马克思主义理论的接受者、传播者，必须真信真用，而不能仅仅是为了就业或因为趋众心理。这正如党的有关文件所指出的："要坚持和巩固马克思主义在意识形态领域的指导地位，在哲学社会科学教学中充分体现马克思主义中国化的最新理论成果，用科学理论武装大学生，用优秀文化培育大学生。"① 当今，坚定马克思主义信念就是要认真学习方永刚同志的先进事迹，不断掌握和传播党的创新理论，深刻理解和全面贯彻中国特色社会主义理论体系。中国特色社会主义理论体系，是指导党和人民沿着中国特色社会主义道路实现中华民族伟大复兴的正确理论。

（2）专业思想牢固，做品学兼优的大学生。总的来说，大学生党员必须是各方面都比较优秀的先进分子，特别是要在学习和工作方面表现出色，有良好的群众基础。这并不是说大学生党员每科成绩必须排名第一或名列前茅。但是，大学生党员必须专业思想牢固、品学兼优、德才兼备，在广大学生中能充分发挥共产党员的先锋模范作用。

（3）先锋模范作用突出，做广大学生学习的楷模。大学生党员必须是党的路线、方针、政策的主动实践者，而不是盲目的、被动的接受者；必须积极参加活动，乐于帮助他人，表率作用明显；必须始终与党中央保持一致，立场坚定，旗帜鲜明；必须积极就业创业，开拓进取，实现卓越；必须身心健康，影响一片，带动全局，从而成为社会主义现代化事业的建设者和接班人。

关于大学生党员先进性的基本内涵，还可以参照本书第五章中关于"大学生党员应具备的条件"、"大学生党员形象标准"等内容。

---

① 《中共中央国务院关于进一步加强和改进大学生思想政治教育的意见》（2004年8月26日），人民日报，2004年10月15日，第1版。

**相关链接**

## 方永刚同志的先进事迹[①]

方永刚，男，辽宁省朝阳市建平县人，1963 年 4 月出生，1985 年 7 月复旦大学历史系毕业，同年 7 月入伍，1992 年 12 月入党，历史学学士、法学硕士、军事学博士，先后在海军政治学院、海军大连舰艇学院任教，生前为海军大连舰艇学院政治系中国特色社会主义理论教研室教授、硕士研究生导师，辽宁省国防教育讲师团成员、沈阳军区联勤部客座教授、大连市讲师团成员等。2008 年 3 月 25 日 22 时 08 分在北京病逝。

20 多年来，方永刚一直从事政治理论教学和研究工作，深入学习、坚定信仰、积极传播、模范践行党的理论，为发展军队教育事业和宣传党的创新理论做出了优异成绩，多次被学院评为“优秀教员”、“青年教员成才标兵”，被誉为“平民教授”、“大众学者”。携笔从戎 20 多年来，在超额完成政治理论教学任务的同时，方永刚完成 10 多个政治理论研究课题，有 16 部政治理论专著出版，发表 100 多篇学术论文，为部队官兵和地方干部群众作各种理论辅导报告 1000 多场次。2006 年 11 月，在被确诊为结肠癌晚期之后，方永刚仍坚持为学员上完秋季学期的课程。

2007 年 1 月 24 日，中共中央总书记、国家主席、中央军委主席胡锦涛在一份内部材料上做出重要批示：“要全力挽救方永刚同志的生命。要认真总结、宣传他的先进事迹。”2 月 20 日，胡锦涛总书记刚从西北视察回来就亲临解放军总医院，亲切看望慰问正在接受治疗的方永刚，对他深入学习党的理论、坚定信仰党的理论、积极传播党的理论、模范践行党的理论的先进事迹和崇高精神给予了高度赞扬，号召广大共产党员和全军官兵向方永刚同志学习，从而在全党

---

① 根据以下资料整理、归纳。
http：//baike. baidu. com/view/878821. htm。

全社会掀起了学习方永刚同志先进事迹的热潮。

2007年6月，中央军委授予方永刚“忠诚党的创新理论的模范教员”荣誉称号。2007年9月方永刚被评为“全国道德模范”。2007年10月，方永刚光荣出席了党的十七大。

2008年1月，方永刚被推选为中央电视台“感动中国2007年度人物”。

2009年9月14日，他被评为100位新中国成立以来感动中国人物之一。

# 第四章 党的先进性评价标准及表现形式

## 一、党的先进性的评价标准

### （一）党的先进性的根本标准

在我们党的历史上，曾经有一段时期，把工人阶级的出身看做保持党的先进性的唯一标准。江泽民同志在 2001 年“七一”重要讲话中指出：“看一个政党是否先进，是不是工人阶级先锋队，主要应看它的理论和纲领是不是马克思主义的，是不是代表社会发展的正确方向，是不是代表最广大人民的根本利益。”① 这就是说，理论和纲领是评价党的先进性的主要依据。但是，党的理论和纲领本身究竟是不是马克思主义的，是不是代表社会发展的正确方向，是不是代表最广大人民的根本利益，还要通过实践来检验。因此，党的十六大报告又进一步指出：“党的先进性是具体的、历史的，必须放到推动当代中国先进生产力和先进文化的发展中去考察，放到维护和实现最广大人民根本利益的奋斗中去考察，归根到底要看党在推动历史前进中的作用。”② 这里讲的“归根到

① 江泽民．2001．论党的建设．北京：中央文献出版社：512.

② 本书编写组．2002．中国共产党第十六次全国代表大会文件汇编．北京：人民出版社：13.

底”，就是根本的意思，即评价党的先进性，根本标准是看党在推动历史前进中的实际作用。显然，这是一个实践标准。这就为评价党的先进性提供了一套全面而科学的标准，即理论标准、纲领标准和实践标准。只有把三个方面统一起来，才能对党的先进性形成正确的判断。

## （二）党的先进性的科学标准

党的先进性的根本标准只是一个实践标准。评价党的先进性的科学标准，除了实践标准外，还有其他内容，即理论标准、纲领标准，具体内容如下。

### 1. 评价党的先进性的理论标准

党的先进性必须建立在理论先进的基础上。马克思、恩格斯指出，无产阶级政党“有个很大的优点，就是有一个新的科学的观点作为理论的基础”。恩格斯还说：“只有清晰的理论分析才能在错综复杂的事实中指明正确的道路。”[①] 这里说的“新的科学的观点”、“清晰的理论分析”，就是马克思主义的世界观和方法论及其运用。列宁反复强调：没有革命的理论，就不可能有被压迫阶级，即历史上最革命的阶级的世界上最伟大的解放运动。这里说的“革命的理论”，就是马克思主义的科学理论体系。

工人阶级政党的产生，就是以科学社会主义的诞生为前提的。工人阶级对资产阶级的反抗，最初是以捣毁机器、殴打厂主、消极怠工等原始方式进行的，后来发展到有组织的罢工、示威和武装起义。工人运动的产生和发展，标志着它作为一种独立的政治力量开始登上历史舞台。可是，工人朦胧的革命意识、自发的工人运动，并不能引导工人阶级用根本变革的方式去摆脱压迫和剥削，最多只能暂时改善经济状况和工作环境。马克思主义的产生，为工人运动提供了理论的基础和指导。1847 年，马克思主义同工人运动相结合，产生了世界上第一个工人阶级政党——共产主义者同盟。1869 年 8 月，世界上第一个民族国

---

① 中共中央马克思恩格斯列宁斯大林著作编译局．1971．马克思恩格斯全集．第 37 卷．北京：人民出版社：283.

家范围内的工人阶级政党，即德国社会民主工党正式创立。随着工人运动的高涨和社会主义理论的传播，欧洲各国普遍建立了工人阶级政党或团体。到20世纪20年代，欧洲、美洲和亚洲已有近30个国家先后建立了工人阶级政党。但是，由于种种复杂的主客观因素，一些国家工人阶级政党的理论和纲领并没有准确、充分地体现工人阶级的先锋队性质，有的工人阶级政党后来放弃了原来正确的理论和纲领，并因此而发生了蜕变。这些政党，有的虽然还号称工人阶级政党或共产党，但并没有代表社会发展的正确方向，并没有代表工人阶级和最广大人民的根本利益。

中国共产党也是在马克思主义和工人运动相结合的过程中建立的。中国共产党的产生，使中国的面貌焕然一新。中国共产党从诞生的时候起，就坚定地把马克思主义作为自己的理论基础、指导思想和行动指南。马克思主义深刻揭示了人类社会发展的客观规律，是工人阶级根本利益的科学体现，是工人阶级及其政党的严密而完整的世界观，是世界共产主义运动的伟大旗帜，是迄今为止最科学、最先进、最严谨的思想体系。然而，马克思主义只是指明了社会发展的大方向，指出了解决社会问题的一般原则和方法，并没有也不可能直接提供解决这些问题的具体答案。这就决定了在中国这样一个幅员辽阔、人口众多、自然条件差异很大、经济政治发展极不平衡的大国，必须坚持理论联系实际的原则。但是，受认识水平和复杂情况的限制，要将马克思主义与中国革命、建设和改革的实际很好地结合起来，还要经过一个艰难曲折的探索过程。在这个过程中，随着党内越来越多的人的马克思主义理论水平的提高，对不断变化的时代特征和中国国情的深入了解，我们党日益自觉地把马克思列宁主义基本原理同中国具体实际结合起来，坚定不移地走自己的路，产生了毛泽东思想、邓小平理论、“三个代表”重要思想这三大理论成果。这三大理论成果是中国化的马克思主义，既体现了马克思主义的基本原理，又包含了中华民族的优秀思想和中国共产党人的实践经验，指导我们党制定了正确的路线纲领和方针政策，代表了中国社会的前进方向，保持了党的先进性品质。正因为如此，我们党才必须始终不渝地重视在思想上建党，毫不动摇地坚持马克思主义、毛泽东思想，高举邓小平理论伟大旗帜，全面贯彻“三个代表”重要思想，坚持科学发展观，保持经济和社会协调稳定地发展。

胡锦涛同志在庆祝中国共产党成立 90 周年大会上的讲话中更是强调，我们党坚持把马克思主义基本原理同中国具体实际结合起来，在推进马克思主义中国化的历史进程中产生了两大理论成果。一大理论成果是毛泽东思想。毛泽东思想是马克思列宁主义在中国的运用和发展，系统回答了在一个半殖民地半封建的东方大国，如何实现新民主主义革命和社会主义革命的问题，并对建设什么样的社会主义、怎样建设社会主义进行了艰辛探索，以创造性的内容为马克思主义宝库增添了新的财富。另一大理论成果是中国特色社会主义理论体系。中国特色社会主义理论体系是包括邓小平理论、“三个代表”重要思想及科学发展观等重大战略思想在内的科学理论体系，它系统回答了在中国这样一个十几亿人口的发展中大国建设什么样的社会主义、怎样建设社会主义，建设什么样的党、怎样建设党，实现什么样的发展、怎样发展等一系列重大问题，是对毛泽东思想的继承和发展。① 以上内容也是我们党坚持把马克思主义基本原理同中国具体实际结合起来，在推进马克思主义中国化的历史进程中产生的伟大理论成果的最新概括。

可以说，评价党的先进性的理论标准就是是否真正坚持和发展了马克思主义，因为马克思主义是迄今为止最先进、最科学、最革命的理论。“把马克思主义基本原理同中国具体实际结合起来，推进实践基础上的理论创新，是马克思主义具有蓬勃生命力的关键所在，是我们党坚持先进性、增强创造力的决定性因素。”② 我们要坚定不移地坚持马克思列宁主义、毛泽东思想、邓小平理论、“三个代表”重要思想，一切从实际出发，以我国改革开放和社会主义现代化建设的实际问题为中心，着眼于马克思主义理论的运用，着眼于对实际问题的理论思考，着眼于新的实践和新的发展，不断丰富和发展马克思主义，坚持用发展着的马克思主义指导不断变化的实践，特别是用马克思主义中国化最新理论

---

① 胡锦涛在庆祝中国共产党成立 90 周年大会上的讲话，新华网，2011 年 7 月 1 日。

② 胡锦涛 .2004. 在邓小平同志诞辰 100 周年纪念大会上的讲话 . 北京：人民出版社：17.

成果武装大学生的头脑，切实为社会主义现代化建设培养优秀的接班人。应当说，一个国家，一个民族，如果没有一点精神是不可想象的。特别是作为民族多、人口多、地域广的国家，没有先进的理论指导我们的实践，更是不可想象的。

2. 评价党的先进性的纲领标准

工人阶级历史使命的完成是一个漫长的过程，在这个过程中，必须处理好眼前利益和长远利益的关系、现实目标和远大理想的关系、客观条件和主观条件的关系、战略布局和策略手段的关系。就社会主义革命和建设而言，它是人类历史上前无古人的事业，很多问题没有现成的解决答案，许多未知的领域需要不畏艰难地探索，因此必须高度重视并制定正确而可行的纲领。党通过制定、宣传和实施自己的纲领，来公开地阐明自己的观点、主张和意图，争取和团结群众共同来完成党的政治任务，实现党的政治目标。所以，党的纲领是一面公开树立起来的旗帜，是党的理论水平、政治水平和领导水平的综合反映。正如马克思所指出的：制定一个原则性纲领，“这就是在全世界面前树立起可供人们用来衡量党的运动水平的里程碑”①。马克思、恩格斯在帮助法国共产党和美国共产党建党时指出：一个新的党必须有一明确的积极的纲领，只要这种纲领还没有制定出来或者还处于萌芽状态，新的党也将处于萌芽状态；它可以作为地方性的党存在，但还不能作为全国性的党存在；它将是一个潜在的党，而不是一个实在的党。1920 年 8 月，列宁在《关于加入英国工党问题的发言》中更明确指出：“确定一个党是不是真正工人的政党，不仅要看它是不是由工人组成的，而且要看它是由什么人领导以及它的行动和政治策略的内容如何。只有根据后者，才能确定这个党是不是真正无产阶级的政党。”

评价党的先进性的纲领标准就是是否把工人阶级和最广大人民的利益作为制定党的纲领和目标的出发点，是否与实现党的最高纲领相结合。共产党作为

① 中共中央马克思恩格斯列宁斯大林著作编译局．1995．马克思恩格斯选集．第 3 卷．北京：人民出版社：296.

工人阶级的先锋队，反映在党的纲领、路线上，就是始终代表工人阶级和最广大人民的根本利益，并为实现和维护这个利益而不懈奋斗。历史表明，正是因为把工人阶级和最广大人民的利益作为制定党的纲领和目标的出发点，我们党才当之无愧地成为中国工人阶级的先进队伍。在新民主主义革命时期，我们党制定了新民主主义的总路线，把包括工人、农民、小资产阶级和民族资产阶级在内的人民大众都团结到了自己的周围，推翻了帝国主义、封建主义和官僚资本主义的反动统治，建立了人民民主专政的中华人民共和国。在从新民主主义革命到社会主义的过渡时期，我们党及时提出了过渡时期的总路线，领导人民为实现国家的工业化奋斗，并对农业、手工业、资本主义工商业进行了社会主义改造，在中国建立起符合最广大人民根本利益的崭新的社会主义制度，为我国社会生产力的发展和社会进步奠定了坚实的基础。在社会主义建设时期，我们党对在我们这样一个经济文化比较落后的国家如何建设社会主义的问题进行了艰辛的探索，逐步形成并确立了党在社会主义初级阶段的基本纲领。我们党在各个历史时期的路线、纲领，都不是孤立的，而是和实现党的最高纲领——共产主义的远大理想紧密联系在一起的。这就使我们党既代表了工人阶级和最广大人民的当前利益，也代表了他们的长远利益。

3. 评价党的先进性的实践标准

实践是检验真理的唯一标准。社会生活在本质上是实践的，这是马克思主义唯物史观的核心思想。作为马克思主义政党，承认马克思主义唯物史观是科学的理论，是我们的行动指南，自然就包括承认实践是检验真理的唯一标准这一唯物史观的最主要内容。

党的先进性的实践标准从马克思主义实践论和认识论的高度，揭示了马克思主义政党先进性的哲学基础，为判断和检验党的先进性提供了最基础、最根本的标准。坚持以实践标准去认识和检验政党的一切理论和行为，并以此来分清正确与错误、鉴别先进与落后，这是认识马克思主义政党先进性的逻辑起点，也是我们正确判断党的先进性的根本标准。从马克思主义实践论出发，坚持以实践标准来考察一个政党是否先进，考察党的路线方针政策是否正确、党的理论是否科学，就要求始终坚持“实践是检验真理的唯一标准”的科学论断，在认识问题、分析问题和解决问题时，密切联系千变万化的客观实际，绝不能离开人民群众的实践活动，不能离开党领导全国人民建设具有中国特色社会主义的伟大实践。具体到党执政兴国的伟大实践，判断党的执政行为是不是体现了党的先进性，党的全部活动是否正确有效，就是要把党的理论、纲领、政策和自身建设放到人民群众的实践中去考察，放到党领导人民建设具有中国特色社会主义的具体实践中去检验，考察和检验党在推动先进生产力和先进文化的发展、维护和实现最广大人民根本利益方面的实际作用，考察和检验党在推动社会历史前进中的实际作用。

评价党的先进性的实践标准，要求我们必须尊重和依靠具有中国特色社会主义的伟大实践，必须用不断发展的马克思主义理论来指导和解释具有中国特色社会主义的伟大实践活动。我们不能用 100 多年前形成的理论套用现实、解释现实，而必须用不断发展的眼光，结合中国的国情将马克思主义不断地发展，形成党的创新理论，指导社会主义现代化建设的实际。

不论是理论标准、纲领标准，还是实践标准，评价党的先进性都必须统一于具有中国特色社会主义的伟大实践。当今，评价党是否具有先进性的标准，就是是否真正坚持“三个有利于”，即是否有利于发展社会主义社会的生产力，是否有利于增强社会主义国家的综合国力，是否有利于提高人民的生活水平。

## 二、党的先进性的表现形式

江泽民同志在党的十六大报告中指出，“党的先进性是具体的、历史的，必须放到推动当代中国先进生产力和先进文化的发展中去考察，放到维护和实现最广大人民根本利益的奋斗中去考察，归根到底要看党在推动历史前进中的作用”[①]。胡锦涛同志在党的十七大报告中也指出，“先进性是马克思主义政党的生

① 本书编写组．2002．中国共产党第十六次全国代表大会文件汇编．北京：人民出版社：13.

命所系、力量所在，要靠千千万万高素质党员来体现”[①]。这是一个辩证唯物主义和历史唯物主义的科学论断，它要求我们用具体的、历史的和发展的眼光来认识党的先进性的表现形式。

## （一）党的先进性是具体的、历史的

### 1. 党的先进性是具体的

根据唯物辩证法的观点，“具体”是多种要素和关系的总和，是多样性和多侧面的统一。任何具体的事物，都是由多种要素构成的统一整体，都具有多方面的特征、属性和关系。因此，讲党的先进性是具体的，就是指党的先进性是由多种因素构成的，有着多方面的具体体现。党的先进性既包括阶级基础的先进性，又包括文化基础的先进性；既包括组织上的先进性，又包括思想上的先进性；既包括政治上的先进性，又包括道德上的先进性；既包括理论、纲领的先进性，又包括实际行动的先进性。只有把这诸多方面的先进性有机统一起来，才能具体地、全面地认识和保持党的先进性。绝不能片面地注重某一方面而忽视另一方面，不能把党的先进性片面化、抽象化。

党的先进性必须具体地落实到共产党员和各个组织的思想和工作实践中。党是由党员和各级党组织组成的统一整体。由于党员的具体工作岗位不同，党组织所在的地区和行业不同，担负的具体职能和任务不同，其先进性的具体表现方式也不同。例如，企业党组织保持先进性的一个重要体现，就是要成为直接推动社会生产力发展的先锋；军队党组织保持先进性，就应当体现在推动部队战斗力的提高和打赢未来高技术战争上；国家法律审判监督机关的人民法院、人民检察院的党组织，保持先进性就是要正确、全面地履行审判、检察的职能，为全面建设小康社会创造良好的法制环境；高等院校党组织，要保持党的先进性就是要充分发挥高等院校教书育人的职能，不断培养高素质人才，为经济社会发展服务。

---

① 胡锦涛在中国共产党第十七次全国代表大会上的报告，《高举中国特色社会主义伟大旗帜　为夺取全面建设小康社会新胜利而奋斗》，2007年10月15日。

2. 党的先进性又是历史的

党的先进性是一个历史范畴。所谓先进，就是在不同时代、不同阶段的社会历史发展过程中走在前列。我们党要保持先进性，就是要坚持解放思想、实事求是，不断研究新情况、新问题，勇于探索创新，使我们的思想和实践与时俱进，始终走在时代的前列，绝对不能满足现状、僵化停滞、墨守成规、不思进取。否则，我们党就会因落后于历史发展的要求而失去先进性。

党的先进性总是同党在各个历史时期面临的历史任务联系在一起的。不同时代、不同阶段，党的先进性的具体内容和要求是不同的，必须把对党的先进性的认识建立在与时代发展、与现实社会历史条件相一致的基础上。要根据现阶段的具体历史条件来确定加强党的建设、保持党的先进性的具体内容和要求，使广大党员和各级党组织在现实历史条件下，在同广大群众保持密切联系的基础上，扎扎实实地发挥先锋模范作用。这样的先进性才能对群众的思想和行动起引导和带动作用，才是有实际意义的。如果不适当地超越现实社会历史条件，就会使先进变成冒进，我们党就会脱离群众的社会生活和思想实际，也就不能正确发挥党的领导作用。在新的历史时期，保持党的先进性，必须紧密联系我们党和国家全面建设小康社会、开创中国特色社会主义新局面、实现中华民族伟大复兴的历史任务，在完成这一神圣使命的过程中充分发挥党的领导作用和共产党员的先锋模范作用。在高等院校，就是要紧密结合党在各个历史时期面临的历史任务，围绕学校的中心工作，充分发挥学校的职能，为社会主义现代化建设培养更多更优秀的人才，为国家的繁荣和富强提供不竭的动力。国家的发展靠人才，人才的培养在教育。一个国家的将来向何处去，如何培养人才，培养怎样的人才至关重要。

## （二）党的先进性具体地历史地表现为“三个代表”重要思想

新时期我们党面临的根本任务，是建设中国特色社会主义，实现中华民族的伟大复兴。这一历史任务的具体内容，既包括促进社会主义社会生产力的发展，建设高度的物质文明，又包括促进社会主义文化发展，建设高度的精神文明；这一历史任务的具体价值取向，则是实现中国最广大人民的根本利益。我们党只有自觉成为中国先进生产力的代表、中国先进文化的代表、中国最广大人民根本利益的代表，带领人民全面实现这一神圣历史任务，才是真正保持了党的先进性。如果忽视了任何一个方面，都会陷入片面性，都会背离现实历史发展对党的先进性的具体要求。

1. 代表中国先进生产力的发展要求是保持党的先进性的根本条件

根据马克思主义基本原理，生产力是最活跃最革命的因素，是社会发展的最终决定力量。作为一个无产阶级政党，中国共产党带领人民推翻剥削阶级的统治，建立社会主义制度，根本的目的就是解放和发展生产力，推动社会不断进步。科学地把握我国社会生产力的发展趋势和要求，坚持以经济建设为中心，通过制定和实施正确的路线、方针、政策，采取切实的工作步骤，不断促进先进生产力的发展，这是我们党始终站在时代前列、保持先进性的根本体现和根本要求。"全党同志无论在什么岗位上，都要对自己所从事的工作经常加以检查和总结，看看是不是符合先进生产力的发展要求，符合的就毫不动摇地坚持，不符合的就实事求是地纠正。这样，才能充分体现共产党人的先进性和时代精神。"① 按照这一要求，我们要始终坚持以经济建设为中心，把发展社会生产力作为党的最根本的任务；要坚持改革开放，为解放和发展我国社会生产力不断注入新的动力；要依靠工人阶级和广大劳动群众，以不断提高他们的素质和才能，充分发挥他们的积极性、主动性、创造性为第一要务；要坚持科学技术是第一生产力，大力推进科教兴国战略，树立人才资源是第一资源的观念；要正确处理改革、发展、稳定的关系，为生产力的发展创造良好的社会环境。同时，还要按照中国先进生产力发展的要求全面加强和改进党的建设，不断提高党的执政能力，树立党的良好形象。因为执政党的党风问题关系到党的生死存亡。20 世纪 90 年代苏联解体和东欧剧变应当引起我们党的反思。要紧密结合党的基本路线加强党的建设，实现党的建设和经济建设的有机结合，确立科学的检验党建工作

---

① 江泽民 . 2001. 论"三个代表". 北京：中央文献出版社：155.

成效的标准。在实践中要避免这样几种倾向：党建工作包括一切，一切成就的取得都归功于党建工作；一切问题的出现，都因为党建工作，一旦出现什么问题，就怪罪党建工作的薄弱。这些都是不公平的。在高等院校也是如此。

2. 代表中国先进文化的前进方向是保持党的先进性的内在要求

共产党是在先进文化孕育下产生、发展和壮大的。没有人类优秀文化成果的基础，没有体现人类先进文化最高境界的马克思主义理论的指导，就不可能有共产党。共产党和先进文化的这种与生俱来的天然联系，内在地规定了党的先进性。党所代表的先进文化的前进方向，是一个政党在思想上、精神上的一面旗帜，具有指引全党全国人民前进的方向、凝聚全党全国人民的力量、形成和坚持正确的指导思想和共同理想的重要作用。所谓“前进方向”，是指与人类社会发展规律和人民的精神文化生活需要相一致、能够成为我们党思想上精神上的旗帜，是能够指导我们前进的先进文化。按照这一要求，我们要坚持以马列主义、毛泽东思想、邓小平理论和“三个代表”重要思想为指导，同时也要坚决反对思想僵化；要支持发展先进文化的正确方针，把培育“四有”公民作为根本任务，全面提高全民族的思想道德素质和科学文化素质；要把加强社会主义思想道德建设作为发展先进文化的重要内容和中心环节，把依法治国和以德治国结合起来，为社会保持良好的秩序和风尚营造高尚的思想道德基础；要坚持把改造落后文化、抵制腐朽文化和吸收优良文化结合起来，继承、弘扬中华民族优秀文化和革命文化传统，学习、借鉴人类社会创造的一切先进文明成果，努力实现文化的创新和超越；要在党的建设中充分吸收中国先进文化的丰富养料，运用中国先进文化提高广大党员干部的素质，提高党的执政水平和领导能力。当今，我国已在许多国家相继建立了孔子学院，在国内许多高等院校设置了国学专业和国学课程，这些都是弘扬中华民族优秀文化和革命文化传统的重要举措。中华民族优秀文化和革命文化传统，时刻也不能缺失。特别是当今在全国开展的向新时代的雷锋——郭名义同志学习的活动，将对当代青少年“三观”教育产生深远的影响，也会对根本改变社会风气产生一定的影响。

3. 代表中国最广大人民的根本利益是保持党的先进性的前提和归宿

马克思主义认为，政党是一定阶级利益的政治代表。任何政党都是以一定的阶级为基础的，在政治上代表着这个阶级（或这个阶级的某些阶层）的利益，为这个阶级的利益服务的。共产党是工人阶级的先锋队，由工人阶级的先进分子组成。工人阶级的最高利益和最高理想，是消灭一切剥削阶级，消灭一切私有制，建立共产主义美好社会。这一历史进程既是工人阶级自身解放的过程，也是全人类的解放过程。工人阶级的阶级特性决定了共产党不仅代表全体工人阶级的利益，而且要代表全体劳动人民的利益，这是共产党不同于历史上一切其他政党的最根本的特点。由此可见，共产党之所以成为工人阶级先锋队，代表最广大人民的根本利益是重要的内在规定。共产党也是在代表最广大人民根本利益的前提下产生的。在我国经济和社会发生了重大而深刻变化、利益多元化、各种社会矛盾日益凸显的情况下，党要更加重视并解决好代表中国最广大人民根本利益的问题。只有真正代表最广大人民的根本利益，党才能得到人民群众的信任、拥护和支持，永远立于不败之地。这里，特别要把握“根本利益”的内涵，它是指全局的、长远的、符合“人的全面发展”和“人类彻底解放”宗旨的利益。按照这一要求，我们要正确处理各种利益关系，认真考虑和兼顾不同阶层、不同方面群众的利益，特别是必须首先考虑并满足大多数人的利益要求；要正确处理局部与全局利益的关系，进一步强调和落实局部服从全局、地方服从中央的原则；要正确处理眼前利益与长远利益的关系，为了人民的长远利益，坚定不移地推进各项改革；要正确处理先富与后富、个人富裕与共同富裕的关系，党员领导干部要首先支持和帮助群众富起来；要正确处理党群、干群关系，使所有党员干部真正代表人民掌好权、用好权，决不允许以权谋私。在高等院校，各级党组织必须强调大学生党员除与教师党员一样必须承担一定的任务外，还要正确处理学习和工作之间的关系，处处以普通同学的利益为重，加强团结，密切合作，履行党员的职责，明确党员的义务，做大学生的知心朋友。特别是对于特困学生来说，大学生党员更应该献一份爱心，帮助他们克服困难，渡过难关；处处体现人文关怀，构建和谐集体，为社会主义现代化建设而不断充实自己、发展自己，不断提高自己的综合素质和能力。全党同志都要坚持党的群众观点和群众路线，在自己的学习和工作中实现好、维护好和发展好人民的利益，始终保持与人民群众的血肉联系，从而赢得人民群众的信赖和拥护，获得人民的支持，使我们党的执政地位不断得到巩固，社会主义制度不断得到完善和发展。

## 相关链接

### 邓小平提出“三个有利于”①

1992年年初，邓小平在视察我国南方时，针对一段时期以来，党内和国内不少人在改革开放问题上迈不开步子、不敢闯，以及理论界对改革开放性质的争论，指出：“要害是姓‘资’还是姓‘社’的问题。判断的标准，应该主要看是否有利于发展社会主义社会的生产力，是否有利于增强社会主义国家的综合国力，是否有利于提高人民的生活水平。”从此，“三个有利于”成为人们衡量一切工作是非得失的判断标准。

### 孔子学院②

为发展中国与世界各国的友好关系，增进世界各国人民对中国语言文化的理解，为各国汉语学习者提供方便、优良的学习条件，中国国家对外汉语教学领导小组办公室将在世界上有需求、有条件的若干国家建设以开展汉语教学为主要活动内容的孔子学院，并在中国北京设立孔子学院总部。孔子学院的英文名称为“Confucius Institute”。孔子是中国历史上著名的思想家、教育家、哲学家，其学说在世界上具有十分重要的影响，因此该名称体现了中国历史悠久、

① 中共中央文献编辑委员会．1994．邓小平文选．第3卷，北京：人民出版社：372.

② 根据以下资料来源整理、归纳。

http：//baike. baidu. com/view/44373. htm；

http：//www. hanban. edu. cn/hb/node _ 7446. htm。

博大精深的语言文化底蕴，也体现了新世纪中国语言文化将逐步融入世界的发展趋势。孔子学院是以传播中国语言文化、支持当地中文教学为基本任务的非营利性社会公益机构，遵守所在国的法律和法规，接受所在国教育行政部门的监督和检查。孔子学院总部设在北京，2007 年 4 月 9 日挂牌。自 2004 年 11 月全球首家孔子学院在韩国首尔挂牌以来，截至 2010 年年底，全球 96 个国家和地区建立了 322 所孔子学院和 369 个孔子课堂，共计 691 所。各地孔子学院充分利用自身优势，开展丰富多彩的教学和文化活动，逐步形成了各具特色的办学模式，成为各国学习汉语言文化、了解当代中国的重要场所，受到当地社会各界的热烈欢迎。

## 国　　学①

国学，兴起于 19 世纪末、20 世纪初，而鼎盛于 20 世纪 20 年代，80 年代又有“寻根”热，90 年代“国学”热再次兴起遂至今，这无疑是今人对于传统文化的反思与正视。于今而言，则正是对传统文化在今日中国乃至世界多元文化中的重新定位。“国学”一说，产生于西学东渐、文化转型的历史时期。而关于国学的定义，严格意义上，到目前为止，学术界还没有做出统一明确的界定，名家众说纷纭，莫衷一是。普遍说法如国粹派邓实在 1906 年撰文说：“国学者何？一国所有之学也。有地而人生其上，因以成国焉，有其国者有其学。学也者，学其一国之学以为国用，而自治其一国也。”（参见《国学讲习记》，《国粹学报》第 19 期）邓先生的国学概念很广泛，但主要强调了国学的经世致用性。

国学，又称国故，可译为“guoxue”（音译）、“sinology”（意译，指中国学，汉学，因无别于汉族学而有争议）。狭义的国学是指以儒学为主的中华传统思想文化与学术，包括古代诸子百家。广义的国学主要是根据胡适“中国的一切过去的历史文化”的说法而拓展外延和内涵，指以先秦经典及诸子学为根基，涵盖两汉经学、魏晋玄学、隋唐佛学、宋明理学和同时期的汉赋、六朝骈文、

① 根据以下资料整理、归纳。
http：//baike. baidu. com/view/2592. htm。

唐宋诗词、元曲与明清小说并历代史学等一套特有而完整的文化、学术体系。因此，中国古代和现代的优秀文化和学术成就，包括历史、思想、哲学、地理、政治、经济乃至书画、音乐、术数、医学、星相、建筑等，都是国学所涉及的范畴。目前汕头大学王富仁教授提出了“新国学”概念，他认为新国学就是适应当代中国学术发展的需要提出来的，“新国学”倡导中华文化的整体观念，说胡适很行，同样也不否认鲁迅的伟大，各种文化的对立不要看得那么重，每个部分都是不可缺少的，视中国文化为一个结构整体，是包括中国古代学术和中国现当代学术在内的中国学术的总称。“新国学强调的就是：政治、经济、文化是一个整体，谁也缺少不了谁。”

# 第五章
# 共产党员、大学生党员先进性的根本标准和基本要求

## 一、共产党员先进性的根本标准

要保持党员先进性，当然也包括大学生党员的先进性，首先应该搞清楚什么是党员的先进性标准和发挥先锋模范作用的表现。当年，在抗日战争紧张进行的时候，毛泽东同志就曾指出："共产党员应在民族战争中表现其高度的积极性；而这种积极性，应使之具体地表现于各方面，即应在各方面起其先锋的模范的作用。"① 在改革开放和社会主义现代化建设的新时期，以江泽民同志为核心的第三代中央领导集体始终高度重视共产党员先进性的标准问题，并对如何确定新时期党员先进性标准作了深入思考和积极探索，提出了许多重要观点。1992 年 6 月 9 日，江泽民同志在中央党校省部级干部进修班上的讲话中专门提出了"新时期衡量党员先锋模范作用的标准问题"。他提出"如果衡量新时期党员的先锋模范作用的标准问题解决好了，能体现新时期的特征，对于培养党的接班人，正确有效地选拔和使用干部，也会进一步提供新的思想指导和工作基础"②。1992 年 10 月 12 日，江泽民同志在党的十四大报告中更明确指出："在新

① 毛泽东．1991．毛泽东选集．第 2 卷．北京：人民出版社：521.
② 江泽民．2001．论党的建设．北京：中央文献出版社：45.

的历史时期，对共产党员的模范作用应该有新的要求。切实加强和改进对党员的教育和管理，提高素质，增强党性，使党员成为坚决贯彻执行党的基本路线，献身改革开放和现代化事业，诚心诚意为人民谋利益，带领群众为经济发展和社会进步做出实绩的先进分子。"①

时代在发展，社会在进步，共产党员的先进性也必须与时俱进。随着改革开放的深入和社会主义市场经济的发展，共产党员所处的环境和条件与过去相比发生了很大的变化，党员队伍也发生了重大变化，这对共产党员保持先进性、发挥先锋模范作用提出了新的要求。江泽民同志在2001年"七一"重要讲话中明确指出："'三个代表'要求，是我们党保持先进性、始终成为建设有中国特色社会主义坚强领导核心的基本要求。"② 既然始终做到"三个代表"是我们党始终保持先进性的根本条件和根本标志，而党员队伍先进性又是建立在全体党员先进性的基础上的，党员先进性是党员队伍先进性的集中体现，那么，认真学习、自觉实践"三个代表"重要思想，就必然成为全体共产党员保持先进性的根本标准和根本条件。正如江泽民同志所指出的："所有的共产党员和领导干部，都要深刻认识和牢牢把握这'三个代表'，用以指导自己的思想和行动，这样才能使自己真正成为一个合格的党员，合格的党的领导干部。"③"坚持'三个代表'，是我们党的工人阶级先锋队性质、根本宗旨、根本任务的集中体现，是对党和各级组织和全体党员、干部提出的根本要求。"④ 他还指出，全党同志都要看看自己的工作是不是符合"三个代表"的要求，符合的就毫不动摇地坚持，不完全符合的就积极调整补充，不符合的就勇于实事求是地纠正，以"充分体现共产党人的先进时代精神"。⑤ 胡锦涛同志在优秀共产党员代表庆祝中国共产党成立80周年座谈会上也强调："所有共产党员都要立足本职、联系实际，坚

---

① 江泽民在中国共产党第十四次全国代表大会上的报告，《加快改革开放和现代化建设步伐 夺取有中国特色社会主义事业的更大胜利》，1992年10月12日。

② 江泽民．2001．论"三个代表"．第1版．北京：中央文献出版社：163.

③ 江泽民．2001．论"三个代表"．第1版．北京：中央文献出版社：3.

④ 江泽民．2001．论"三个代表"．第1版．北京：中央文献出版社：16.

⑤ 江泽民．2001．论"三个代表"．第1版．北京：中央文献出版社：20.

定自觉地实践‘三个代表’重要思想，在自己学习、工作和社会实践中全面体现‘三个代表’要求，把共产党人的先进性在社会主义物质文明建设和精神文明建设中充分发挥出来。”

《中共中央关于在全党开展以实践“三个代表”重要思想为主要内容的保持共产党员先进性教育活动的意见》指出，在全党范围“开展先进性教育活动，要在解决实际问题上下工夫，把是否解决了群众反映强烈、通过努力能够解决的突出问题和群众是否满意作为衡量先进性教育活动成效的重要标准。”把实践“三个代表”重要思想作为共产党员保持先进性的根本要求，体现了我们党与时俱进的先进本质，具有鲜明的时代特征和实践意义。这个根本要求既要体现在党员的思想政治素质上，也要体现在党员参与改革和社会主义现代化建设实践的具体行动上，还要体现在党员的日常生活中。总起来讲，就是要真正用“三个代表”重要思想武装自己的头脑，真正掌握体现“三个代表”要求的科学知识和先进技能，真正自觉地在实践中落实“三个代表”的要求。这三句话，就是新时期共产党员先进性根本标准的主要内容。

## 二、共产党员先进性的基本要求

根据实践“三个代表”重要思想这一共产党员先进性根本标准，在新的历史条件下，共产党员先进性的基本要求应当包括以下五个方面。

### 1. 理想与信念方面

党的十七大报告指出，“加强党员、干部理想信念教育和思想道德建设，使广大党员、干部成为实践社会主义核心价值体系的模范，做共产主义远大理想和中国特色社会主义共同理想的坚定信仰者、科学发展观的忠实执行者、社会主义荣辱观的自觉实践者、社会和谐的积极促进者”①。要树立共产主义远大理

① 胡锦涛在中国共产党第十七次全国代表大会上的报告，《高举中国特色社会主义伟大旗帜　为夺取全面建设小康社会新胜利而奋斗》，2007 年 10 月 15 日。

想，坚定走建设中国特色社会主义道路的信念，脚踏实地地为实现党在社会主义初级阶段的基本纲领而奋斗。社会主义和共产主义的理想信念，是共产党人最崇高的追求和强大的精神支柱。有了这样的理想信念，就有了立身之本，站得就高了，眼界就宽了，心胸就开阔了，对个人的名利得失就看得淡了，就能够自觉地把党的最高纲领与实现党在现阶段的任务统一起来，满腔热情地为党的事业而奋斗。“是什么支撑着杨善洲以毕生精力坚守共产党员的精神家园?”云南省保山市原地委书记杨善洲有着坚定的共产主义信仰，坚持共产主义人生观，一直以共产党员的标准严格要求自己，从未改变。大学生党员必须自觉地加强理想与信念教育，党组织也必须经常加强对大学生党员进行理想与信念教育，使他们立场坚定、旗帜鲜明，始终与党中央保持一致，不断掌握本领。这是大学生做人的根本，也是大学生成才的关键。

2. 立场与宗旨方面

要自觉坚持党的根本宗旨，诚心诚意为人民谋利益，始终保持党同人民群众的密切联系。要用先进思想和模范行为代表、维护和实现人民群众的利益，引导、团结和带动广大群众为实现党的任务而共同奋斗。党员干部特别是领导干部要在这方面做出表率，想问题、办事情、作决策，必须把对上级负责和对群众负责统一起来，在思想上尊重群众，行动上深入群众，工作上依靠群众，不断从人民群众中汲取营养和智慧，不断增强同人民群众的感情，不断引导和带领群众前进。作为党员干部，其先进性就体现在“先天下之忧而忧，后天下之乐而乐”上。为党和人民去奉献，是一种幸福，也是一种快乐。当今，要深入学习杨善洲精神，就要像他那样时刻把群众冷暖挂在心上，一辈子全心全意为人民服务。一个人做点好事并不难，难的是一辈子做好事。要把“一时”变成“一世”，始终保持党的先进性、保持公仆本色，就要树立正确的世界观、权力观、政绩观，始终站稳群众立场，认真贯彻群众路线，自觉增进群众感情，永远同人民群众同甘共苦，永远为人民群众谋幸福。党员领导干部是否合格、是否值得群众信赖和尊重，不在于嘴上说得如何，而在于实际工作干得怎样。要赢得人民群众的信赖和支持，就要始终保持和发扬艰苦奋斗精神和锐意进取的激情，把全部心思和精力用在干事创业上，在难题面前敢于开拓，在矛盾面前敢抓敢管，在风险面前敢担责任，不断开创各项工作新局面，努力创造出无愧于党、无愧于国家、无愧于人民的业绩。大学生党员必须坚持党的根本宗旨，热心地为广大师生服务，组织和带领广大学生抓好学习、储备知识、提高能力、服务社会。

3. 作风与形象方面

在杨善洲的观念里，领导干部不论在什么岗位，都应该时刻牢记为人民服务的宗旨，都应当把人民群众的利益放在第一位。他常常说："我手中是有权，但它是党和人民的，它只能老老实实用来办公事，不能用来办私事。"正因为杨善洲有这样的权力观，他一直谨慎用权、廉洁用权、秉公用权，把权力全部用到了党和人民的事业上。当今，党员领导干部确实应该认真学习杨善洲的精神。在新形势下，党员领导干部确实要始终保持清正廉洁，坚决抵制歪风邪气，带头弘扬社会主义道德风尚，树立社会主义核心价值体系，不断学习党的创新理论。共产党员良好的道德操守、高尚的人格形象、抵御腐朽思想侵蚀的能力，是党员先进性的重要体现。广大共产党员一定要筑起拒腐防变的牢固思想防线，自重、自省、自警、自励，经受住权力、金钱、美色的考验，做到在拜金主义、享乐主义和极端个人主义的侵蚀面前一尘不染、一身正气。对于当今大学生党员来说，必须坚持诚信为上，考试不违纪，做事不违规，更不能为了一己私利而违背法律，要保持党员的良好形象。我们要积极倡导大学生党员诚信从考试不作弊开始，做到按时缴纳学费等，充分发挥大学生党员先锋模范作用，做广大师生的朋友，与广大同学建立密切的联系。大学生党员有着优越的时空条件，特别是他们具有充沛的精力、敏捷的思维和良好的学习环境，应充分利用各方面的优越条件，刻苦学习、充实自己、实现卓越、服务社会，努力为实现人的全面发展和社会进步贡献力量。

4. 学习与思维方面

要坚持用科学理论武装头脑，勤奋学习科学文化知识，不断提高自身的思想文化素质。当今时代，是要求人们终身学习的时代。共产党员要始终站在时代前列，坚持用发展着的马克思主义指导客观世界和主观世界的改造，进一步把握共产党执政规律、社会主义建设规律、人类社会发展规律，提高运用科学理论分析和解决实际问题能力；在错综复杂的环境中保持清醒和坚定，在解放和发展生产力、推动社会全面进步的实践中充分发挥先锋模范作用，必须坚持不懈地学习、学习、再学习。要把学习作为一种政治责任、一种精神追求、一种思想境界来认识，孜孜以求、学而不怠。特别是党员领导干部要身体力行地学习和把握中国特色社会主义理论体系的基本内容，要用发展着的马克思主义理论观点方法践行社会主义核心价值体系。学习是人生不懈的追求，只要坚持，就会终生受益。毫无知识、懒惰颓废的民族，是不可想象的。中华民族是历史悠久的民族。我们相信，中华民族充满着智慧，具有刻苦耐劳、勤奋进取的精神，一定会在学习科学文化知识方面有不俗的表现。当然，我国人口众多、经济发展水平还不发达，所以积极地构建学习型组织、学习型社会还任重道远。有人说，学习是人类进步的阶梯。我们的人类每时每刻都不能离开理论思维，这种理论思维也就是必须用马克思主义理论武装人们的头脑。作为大学生更应加强理论学习，形成理性思维，不断提高自己的综合素质，提高就业能力。

5. 能力与业绩方面

要站在改革开放和社会主义现代化建设的前列，锐意进取、开拓创新，努力创造一流业绩。我们的共产党员，大都在一定岗位上承担着一定的生产、工作任务，这些看来平凡的工作和任务，都是同实现现阶段的奋斗目标和党的整个事业紧密联系在一起的。共产党员的先锋模范作用发挥得怎么样，经常地、大量地反映在本职工作干得怎么样上。每一个共产党员都要立足本职工作，埋头苦干，奋发进取，努力创造一流的工作业绩。对于大学生党员来说，必须不断地加强学习，深入社会，提高自己的学习能力、交往能力、创造能力，以及了解、适应、发展社会的能力。让我们以杨善洲为榜样，加强自身修养，增强为人民服务的自觉性，像他那样为政、干事、做人，坚守共产党人的精神高地，为实现“十二五”规划宏伟蓝图和全面建设小康社会宏伟目标努力奋斗。

上述五个方面，是对共产党员先进性的一般的、基本的、共性的要求，也是对大学生党员先进性一般的、基本的、共性的要求。根据党员工作和生活的不同领域、不同职业、不同部门和单位，党员的先进性还应有不同的具体要求。大学生党员必须根据上述内容自觉地履行。当然，作为大学生党员，在高等院校还有具体的标准和要求。

## 三、大学生党员应具备的条件及先进性标准

作为新时代的大学生党员，党和时代对大学生寄托着厚望，也提出了更高的要求。这就要求大学生党员必须站在时代的前沿，与时俱进，按照“三个代表”重要思想的要求，勤奋学习、踏实工作，不辜负党的培养和人民的期望。

### （一）大学生党员应具备的条件

#### 1. 学习和掌握党的理论

做一名合格的大学生党员，要掌握有关党的基础理论知识，提高理论素养。大学生党员应掌握的基础理论知识主要有马列主义、毛泽东思想、邓小平理论以及“三个代表”重要思想，熟悉和掌握科学发展观，不断学习党的创新理论。上述理论，均是国际共产主义运动以及我们党长期社会实践的经验总结和提升。掌握了上述理论，大学生党员就有了前进的方向和战斗的武器，就可在当前复杂多变的国内外环境下，看清形势，透过现象看到本质，树立大学生党员建设有中国特色社会主义的信心。作为大学生党员，首先必须从思想上入党，必须立场坚定、旗帜鲜明，始终与党中央保持一致，然后才是从行动上入党，做广大学生的榜样，成为社会主义现代化建设的接班人和中坚力量。

#### 2. 熟悉和研究党的历史

做一名合格的大学生党员，必须要熟悉党的历史。我们党的性质、宗旨、纲领、路线、方针、政策都是特定历史条件下特定社会实践的产物。对我们党上述内容的认识，不能脱离党产生、发展、壮大的历史过程和伟大的社会实践活动。这是因为，如果离开我们党领导广大人民群众进行的革命、建设和改革

开放的历史，我们对党的性质、宗旨、纲领、路线、方针、政策等这些比较抽象的内容的理解就难以深化。要熟悉党领导广大人民群众进行的革命、建设和改革开放的历史，光凭在学校学习有关党史还是不够的，还需要其他方式。而参观我们党早期一些党组织或党员个人过去的活动场所及其器物、探寻党组织或党员个人的历史活动轨迹，更能使我们熟悉和记住党史的具体内容。熟悉党的历史，能使大学生党员从党的任务的历史传承中，深刻体会自己作为一名共产党员的责任。同时，大学生党员还要研究党的历史，结合现实探究党的历史，即所谓的以史为鉴。因为忘记了历史就意味着背叛。只有这样，才能深刻总结党在成长、壮大中的经验和教训，才能更好地投身于社会主义现代化建设的伟大实践。

3. 培养和发扬党的优良作风

做一名合格的大学生党员，要培养、发扬优良的工作作风和生活作风。在历史上，我们党在艰苦的革命环境中形成了理论联系实际、密切联系人民群众以及批评和自我批评三大优良作风。这些优良作风，是我们党在革命战争中赢得广大人民群众支持的重要政治资源，从而为我国民主革命的胜利提供了重要的保障。我们党的三大优良作风，曾经塑造了无数的优秀共产党员，从而使我们党充满了生机和活力，保持了革命性和先进性。新中国成立后，在加强党的建设中，我们党仍然继续坚持和发扬党的优良传统作风。有了优良的作风，才能使全党同志始终保持共产党人的蓬勃朝气、昂扬锐气、浩然正气，永远与人民群众心连心，我们党的执政基础才能坚如磐石。当前，培养三大优良作风也是对每一个共产党员的基本要求。党的优良作风的培养，要在我们日常的学习和工作实践中自觉进行，不可忽视，否则，就不可能成为一名合格的党员。

4. 努力学习和钻研科学文化知识

做一名合格的大学生党员，就要努力学习科学文化知识。实践在发展，时代在变化。我们正处于一个飞速变化的国内外环境中，正处于一个“知识爆炸”的时代。当前，知识经济日趋发展和深化。我们党作为先进生产力的发展要求、先进文化的前进方向、最广大人民根本利益的忠实代表，要始终保持其先进性，就必须与时俱进，持续发展。党自身持续发展的必然性和必要性，对每一个大学生党员提出了更高的要求，其中之一就是要求每一个大学生党员时刻不忘学习科学文化知识。对大学生党员来说，学习科学文化知识就显得更加重要。大学生只有努力学习科学文化知识，才能与时俱进，才能避免在知识经济时代落伍，才能更好地适应社会、服务社会。大学生所要学习的科学文化知识，不仅包括努力学习自己的专业知识，提高自己的业务能力，还包括广泛涉猎其他科学知识和技能，完善自己的知识结构。

5. 勇于参加社会实践活动

做一名合格的大学生党员，就要勇于参加社会实践活动。大学生党员要熟悉和研究党的历史、学习和掌握党的基本理论、培养和发扬党的优良作风、努力学习和钻研科学文化知识，离不开自己的特有方式，也离不开一定的社会实践。而且，党的优良作风之一即理论联系实际，勇于参加社会实践也是党的优良作风的要求和体现。对大学生党员来说，由于其活动范围有局限在校园内的特点，所以让他们走出校园，多参加社会实践活动，尤为必要。只有多参加社会实践活动，才能对我国社会的发展状况有更深刻的全面体察，才能够使自己更好地做出社会定位；多参加社会实践活动，也有利于提高自己的多种实践能力，以便将来更顺利地走向工作岗位，也有助于大学生党员更好地适应工作环境和提高工作能力。

### （二）大学生党员先进性标准

关于大学生党员先进性标准，最基本的就是依据党章的要求，结合高等院校的实际提出具体的形象标准。但是，由于各高等院校及其各专业的差异性，大学生党员先进性标准也是不完全一致的。关于大学生党员先进性标准，还可以参见本书第三章“大学生党员先进性的基本内涵”和本章“共产党员先进性的基本要求”。

下面仅就某省属高等院校大学生党员先进性标准，将其共性的、有参考价值的内容，展示给广大读者，以供参考。某省属高等院校大学生党员先进性标准内容如下。

（1）认真学习马列主义、毛泽东思想和中国特色社会主义理论，自觉执行和宣传党的路线、方针、政策，始终与党中央在政策上、思想上保持一致，要具备较高的思想政治素质和科学文化素质，成为有较高理论水平的青年马克思主义者。

（2）树立科学的世界观、人生观和价值观，为人正派、待人诚恳，严于律己、宽以待人，团结同学、尊敬师长，敢于开展批评和自我批评，做一名诚实守信的大学生党员。

（3）端正专业思想，明确学习目的，努力学好专业知识和其他文化知识，要有广博的知识面，特别是在外语、计算机及适应社会能力等方面，要有明显的优势（有的高等院校规定，大学生党员的智育成绩或者综合测评成绩要排在班级前1/2以内，通过大学英语四级考试和计算机省二级考试）。

（4）关心班级、学院（系）乃至学校的发展，热爱集体，关心同学，做同学的知心朋友，在广大同学中具有较高的威信。

（5）具有较强的奉献精神和服务意识，要有大局意识和集体观念，要有正确的择业观念和就业意识，在各项活动中起到先锋模范作用。

（6）模范遵守党和国家的政策、法规，自觉遵守学校和学院的各项规章制度，敢于同不良现象作斗争。

## 相关链接

### 杨善洲同志先进事迹[①]

杨善洲（1927～2010），男，汉族，云南省保山市施甸县人，1927年1月出

---

① 根据以下资料整理、归纳。
http：//baike.baidu.com/view/3090866.htm；
http：//www.cma.gov.cn/qxxw/xw/201104/t20110408_90564.html；
新华社评论员系列文章——一论、二论、三论学习杨善洲精神，新华网，2011年4月14～16日。

生，1951年5月参加工作，1952年11月加入中国共产党，中共云南省保山市原地委书记，中共云南省委第二、第三、第四届委员，云南省第五、第六届人大代表，第六届人大常委会委员。他1951年参加革命工作，历任区、县主要领导，担任地委领导近20年，工作35年来，始终保持艰苦朴素的本色，廉洁奉公、全心为民、勤奋工作，为保山市经济社会发展做出了突出贡献。

1988年6月，杨善洲同志退休以后，主动放弃进省城昆明安享晚年的机会，扎根施甸县大亮山兴办林场，一干便是20个春秋，带领大家植树造林7万多亩，林场林木覆盖率达87%以上，把昔日的荒山秃岭变成了生机勃勃的绿色天地，使当地恶劣的自然环境得到明显改善；修建了18公里的林区公路，架设了4公里多的输电线路，使深居大亮山附近的村寨农户，通电通路。

1991年6月被云南省委省政府授予"优秀共产党员"称号；1999年8月被全国绿化委员会授予"全国十大绿化标兵"提名奖；2000年12月被国家环保总局授予"全国环境保护杰出贡献者"；2002年被评为云南省老干部"老有所为"先进个人；2004年10月被评为全国老干部"老有所为"先进个人。

2010年5月5日，杨善洲同志把保山市委、市政府为他颁发的20万元特别贡献奖中的10万元捐赠给保山第一中学，另外10万元捐赠给大亮山林场。

杨善洲1951年参加工作以来，一心想着群众，一切为了群众，带领百姓在贫瘠的家园播撒幸福的种子。他以一生的忠诚和执著，守卫一名优秀党员大公无私、艰苦奋斗的精神高地，演绎了一位领导干部清正廉洁、淡泊名利的公仆情怀。他两手空空离开那片他奋斗了一辈子的土地，留下一名共产党员的卓然风范和浩然正气，留下身后悠长的思念和由衷的敬佩。"我们奋斗一辈子，不就是为了老百姓过上好日子，有一个幸福的家园吗?"这是杨善洲坚守一辈子的理由，也是他奋斗一辈子的写照。

前半辈子，杨善洲身在其位，手中有权，权只为老百姓所用。几十年里，杨善洲不知为多少群众"散过钱财"，帮多少百姓解过忧困，自己一家却始终过着清苦的生活，因为"他当官是为国家当，又不是为我们家当"。

从不为家人办事、不为家乡办事的杨善洲，信守"退休后给家乡办一两件事”的诺言，白手起家，捡果核做树种，在荒凉的大亮山上营造起几万亩林木，为乡亲开辟致富的道路，把价值数亿元的林场经营管理权无偿交给国家。

“只要生命不结束，服务人民不停止”，“共产党员说话算数，不能糊弄群众”，“共产党员不要躲在机关里做盆景，要到人民群众中去当雪松”，“作为共产党员，不能光想自己，要时刻牢记使命”，这是比任何功德更崇高的使命，更值得一个人终其一生忘我追求。

学习杨善洲精神，就要像他那样坚定理想信念，坚守人生追求，矢志不渝地为建设中国特色社会主义而奋斗；就要像他那样牢固树立群众观点，无怨无悔地为人民服务，做人民满意的好党员好干部；就要像他那样在坚守中淬炼人格党性，在坚守中升华人生境界，踏踏实实干事业，勤勤恳恳为百姓；就要像他那样襟怀坦荡、严格自律、廉洁奉公、甘于奉献，一辈子维护党的纯洁，无愧于党和人民的信任，无愧于共产党员的光荣称号。

# 第六章
# 保持大学生党员先进性教育活动的基本原则和中心内容

## 一、保持大学生党员先进性教育活动的基本要求和基本原则

### （一）坚持理论学习和社会实践相结合，切实践行“三个代表”重要思想

“三个代表”重要思想为广大党员认识人类社会发展规律、社会主义建设规律和共产党执政规律提供了强有力的思想武器。在全党开展的以学习实践“三个代表”重要思想为主要内容的保持共产党员先进性教育活动，必须以“三个代表”重要思想统领，把“三个代表”重要思想贯穿先进性教育活动的各个阶段、各个方面和各个环节，坚持把增强学习和实践“三个代表”重要思想的自觉性和坚定性作为先进性教育活动的根本出发点和落脚点，做到谋划先进性教育活动，必须以“三个代表”重要思想为根本依据；推进先进性教育活动，必须以“三个代表”重要思想为根本动力；检查先进性教育活动成效，必须以“三个代表”重要思想为根本标准；保持先进性教育长效机制，必须以“三个代表”重要思想为根本原则。总而言之，就是要抓好“三个代表”重要思想这个“纲”，全面带动党员先进性教育活动这个“目”，教育和引导全体党员干部始终在学习和实践“三个代表”重要思想上下工夫。2005 年渐次开展的保持共产党

员先进性教育活动虽然已经结束，但是，在党的十七大精神指引下，结合胡锦涛同志在庆祝中国共产党成立90周年大会上的讲话精神，继续加强党员的先进性教育，用“三个代表”重要思想教育广大党员，坚持科学发展观，是当前各级党组织的重要任务。特别是加强对大学生党员的先进性教育至关重要，因为这涉及如何培养社会主义事业接班人的问题。

把组织大学生党员学习实践“三个代表”重要思想贯穿于先进性教育活动的始终，就是要引导大学生党员加深理解“三个代表”重要思想的时代背景、科学内涵、实践基础、精神实质和历史地位，牢牢把握“关键在坚持与时俱进、核心在坚持党的先进性、本质在坚持执政为民”的根本要求，对照“三个代表”重要思想找到自己的差距所在，按照“三个代表”重要思想的要求决定自己的行动，不断增强学习实践“三个代表”重要思想的自觉性和坚定性。要弘扬理论联系实际的学风，引导大学生党员把学习理论、武装头脑同改造主观世界、改进作风、努力成才结合起来，努力从世界观、人生观、价值观上解决问题。要运用“三个代表”重要思想的立场、观点和方法，紧密联系现阶段我国改革开放和社会主义现代化建设的实际，回答广大党员关心的、我国社会主义建设和党的建设中的一系列热点、难点问题，使他们对这些问题有清醒而正确的认识。要把学习实践“三个代表”重要思想与立足实际做好本职工作结合起来，努力把学习的收获和思想认识的成果转化为履行职责、做好工作的实际行动。

组织大学生党员学习“三个代表”重要思想，主要应围绕以下三个基本问题来进行。

1. 围绕“什么是社会主义，如何建设社会主义”这一基本问题来进行

重点帮助大学生党员正确理解社会主义初级阶段理论与社会主义本质理论，正确理解坚持改革开放和坚持四项基本原则之间的关系，以经济建设为中心与贯彻落实科学发展观之间的关系，以公有制为主体和多种所有制经济共同发展之间的关系，发挥市场在配置资源中的基础性作用和国家实施宏观调控之间的

关系，人的全面发展与社会全面进步之间的关系，先富、后富与共富之间的关系，改革、发展和稳定之间的关系，坚持党的领导与人民当家做主和依法治国之间的关系等。教育党员认识到，“随着经济发展和社会全面进步，将来条件具备时，我国社会主义建设会进入更高的发展阶段”[①]。

2. 围绕“建设一个什么样的党，如何建设党”这一基本问题来进行

在系统学习“三个代表”重要思想的过程中，要重点搞清以下几个问题。一是关于党的性质和党的建设总目标问题。十六大提出，要通过锲而不舍的努力，保证我们党始终是中国工人阶级的先锋队，同时是中国人民和中华民族的先锋队。要实现这一目标，就要着眼于继续解放思想坚持改革开放，着眼于提高党的执政能力、保持和发展党的先进性。二是党的思想路线问题。通过马克思主义发展史的教育，充分理解把解放思想、实事求是、与时俱进作为我们党的思想路线的重要意义。三是关于“三个标准”问题。讲清看一个政党是否先进、是不是工人阶级先锋队，主要应看它的理论和纲领是不是马克思主义的，是不是代表社会发展的正确方向，是不是代表最广大人民的根本利益；讲清不能简单地把有没有财产、有多少财产当做判断人们政治上先进与落后的标准，而主要应该看他们的思想政治状况和现实表现，看他们的财产是怎么得来的及对财产是怎么支配和使用的，看他们以自己的劳动对建设中国特色社会主义事业所做出的贡献；讲清能否自觉地为实现党的路线和纲领而奋斗、是否符合党员条件，是吸收新党员的主要标准。四是党的阶级基础和群众基础问题。着力讲清工人阶级的先进性，我们党必须全心全意依靠工人阶级，不断增强党的阶级基础。同时，要正确认识改革开放以来出现的新兴社会阶层也是中国特色社会主义事业的建设者，对他们中承认党的纲领和章程、自觉为党的路线和纲领而奋斗、经过长期考验、符合党员条件的优秀分子，也可以吸收入党，以不断扩大党的群众基础，增强党在全社会的影响力和凝聚力。

---

① 江泽民. 2001. 论“三个代表”. 第1版. 北京：中央文献出版社：178.

3. 围绕“什么是共产党员的先进性，如何保持共产党员的先进性”这一基本问题来进行

围绕“什么是共产党员的先进性，如何保持共产党员的先进性”这一基本问题进行的重点是要使广大党员了解共产党员的标准和条件、义务和权利、党员先进性的具体要求，使大学生党员能够对照党员标准和先进性要求，结合高等院校发展的实际，不断学习党的创新理论，检查自己的行为。同时，在学习过程中要发扬优点、改正缺点，反思过去、开创未来。党员先进性应该主要体现在坚定的理想与信念、正确的立场和宗旨、优良的作风与形象、科学的思维和知识、一流的技能与业绩等方面。引导共产党员把党的最高纲领和最低纲领统一起来，把远大理想与现实任务统一起来。而把两者割裂开来，只顾一个方面，都不能体现共产党员的先进性。要帮助大学生党员从理论学习、专业技能、党性修养、社会实践、组织生活等方面不断提高素质，从而提高他们的综合能力。

## （二）坚持围绕全面建设小康社会，提高素质、服务师生、推动工作

1. 要把“提高素质、加强组织”作为大学生党员先进性教育的关键和重点

开展保持大学生党员先进性教育活动，归根到底就是为了切实解决大学生党员在思想上、组织上、作风上存在的突出问题，进一步提高大学生党员的思想政治素质、道德作风素质和科学文化素质，不断提高大学生党员的就业能力，进一步加强党的基层组织建设，为师生服务，为社会服务，从而推动各方面的工作。这正如党的十七大报告所指出的，“加强党员、干部理想信念教育和思想道德建设，使广大党员、干部成为实践社会主义核心价值体系的模范，做共产主义远大理想和中国特色社会主义共同理想的坚定信仰者、科学发展观的忠实执行者、社会主义荣辱观的自觉实践者、社会和谐的积极促进者”①。作为思想

① 胡锦涛在中国共产党第十七次全国代表大会上的报告，《高举中国特色社会主义伟大旗帜　为夺取全面建设小康社会新胜利而奋斗》，2007年10月15日。

政治工作者，我们必须摸清大学生党员队伍目前到底存在什么问题，哪些最突出。同时，还要全面系统地分析存在问题的社会因素和主观原因，有针对性地提出解决问题的办法和措施。要引导大学生党员在学习提高的基础上，认真查找问题，并及时整改。在高等教育大众化的今天，大学生的就业压力很大，有些大学生党员入党就是为了就业，获得某种好处。在这种动机的支配下，就难免存在这样或那样的问题。对于大学生党员的教育，就是有什么问题就必须解决什么问题，什么问题突出就必须重点解决什么问题。通过解决问题，全面提高大学生党员的综合素质，为大学生党员发挥先进性作用奠定坚实的基础从而使党的基层组织在成为贯彻“三个代表”重要思想的组织者、推动者和实践者上取得新进展，使党执行的组织基础进一步巩固。

2. 要把“牢记宗旨、服务群众”作为大学生党员先进性的本质体现

党的十七大报告指出，“优良的党风是凝聚党心民心的巨大力量。要坚持人民是历史创造者的历史唯物主义观点，坚持全心全意为人民服务，坚持群众路线，真诚倾听群众呼声，真实反映群众愿望，真情关心群众疾苦，多为群众办好事、办实事，做到权为民所用、情为民所系、利为民所谋。以求真务实作风推进各项工作，多干打基础、利长远的事”①。贯彻“三个代表”重要思想的本质在于坚持执政为民。在对大学生党员进行先进性教育的过程中，要把解决执政为民问题作为大学生党员、学生干部先进性教育的一个突出问题来解决。要以先进性教育活动所取得的成果和经常性的教育为契机，对大学生党员深入进行群众观点和群众路线的教育，不断增强大学生党员全心全意为人民服务的观念，真正树立全心全意为人民服务和为社会主义现代化建设服务的意识和决心，增强大学生党员在校和将来走向工作岗位带领和服务群众发展经济的本领，增强做好新形势下大学生思想政治工作的能力。在高等院校，大学生党员就要树立全心全意为广大师生服务的信念，积极参与学校管理。同时也要鼓励普通

① 胡锦涛在中国共产党第十七次全国代表大会上的报告，《高举中国特色社会主义伟大旗帜 为夺取全面建设小康社会新胜利而奋斗》，2007年10月15日。

大学生积极参与，对大学生党员进行批评监督。对问题较多、群众意见较大，又不认真改进的大学生党员，党组织要实施监督职能，给予重点帮助。通过落实整改措施，使群众看到大学生党员有实实在在的变化和进步。要通过开展大学生党员先进性教育活动，进一步改善党群、干群关系，进一步树立大学生党员的形象，让广大师生满意，为大学生党员走向社会打下坚实的基础。

3. 要把“推动工作、促进发展”作为保持大学生党员先进性的出发点和落脚点

保持大学生党员先进性是高等院校党的基层组织的经常性工作。这就要求党的基层组织时刻围绕本单位的中心工作，推动各方面工作的顺利进行，在促进本单位的发展上下工夫。只有促进了各项工作，才能把贯彻“三个代表”重要思想落到实处，才能把保持大学生党员的先进性落到实处。因此，无论是在开展先进性教育活动的过程中，还是在这次教育活动之后，都要坚持先进性教育活动与业务工作、专业学习两不误、两促进。只有这样，整个先进性教育活动才能顺利推进，取得成效。特别是在高等院校，要紧紧围绕高等教育目标，充分发挥高等院校的职能，结合各高等院校的中心工作，不断推进和加强先进性教育工作，不断提高人才培养质量，促进各项事业的发展，切实为社会主义现代化建设服务。

## （三）坚持以正面教育、自我教育为主，注重激发大学生党员的内动力

在总结正反两方面历史经验的基础上，中央明确提出，保持党员先进性教育活动采取以正面教育、自我教育为主的方式进行。各地方各单位要注意把先进性教育活动与各类主题实践活动紧密结合起来，提高党员自我教育、自我改进、自我提高的实效性。同时，要广泛吸收群众参与，要发挥领导干部的带头和表率作用，从而形成领导干部的带动力、人民群众的推动力和党员自身的内动力有机结合的良好局面。高等院校要充分发挥大学生党员的示范和榜样作用，注重激发大学生党员的内动力，使其切实在高等院校发挥作用。要坚持以正面

教育和自我教育为主，必须做到以下五点。

1. 要激发大学生党员参加先进性教育的能动性和内动力

保持党员先进性教育活动是一次全党范围的、普遍的马克思主义自我教育，也是一次自我提高、自我进步的良好机会，可以使广大党员打消思想顾虑，积极主动地投入先进性教育活动中来。在对大学生党员进行先进性教育的过程中，各级党组织要大力宣传优秀教师党员、优秀大学生党员的先进事迹，唱响“我是共产党员”，重视发现身边的典型，注重让先进典型来讲先进事迹，用先进事迹来启迪、教育和激励广大党员，引导党员自觉地对照“三个代表”重要思想的要求和先进典型的事迹，看看自己的言行哪些符合、哪些不完全符合、哪些完全不符合，找准问题、弄清原因、总结经验教训、明确努力方向。

2. 要注重运用疏导、引导的方法

俗话说，人往高处走，水往低处流。党员是社会中的一员，具有普通人的追求，不同之处在于，他们应该也完全可能具有崇高的思想境界和精神追求。引导、调节党员的需要向高层发展，是党员教育管理的最高境界。一方面，要尊重、满足和维护广大党员正当的利益需求；另一方面，又要注意引导和调控党员的需要，激发党员高层次的需要，包括带头为实业强国、科教兴国作贡献的需要，带领群众共同富裕、共同发展、共同进步的需要，引领社会新文明、新风尚的需要，倡导诚实守信、创业创新的需要等。激发党员的高层次需要，可以采取两种方法。一是引导法，即用模范党员的行为去启发和引导党员，抑制那些与党的利益和人民利益相违背的需要，鼓励那些与党和人民利益相一致的需要。二是强化法，即通过表扬鼓励的方式强化、巩固党员合理的和高层次的需要成分，克服社会上不正之风对党员的侵袭，防止党员降低需要层次、丧失党员的先进性。对于大学生党员来说，更是如此。这就要求大学生党员要诚实守信、积极创业、倡导奉献，在大学生中树立榜样。

3. 要注意关心爱护大学生党员

大学生党员是青年群体中的精英，是积极进取的力量。但是，在实际生活中，有的大学生党员也存在一定的实际困难。各级党组织对那些在工作和生活中遇到实际困难的大学生党员，要给予力所能及的帮助，使其感到组织的温暖。对那些因在工作中坚持原则、敢抓敢管而得罪了人的党员、学生干部，要给予支持和保护。对存在问题较突出的党员，要首先做好转化工作，使他们通过先进性教育活动跟上队伍，自觉按照党章的规定严格要求自己。总之，要使绝大多数党员放下思想包袱、轻装前进，转变思想作风和工作作风，增强工作能力，更好地完成自己承担的各项任务，不断提高自己的综合素质，切实为普通大学生们服务。

4. 要和开展批评与自我批评有机结合起来

批评与自我批评是我们党的优良传统，是增强党的生机与活力的重要法宝，也是搞好先进性教育的有力武器。敢于正视、认真改正自己的缺点，是共产党人应有的品格，也是党员取得群众信任和拥护的有效办法。因此，广大大学生党员特别要在认真学习、武装思想的基础上，积极开展自我批评，严于解剖自己，切实找准自己的问题和不足，并虚心听取别人的批评意见，自觉接受组织和群众的监督。要从团结的愿望出发，采取与人为善的态度，坚持实事求是，讲党性不讲关系，讲真理不讲面子。大学生党员干部要带头开展批评与自我批评，通过批评与自我批评，增进了解、沟通感情、促进团结、共同提高。

5. 要与群众的广泛参与和积极推动相结合

敢于直接听取群众的意见，能够正确对待群众的意见，是对自己和工作有信心的表现。群众对党员队伍中存在的突出问题看得最清楚、感受最深刻，对先进性教育活动也必然十分关注，寄予很大期望。要教育大学生党员把群众呼声当做“第一信号”，把群众利益当做“第一目标”，把群众满意当做“第一标准”。只有这样，问题才能找得准，解决问题的办法才能落得实。同时，先进性教育活动也是一次党员密切联系群众、增进双方思想沟通和相互了解的好机会。各级党组织都要采取个别访谈、召开座谈会、深入群众调查等多种方式，广泛听取非党员大学生的批评意见，特别是那些激烈、尖锐的意见。对于大学生的正确批评意见，能改的要马上改，边学边改，而且不能就事论事，要举一反三，从中吸取经验教训。特别要认真研究和帮助解决群众最盼的事、最怨的事、最急的事，以整改的实际行动和效果，给群众以希望和信心。在这一点上，有许多基层党组织对大学生中存在的问题的处理流于形式，经常是不痛不痒，不能抓住要害。这是要不得的。

## （四）坚持边学边查边改，切实解决大学生党员存在的突出问题

开展党员先进性教育活动，要把学习培训、对照检查和整改提高结合起来，做到边学边查边改，从而切实解决大学生党员在思想、组织、作风上存在的突出问题。

1. 加强学习

加强学习是搞好先进性教育活动的基本前提和重要保证。教师党员工作很具体、很繁忙，难得坐下来认真读政治理论方面的书籍；大学生党员专业学习任务又比较重。因此，一定要处理好工作和学习的矛盾，一定要处理好专业学习和理论学习的矛盾，保证必要的政治理论读书时间。理论学习要坚持“三个为主”：一是学习内容以“三个代表”重要思想和党的十七大报告、新党章、近年来党的路线方针政策为主，以学习重点原著为主；二是学习方式以集中学习、培训辅导和讨论交流为主，同时结合个人自学；三是以身边人、身边事教育启发为主，注重典型示范引导。党的十七大报告指出，“要按照建设学习型政党的要求，紧密结合改革开放和现代化建设的生动实践，深入学习马克思列宁主义、毛泽东思想、邓小平理论和‘三个代表’重要思想，在全党开展深入学习实践科学发展观活动，坚持用发展着的马克思主义指导客观世界和主观世界的改造，进一步把握共产党执政规律、社会主义建设规律、人类社会发展规律，提高运用科学理论分析和解决实际问题能力”①。

2. 加强检查

要引导大学生党员在学习提高的基础上，认真查找问题。常言道：“人非

① 胡锦涛在中国共产党第十七次全国代表大会上的报告，《高举中国特色社会主义伟大旗帜 为夺取全面建设小康社会新胜利而奋斗》，2007 年 10 月 15 日。

圣贤，孰能无过?”一个人犯了错误并不可怕，可怕的是不能正确认识和对待自己的错误。不暴露问题，不等于没有问题。抱着“人人都有丑，不露是高手”的信条，只能使自己故步自封；靠掩饰问题来“包装”自己，最终只能是养痈成患，积重难返。因此，在理论学习的基础上，大学生党员要对照“三个代表”重要思想的要求，开展深入学习实践科学发展观活动，联系个人实际，结合各自的专业和职责、学习任务，紧密依靠所在党组织和周围大学生，开展“四查四看”，即查思想，看理想信念是否坚定；查纪律，看是否廉洁奉公，是否模范地遵纪守法；查作风，看是否实事求是、与时俱进，能否密切联系群众；查作用，看能否认真履行党员义务，是否在不同的单位发挥了党员先锋模范作用。在对照检查中，广大大学生党员要严于解剖自己，敢于开展批评与自我批评。

3. 切实整改

对查出的问题，仅仅认识还不够，必须付诸行动，及时整改。有什么问题就解决什么问题，什么问题突出就重点解决什么问题。这不仅是先进性教育活动的一个重要工作步骤，而且是确保先进性教育活动取得实效的关键。因此，大学生党员必须针对查找出的突出问题，制定出体现先进性要求的具体整改措施，坚持边整边改，付诸行动。这对于培养社会主义事业的建设者和接班人具有极其重要的作用。

## （五）坚持理论联系实际、与时俱进、大胆创新

用“三个代表”重要思想指导保持共产党员先进性教育活动，十分重要的一点，就是要坚持创新。创新是党不断发展壮大的灵魂。党的十七大报告指出，“思想理论建设是党的根本建设，党的理论创新引领各方面创新”①。在先进性教育活动中，既要注意借鉴“三讲”集中教育、农村“三个代表”重要思想学习

① 胡锦涛在中国共产党第十七次全国代表大会上的报告，《高举中国特色社会主义伟大旗帜　为夺取全面建设小康社会新胜利而奋斗》，2007年10月15日。

教育活动、有关部门和地方保持共产党员先进性试点工作的有益经验，又要按照解放思想、实事求是、与时俱进的思想路线，大胆实践、大胆探索、大胆创新。要在认真贯彻中央有关精神和要求的前提下，密切联系本部门、本单位、本专业的实际，努力探索适应本部门、本单位、本专业学习和工作需要的活动载体和平台，探索新的有效方式和方法。为此，要充分调动和发挥高等院校基层组织和广大教师党员、大学生党员的积极性、主动性和创造性，在深化教育内容、明确先进性内涵、丰富教育形式、完善工作制度、建立长效机制等方面，集中集体智慧，大胆进行创新，努力把实践成果转化为认识成果，把具体做法升华为普遍经验，进而更好地指导实践。例如，在党性分析、民主评议阶段，某高等院校机关提出围绕“五个对照”和“问三问”，开展活动。“五个对照”即紧紧围绕党员先进性这个核心，对照“三个代表”重要思想的要求，检查思想和工作上的问题；对照共产党员先进性标准和不合格党员标准的主要表现，分析存在的不足；对照优秀共产党员的先进事迹，找出自己存在的差别；对照党组织、党员和群众所提出的意见，认真进行反思；对照工作任务目标，制定发挥党员先锋模范作用的措施。“问三问”，即“党员先进性标准是什么”、“自己与先进性标准的差距是什么”、“今后实践先进性标准应当做什么”。某高等院校在认真贯彻中央有关精神和要求的前提下，密切联系本校实际，把开展“加强内涵建设，提高人才质量”活动与先进性教育创新结合起来。当今，在高等院校，就是要坚持中国特色社会主义理论体系，加强“两课”（马克思主义理论课和思想品德课）教育，创新教育教学方法，强调“两课”的主渠道地位，要认真学习方永刚同志的先进事迹，不断学习和传播党的创新理论，为社会主义现代化建设提供理论和舆论上的支持。

### （六）坚持把党员先进性教育与进一步加强党的基层组织建设结合起来

在开展先进性教育活动中，要找准新形势下基层党组织建设面临的新情况、新问题，坚持围绕学校的中心工作，服务大局、拓宽领域、强化功能，扩大党的工作的覆盖面，不断提高党的基层组织的创造力、凝聚力和战斗力。实践证明，一些基层党组织之所以软弱涣散，创造力、凝聚力、战斗力不强，同新形势新任务的要求不相适应，一个最基本的原因就是这些党组织中的党员不能够很好地保持党员的先进性，不能充分地发挥党员先锋模范作用，忽视了马克思主义理论的学习，不能与党中央真正地保持一致。相反，一个富有凝聚力和战斗力的基层党组织，往往都拥有一支在发挥党的先进性作用的高素质党员队伍。因此，要抓住开展先进性教育活动这一重大契机，按照把基层组织建设成为贯彻“三个代表”重要思想的组织者、推动者和实践者的要求，深入开展学习实践科学发展观活动，进一步加强党的基层组织建设，务必使两者相互促进，相得益彰。为此，要做到以下五点。

1. 切实加强基层党组织领导班子的建设

基层党组织的领导班子是基层贯彻“三个代表”重要思想、学习实践科学发展观的骨干力量。要把坚持和实践“三个代表”重要思想、学习实践科学发展观作为选拔任用干部的最重要、最根本的要求，全面提高基层党组织领导班子和干部队伍的素质，从而有力地促进和有效地保持共产党员的先进性。要本着“党要管党，一管干部，二管党员”的方针，把干部队伍建设和党员队伍建设有机融合在一起，同步抓好。党的十七大报告指出，必须把党的执政能力建设和先进性建设作为主线，以造就高素质党员、干部队伍为重点加强组织建设，“使党始终成为立党为公、执政为民，求真务实、改革创新，艰苦奋斗、清正廉洁，富有活力、团结和谐的马克思主义执政党”①。在高等院校，各基层党组织的主要负责人的政治素质、理论水平和组织能力，也千差万别，有的还亟待提高。作为基层单位的领导班子成员对保持共产党员先进性教育活动的重视程度，就更不一样了，甚至有的行政领导对先进性教育极不重视。所以，切实加强基层党组织领导班子的建设任务，还很艰巨。

① 胡锦涛在中国共产党第十七次全国代表大会上的报告，《高举中国特色社会主义伟大旗帜 为夺取全面建设小康社会新胜利而奋斗》，2007年10月15日。

2. 积极探索新形势下党员管理的新机制新方法

各地各部门要按照“从严治党”的原则，对党员严格要求、严格教育、严格管理、严格监督，在联系实际解决党员队伍存在的突出问题的基础上，在结合各自行业特点制定和实施切实可行的整改措施的过程中，进一步建立健全各项党内生活制度和工作制度，特别是要形成党的肌体的自我纯洁机制，依靠制度的力量确保广大党员素质的提高和党组织凝聚力、战斗力的增强。在高等院校，对教师党员、大学生党员的管理，也要创新工作方式。特别是对大学生党员，不仅要重视发展环节，更要重视发展后的继续教育和管理，并要采取灵活多样的方法，结合大学生喜闻乐见的活动，注重对大学生党员的经常性教育，以确保大学生党员发展的质量。

3. 以改革的精神研究新情况和解决新问题

高等院校各基层党组织必须坚持解放思想、实事求是、与时俱进的思想路线，立足新的实践，把握时代特点，坚持用时代发展的要求审视自己，以改革的精神加强和完善自己。必须紧密结合国内外形势的变化，紧密结合我国社会生产力的最新发展和经济体制深刻变革的实际，紧密结合人民群众对物质文化生活提出的新的发展要求，紧密结合我们党员干部队伍发生的新变化，研究和探索基层党组织适应新形势下推进生产力发展，推进精神文明建设和基层民主建设，推动改革和维护稳定的新思路、新办法，实现基层党建工作的观念创新、方法创新和机制创新。党的十七大报告指出，“党领导的改革开放既给党注入巨大活力，也使党面临许多前所未有的新课题新考验。世情、国情、党情的发展变化，决定了以改革创新精神加强党的建设既十分重要又十分紧迫”[①]。对于大学生党员来说，要紧密结合大学生的身心特点和社会现实，结合社会发展目标，着重培养大学生的综合素质，强调德才兼备，不断提高大学生的质量，为社会主义现代化建设培养优秀的接班人。

---

① 胡锦涛在中国共产党第十七次全国代表大会上的报告，《高举中国特色社会主义伟大旗帜 为夺取全面建设小康社会新胜利而奋斗》，2007年10月15日。

4. 发挥先进基层党组织的示范作用

要由过去侧重抓后进基层党组织的整顿，转到抓先进、抓示范与抓整顿、抓后进并举，形成抓两头、带中间的工作格局，不断开创党的基层组织建设工作的新局面。特别是在全党创先争优活动中，高等院校要选择一批基础较好的基层党组织，按照成为贯彻“三个代表”重要思想的组织者、推动者、实践者、引领者的要求，深入学习实践科学发展观，进行规范化建设，充分发挥其引导、辐射、带动的作用，实现基层党组织建设的整体推进。在高等院校发挥先进基层党组织的示范作用，必须紧密结合党的奋斗目标、宗旨，围绕学校的中心工作，有效地开展党建和思想政治工作，而不能以行政工作代替党务工作。

5. 推动基层党建工作拓展新领域，扩大覆盖面

在全党范围开展的保持共产党员先进性教育活动，要求各级党组织加快在非公有制企业、社会团体、社会中介组织等新领域组建党组织工作的步伐，有效地开展党的工作，切实做到哪里有党员，哪里就有党的组织；哪里有党的组织，哪里就有贯彻“三个代表”重要思想的组织者、推动者和实践者，不断开创基层党建工作新局面。在高等院校，推动基层党建工作拓展新领域、扩大覆盖面，要求结合各院系、各专业、各年级学生的不同特点，以“走出去，请进来”等方法，扎实有效地开展工作。各基层党组织要重视将第一课堂和第二课堂相结合，不断拓展工作形式、创新工作方法。在抓好党员队伍建设的同时，各基层党组织要重视与各民主党派、无党派高级知识分子的联系，民主协商、参政议政，确保基层党建工作的实效性和覆盖面。在高等院校，扎实有效地开展统战工作，加强统战工作理论研究，具有极其重要的意义。

## 二、保持大学生党员先进性的中心内容

党的十六大报告确定的保持共产党员先进性教育活动，本身就鲜明地规定了它的中心内容，即学习实践“三个代表”重要思想，是贯穿这次先进性教育活动的灵魂和主线，必须牢牢把握，始终坚持。党的十七大报告又进一步指出，

要“全面巩固和发展先进性教育活动成果，着力加强基层党的建设”，“认真学习和遵守党章，增强党员意识，建立党员党性定期分析制度，拓宽党员服务群众渠道，构建党员联系和服务群众工作体系，健全让党员经常受教育、永葆先进性长效机制，使党员真正成为牢记宗旨、心系群众的先进分子”。[①] 回顾我们党 90 年发展历程，办好中国的事情，关键在党，这是建党 90 年发展历程的重要启示。

## （一）“三个代表”重要思想是党的先进性的集中体现

政党的先进性要通过指导思想、奋斗纲领、根本宗旨、组织原则和党员的表现等方面来体现，而这些方面的具体内涵又必须随着实践的发展和时代的进步而不断发展。我们党总是与时俱进，不断根据党所面临的环境和任务的变化来丰富、发展党的先进性的具体内涵。在即将进入 21 世纪的关键时刻，江泽民同志提出了“我们党必须始终代表中国先进生产力的发展要求，始终代表中国先进文化的前进方向，始终代表中国最广大人民的根本利益”的重要思想。“三个代表”重要思想是我们党的立党之本、执政之基、力量之源。“三个代表”重要思想，从根本上回答和解决了在充满挑战和希望的 21 世纪要把自己建设成为一个什么样的党和怎样建设党这个党的建设的首要问题，是新的历史条件下全面加强和改进党的建设的行动指南，为我们党在 21 世纪进一步巩固自己、加强自己、提高自己提供了强大的思想武器。

党的十七大报告指出，“中国特色社会主义理论体系是不断发展的开放的理论体系。《共产党宣言》发表以来近一百六十年的实践证明，马克思主义只有与本国国情相结合、与时代发展同进步、与人民群众共命运，才能焕发出强大的生命力、创造力、感召力”[②]。贯彻“三个代表”要求，关键在坚持与时俱进，核心在保持党的先进性，本质在坚持执政为民。全党同志要牢牢把握这个根本要求，不断增强贯彻“三个代表”要求的自觉性和坚定性。贯彻好“三个代表”

---

①② 胡锦涛在中国共产党第十七次全国代表大会上的报告，《高举中国特色社会主义伟大旗帜　为夺取全面建设小康社会新胜利而奋斗》，2007 年 10 月 15 日。

要求，必须始终保持与时俱进的精神状态，不断开拓马克思主义理论发展的新境界；必须把发展作为党执政兴国的第一要务，不断开创现代化建设的新局面；必须最广泛最充分地调动一切积极因素，不断为中华民族伟大复兴增添新的力量；必须以改革的精神推进党的建设，不断为党的肌体注入新活力。这些都是新形势下党的先进性的具体体现。因此，我们说“三个代表”重要思想赋予我们党的先进性以新的内涵。

1. “三个代表”重要思想体现了党的根本任务和奋斗目标

“三个代表”重要思想始终代表中国先进生产力的发展要求，就是党的理论、路线、纲领、方针、政策和各项工作，必须努力符合生产力发展的规律，体现不断推动社会生产力的解放和发展的要求，尤其要体现推动先进生产力发展的要求，并通过发展生产力不断提高人民群众的生活水平。作为执政党，其根本任务是抓好经济和社会的全面发展。没有发展或发展太慢，不能满足人民群众日益增长的物质文化需要，就不是一个合格的执政党，就有可能丧失执政地位。所以十七大报告强调，“必须坚持把发展作为党执政兴国的第一要务”，“发展，对于全面建设小康社会、加快推进社会主义现代化，具有决定性意义。要牢牢扭住经济建设这个中心，坚持聚精会神搞建设、一心一意谋发展，不断解放和发展社会生产力”。[①] 发展是包括物质文明、政治文明、精神文明在内的全面发展，而首要的是发展生产力。生产力是最活跃最革命的因素，是社会发展的最终决定力量，社会主义的根本任务是发展生产力。我们为实现现代化而奋斗，最根本的就是要通过改革和发展，形成发达的生产力。敏锐地把握我国社会生产力的发展趋势和要求，坚持以经济建设为中心，通过制定和实施正确的路线方针政策，采取切实的工作步骤，不断促进先进生产力的发展，这是我们党始终站在时代前列，保持先进性的根本体现和根本要求。始终代表中国先进生产力的发展要求，就是党的先进性的最重要的体现。

---

① 胡锦涛在中国共产党第十七次全国代表大会上的报告，《高举中国特色社会主义伟大旗帜 为夺取全面建设小康社会新胜利而奋斗》，2007 年 10 月 15 日。

2. “三个代表”重要思想体现了党的指导思想

坚持什么样的文化方向，推动建设什么样的文化，反映出一个政党在思想上、精神上的竖立什么样的旗帜。党的十七大报告指出，“要坚持社会主义先进文化前进方向，兴起社会主义文化建设新高潮，激发全民族文化创造活力，提高国家文化软实力，使人民基本文化权益得到更好保障，使社会文化生活更加丰富多彩，使人民精神风貌更加昂扬向上”。在当代中国，发展先进文化，就是发展中国特色社会主义的文化，就是建设社会主义精神文明。社会主义是全面发展、全面进步的社会。社会主义现代化事业是物质文明和精神文明相辅相成、协调发展的事业。必须全面把握两个文明建设的辩证关系，在推进物质文明建设的同时，努力推进社会主义精神文明建设。始终代表中国先进文化的前进方向，就是党的理论、路线、纲领、方针、政策和各项工作，必须努力体现“面向现代化、面向世界、面向未来”的、民族的、科学的、大众的社会主义文化的要求，促进全民族思想道德素质和科学文化素质不断提高，为我国经济发展和社会进步提供精神动力和智力支持。“三个代表”重要思想以代表中国先进文化的前进方向为灵魂，始终代表中国先进文化的前进方向，体现了坚持以马克思列宁主义、毛泽东思想和邓小平理论为自己行动指南的党的指导思想，是对党在思想文化上的先进性的最新概括，也是对党的先进性内涵的丰富和发展。

3. “三个代表”重要思想体现了我们党全心全意为人民服务的根本宗旨

马克思认为，社会历史发展的自然历史过程是有规律可循的，但它的规律不是自发地起作用的，而是通过人民群众的活动来实现的。人民群众是创造物质财富和精神财富的主体，是历史发展的主体，是历史的真正创造者。他们理所当然地应该享受自己创造的物质和精神财富。我们要从历史规律发展的特殊性上理解人民的历史主体性，从人民的历史主体性上把握历史发展的规律，从历史规律性和历史主体性的结合上，深刻理解为人民服务的真理性。一切为了群众、一切依靠群众是共产党人的根本观点。在任何时候、任何情况下，我们都必须坚持尊重社会发展规律与尊重人民历史主体地位的一致性，坚持为崇高理想奋斗与为最广大人民谋利益的一致性，坚持完成党的各项工作与实现人民利益的一致性；在任何时候、任何情况下，与人民群众同呼吸共命运的立场不能变，全心全意为人民服务的宗旨不能忘，坚信人民群众是真正英雄的历史唯物主义观点不能丢。始终代表中国最广大人民的根本利益，就是党的理论、路线、纲领、方针、政策和各项工作，必须坚持把人民的根本利益作为出发点和归宿，充分发挥人民群众的积极性、主动性和创造性，在社会不断发展进步的基础上，使人民群众不断获得切实的经济、政治、文化利益。这是对党的宗旨的最新阐述，它进一步丰富了党的先进性的内涵。党的十七大报告强调指出，“要坚持人民是历史创造者的历史唯物主义观点，坚持全心全意为人民服务，坚持群众路线，真诚倾听群众呼声，真实反映群众愿望，真情关心群众疾苦，多为群众办好事、办实事，做到权为民所用、情为民所系、利为民所谋”①。“三个代表”重要思想以代表中国最广大人民的根本利益为归宿，体现了我们党全心全意为人民服务的根本宗旨。

总之，“三个代表”重要思想是我们党在科学判断党的历史方位的基础上提出来的，是新时期党的先进性的集中体现，是保持共产党员先进性的根本要求。只有广大党员认真学习“三个代表”重要思想，忠实实践“三个代表”重要思想，坚持科学发展观，我们党才能在新的历史条件下始终保持先进性，始终走在时代前列。当前和今后一个时期，我们的首要任务，就是要进一步用马克思主义中国化的最新理论成果教育全体党员，努力提高全体党员学习实践“三个代表”重要思想的自觉性和坚定性，在全党开展深入学习实践科学发展观活动，进一步把思想和行动统一到党的十七大精神上来，统一到“三个代表”重要思想上来，切实坚持科学发展观。先进性教育活动更要把学习实践“三个代表”重要思想作为中心内容。在高等院校，就是要求我们必须以经济建设为中心，加强大学生的世界观、人生观和价值观教育，坚持用发展着的马克思主义指导客观世界和主观世界的改造，弘扬和践行社会主义先进文化，不断提高自己的

---

① 胡锦涛在中国共产党第十七次全国代表大会上的报告，《高举中国特色社会主义伟大旗帜　为夺取全面建设小康社会新胜利而奋斗》，2007年10月15日。

专业知识和就业能力，切实树立全心全意为人民服务的根本宗旨，从而使大学生党员“成为实践社会主义核心价值体系的模范，做共产主义远大理想和中国特色社会主义共同理想的坚定信仰者、科学发展观的忠实执行者、社会主义荣辱观的自觉实践者、社会和谐的积极促进者”①。

## （二）学习“三个代表”重要思想需要着重把握和领会的内容

“三个代表”重要思想内涵丰富、博大精深，涵盖了经济、政治、文化和党的建设各个领域，体现在改革发展稳定、内政外交国防、治党治国治军各个方面，必须深入学习，全面领会和把握。根据中央有关文件精神，需要着重把握以下八个方面。

### 1. 要牢牢把握“三个代表”重要思想的历史地位和重大指导意义

深刻领会学习贯彻“三个代表”重要思想，就要牢牢把握“三个代表”重要思想的历史地位和重大指导意义。要深刻认识到，“三个代表”重要思想是对马克思列宁主义、毛泽东思想和邓小平理论的继承和发展，反映了当今世界和当代中国的发展变化对党和国家工作的新要求，是加强和改进党的建设、推进我国社会主义自我完善和发展的强大理论武装，是党的第三代领导集体智慧的结晶，是党必须长期坚持的指导思想。

### 2. 要始终坚持解放思想、实事求是、与时俱进

深刻领会学习贯彻“三个代表”重要思想，就要始终坚持解放思想、实事求是、与时俱进。要努力掌握贯穿“三个代表”重要思想的马克思主义的立场、观点和方法，着力从世界观和方法论上提高马克思主义理论水平，不断加深对共产党执政规律、社会主义建设规律和人类社会发展规律的科学认识，提高运用科学理论分析和解决实际问题的能力，自觉地把思想认识从那些不合时宜的观念、做法和体制中解放出来，从对马克思主义的错误的和教条式的理解中解

---

① 胡锦涛在中国共产党第十七次全国代表大会上的报告，《高举中国特色社会主义伟大旗帜　为夺取全面建设小康社会新胜利而奋斗》，2007年10月15日。

放出来，从主观主义和形而上学的桎梏中解放出来，坚持在解放思想中统一思想，用发展着的马克思主义指导新的实践。

3. 要努力掌握全面贯彻“三个代表”重要思想的根本要求

深刻领会学习贯彻“三个代表”重要思想，就要努力掌握全面贯彻“三个代表”重要思想的根本要求。要按照关键在坚持与时俱进、核心在保持党的先进性、本质在坚持执政为民这个根本要求，不断增强实践“三个代表”重要思想的自觉性和坚定性，把“三个代表”重要思想贯彻到社会主义现代化建设的各个领域，体现到党的建设的各个方面，真正做到发展要有新思路，改革要有新突破，开放要有新局面，各项工作要有新举措。正如党的十七大报告所指出的，“在新的发展阶段继续全面建设小康社会、发展中国特色社会主义，必须坚持以邓小平理论和‘三个代表’重要思想为指导，深入贯彻落实科学发展观”①。

4. 要切实增强坚持党的基本理论、基本路线、基本纲领和基本经验的自觉性

深刻领会学习贯彻“三个代表”重要思想，就是要切实增强坚持党的基本理论、基本路线、基本纲领和基本经验的自觉性。党的基本理论、基本路线、基本纲领和基本经验，是在我们党领导人民建设中国特色社会主义的实践中形成并经实践检验是完全正确的，对于党和国家事业的发展具有重大指导意义。对此，全党同志要深刻理解、十分珍惜、长期坚持、自觉实践，并在实践中不断积累新的经验，进一步丰富和发展它们。“我们党坚持马克思主义的思想路线，不断探索和回答什么是社会主义、怎样建设社会主义，建设什么样的党、怎样建设党，实现什么样的发展、怎样发展等重大理论和实际问题，不断推进马克思主义中国化，坚持并丰富党的基本理论、基本路线、基本纲领、基本经验。”②

5. 要坚定不移地抓好发展这个党执政兴国的第一要务

深刻领会学习贯彻“三个代表”重要思想，就要坚定不移地抓好发展这个

---

①② 胡锦涛在中国共产党第十七次全国代表大会上的报告，《高举中国特色社会主义伟大旗帜　为夺取全面建设小康社会新胜利而奋斗》，2007年10月15日。

党执政兴国的第一要务。发展是贯彻落实“三个代表”重要思想的主题。要始终抓住第一要务不放松，聚精会神搞建设、一心一意谋发展，不断解放和发展社会生产力，把坚持党的先进性和发挥社会主义制度的优越性落实到发展先进生产力、发展先进文化、实现最广大人民的根本利益上来，推动社会进步，促进人的全面发展，从根本上把握人民的愿望，把握社会主义现代化建设的本质，促使“三个代表”重要思想不断落到实处。

### 6. 要着力促进社会主义物质文明、政治文明和精神文明协调发展

深刻领会学习贯彻“三个代表”重要思想，就要着力促进社会主义物质文明、政治文明和精神文明协调发展。全面建设小康社会，开创中国特色社会主义事业新局面，必须坚持以经济建设为中心，实现社会的全面发展、全面进步，社会主义物质文明、政治文明和精神文明互为条件、互为目的、相辅相成。物质文明处于基础地位。政治文明为物质文明提供政治保证和法律保障，推进社会主义政治文明，最根本的是要把坚持党的领导、人民当家做主和依法治国有机统一起来。精神文明为物质文明提供思想保证、精神动力和智力支持，要大力发展“面向现代化、面向世界、面向未来”的、民族的、科学的、大众的社会主义文化，不断丰富人们的精神世界，不断增强人们的精神力量。

### 7. 要始终做到立党为公、执政为民

深刻领会学习贯彻“三个代表”重要思想，就要始终做到立党为公、执政为民。我们党来自人民，植根于人民，服务于人民。在任何情况下，与人民群众同呼吸共命运的立场不能变，全心全意为人民服务的宗旨不能忘，坚信人民群众是真正英雄的历史唯物主义观点不能丢。“三个代表”重要思想的本质是立党为公、执政为民。学习贯彻“三个代表”重要思想，必须牢牢把握立党为公、执政为民。这是衡量有没有真正学懂、是不是真心实践“三个代表”重要思想最重要的标志，也是衡量共产党员是否保持先进性的重要标志。坚持立党为公、执政为民，必须落实到党和国家制定和实施方针政策的工作中去；必须落实到各级领导干部的思想和行动中去；必须落实到关心群众生产生活的工作中去。总之，学习贯彻“三个代表”重要思想，必须坚持尊重社会发展规律和尊重人

民历史主体地位的一致性，坚持为崇高理想奋斗和为最广大人民谋利益的一致性，坚持完成党的各项工作和实现人民利益的一致性，切实把立党为公、执政为民具体地、深入地落实到各项工作中去，造就更多的青年马克思主义者。

8. 要大力加强和改进党的建设，提高党的执政能力

深刻领会学习贯彻“三个代表”重要思想，就要大力加强和改进党的建设。要以提高党的执政能力为重点，从思想上、组织上、作风上和制度上全面推进党的建设新的伟大工程，努力提高党的领导水平和执政水平，不断增强拒腐防变、抵御风险的能力，保证我们党始终是中国工人阶级的先锋队，同时也是中国人民和中华民族的先锋队，始终是中国特色社会主义事业的领导核心，始终做到“三个代表”。这正如党的十七大报告所指出的，“中国特色社会主义事业是改革创新的事业。党要站在时代前列带领人民不断开创事业发展新局面，必须以改革创新精神加强自身建设，始终成为中国特色社会主义事业的坚强领导核心”①。

总之，要把学习实践“三个代表”重要思想贯穿到先进性教育活动的全过程。要始终用“三个代表”重要思想统领先进性教育活动，做到谋划先进性教育活动，以“三个代表”重要思想为根本依据；推进先进性教育活动，以“三个代表”重要思想为根本动力；检验先进性教育活动，以学习实践“三个代表”重要思想的实际成果为根本标准。要把学习实践“三个代表”重要思想贯穿到学习教育活动的各个环节。当今，在新的发展阶段继续全面建设小康社会、发展中国特色社会主义，就必须坚持以邓小平理论和“三个代表”重要思想为指导，深入贯彻落实科学发展观。学习和领会“三个代表”重要思想，必须掌握“三个代表”重要思想是对马克思列宁主义、毛泽东思想和邓小平理论的继承和发展，是治党治国的根本要求，深刻理解全面贯彻“三个代表”重要思想，关键在坚持与时俱进，核心在坚持党的先进性，本质在坚持执政为民，从而增强

① 胡锦涛在中国共产党第十七次全国代表大会上的报告，《高举中国特色社会主义伟大旗帜　为夺取全面建设小康社会新胜利而奋斗》，2007 年 10 月 15 日。

贯彻落实的自觉性和坚定性。要通过保持共产党员先进性教育活动，使“三个代表”重要思想扎根在党员的头脑里、体现在行动上、落实在工作中。我们检验教育活动，就是要看广大党员特别是党员领导干部学习实践“三个代表”重要思想的自觉性和坚定性是否得到增强；就是要看各项工作在“三个代表”重要思想指导下，是否有新的举措、新的进展、新的局面。最终是要看党员是否受到教育，素质是否得以提高，人民群众是否得到实惠、真正满意。在高等院校，对于大学生党员来说，就是是否受到系统的马克思主义理论教育，是否从思想和行动的结合上得以提高，是否被广大老师认可和普通学生接受，是否确实在大学生中发挥共产党员先锋模范作用。

### （三）中国特色社会主义理论体系是马克思主义中国化最新理论成果

中国特色社会主义理论体系，就是包括邓小平理论、“三个代表”重要思想及科学发展观等重大战略思想在内的科学理论体系。党的十七大报告提出，“这个理论体系，坚持和发展了马克思列宁主义、毛泽东思想，凝结了几代中国共产党人带领人民不懈探索实践的智慧和心血，是马克思主义中国化最新成果，是党最可宝贵的政治和精神财富，是全国各族人民团结奋斗的共同思想基础。中国特色社会主义理论体系是不断发展的开放的理论体系”，“在当代中国，坚持中国特色社会主义理论体系，就是真正坚持马克思主义”。[①]

对这个问题的深入理解，要注意把握以下三个方面。

一是要从新时期以来我们党全部理论创新成果准确鲜明而又富有新意的科学综合角度，来认识和把握中国特色社会主义理论体系。富于理论创造精神的中国共产党人，在改革开放30年来波澜壮阔的改革创新实践中，相继创立了邓小平理论、“三个代表”重要思想以及科学发展观等重大战略思想。党的十七大报告用中国特色社会主理论体系科学地综合了这些重大理论创新成果，并第一次阐明了高举中国特色社会主义伟大旗帜，最根本的就是要坚持中国特色社会

---

① 胡锦涛在中国共产党第十七次全国代表大会上的报告，《高举中国特色社会主义伟大旗帜 为夺取全面建设小康社会新胜利而奋斗》，2007年10月15日。

主义道路和中国特色社会主义理论体系。就是说，中国特色社会主理论体系还包括社会主义现代化进程中将要产生的其他重大战略思想。这样，中国特色社会主义一面旗帜、一条道路、一个理论体系这“三个一”，就成为鲜明的、贯通的、完整的统一体。

与此同时，这“三个一”还必须同“四个坚定不移”，即坚定不移地继续解放思想，坚定不移地坚持改革开放，坚定不移地推动科学发展、促进社会和谐，坚定不移地全面建设小康社会结合起来。这样，改革开放30年来以及今后一个时期的改革发展进程中，我们党所要坚持的最重要最关键的东西都提炼和揭示出来了。“三个一”同“四个坚定不移”是有深刻内在联系的：只有始终坚持“三个一”，“四个坚定不移”才能保持正确方向；只有全面做到“四个坚定不移”，才能真正坚持和发展中国特色社会主义。

二是要从中国特色社会主义理论体系体现了中国共产党人在新时期三个方面的新的伟大觉醒的角度，来认识和把握马克思主义中国化最新成果。党的十七大报告指出，在新时期，“我们党坚持马克思主义的思想路线，不断探索和回答什么是社会主义、怎样建设社会主义，建设什么样的党、怎样建设党，实现什么样的发展、怎样发展等重大理论和实际问题，不断推进马克思主义中国化”①。这就表明，党在新时期不断推进马克思主义中国化的进程中，是通过思想理论上三个伟大觉醒而实现的。

第一个伟大觉醒，是不断探索和回答什么是社会主义、怎样建设社会主义的问题。这是我们党从新时期启动拨乱反正进而全面改革开始，从困境中重新奋起，勇敢地全面开创社会主义现代化建设事业新局面，并且随着实践发展而不断深化的伟大觉醒。在这个过程中创立的邓小平理论及其所包含的社会主义初级阶段论、社会主义市场经济论、社会主义本质论以及党在社会主义初级阶段“一个中心、两个基本点”的基本路线，正确界定了我国现实社会的历史方位和主要矛盾。在这个过程中，我们党明确提出了党在社会主义初级阶段的兴

① 胡锦涛在中国共产党第十七次全国代表大会上的报告，《高举中国特色社会主义伟大旗帜　为夺取全面建设小康社会新胜利而奋斗》，2007年10月15日。

国之要、立国之本、强国之路这一系列带有根本性的问题。

第二个伟大觉醒，是不断探索和回答建设什么样的党、怎样建设党的问题。同样，从改革开放一开始，我们党就启动了这一方面的探索和回答，并随着实践的发展而不断深化。以江泽民同志提出的“三个代表”重要思想为标志，世纪之交的中国共产党人，深刻认识和把握新的历史条件下变化了的世情、国情、党情，在进一步回答什么是社会主义、怎样建设社会主义问题的同时，又创造性地回答了建设什么样的党、怎样建设党的问题，从而正确界定了我们党的历史方位，并从代表中国先进生产力的发展要求、中国先进文化的前进方向和中国最广大人民的根本利益的高度，提出了坚持和发展党的先进性、提高党的执政能力的时代课题。这就反映了我们党更加自觉地进入了从新的历史高度来认识自己、完善自己、全面加强自己这样一种马克思主义新境界。在这个过程中，党明确提出了立党之本、执政之基、力量之源这一系列带有根本性的问题。

第三个伟大觉醒，是不断探索和回答了实现什么样的发展、怎样发展的问题。从党的十一届三中全会后的中国式现代化，到“三步走”的战略部署，区域发展战略的“两个大局”，让人民共享经济繁荣伟大成果，新世纪新阶段的全面小康，统筹城乡经济社会发展，新型工业化道路，坚持走生产发展、生活富裕、生态良好的文明发展道路等，一直到科学发展观的提出，以及构建社会主义和谐社会等重大战略思想，明确了我国仍处于并将长期处于社会主义初级阶段而又进到新的历史起点的发展方位，把发展的问题提到体现以人为本，体现社会公平正义，体现人的全面发展、社会的全面发展及资源环境的可持续发展的高度。在这个过程中，党明确提出了发展之本、发展方式、发展规律这一系列带有根本性的问题。新时期以来，我们党在这三个方面新的伟大觉醒，不断把马克思主义中国化推进到新境界。

三是要从几代中国共产党人的智慧和心血，从一以贯之的创造性和连贯性的有机结合及其所体现的规律性的角度，来认识和把握党最可宝贵的政治和精神财富问题。党的十七大报告指出中国特色社会主义理论体系，“坚持和发展了马克思列宁主义、毛泽东思想，凝聚了几代中国共产党人带领人民不懈探索实践的智慧和心血”。又说：“《共产党宣言》发表以来近一百六十年的实践证明，马克思主义只有与本国国情相结合、与时代发展同进步、与人民群众共命运，才能焕发出强大的生命力、创造力、感召力。”[①] 这就告诉我们，党最可宝贵的政治和精神财富，既是从几代中国共产党人智慧和心血的结晶这个角度来说的，又是从当代中国马克思主义在继往开来、承前启后中所体现的创造性和连贯性的有机结合及其所体现的规律性这个角度来说的，更重要的是从马克思主义中国化最新成果在新的实践中所体现的巨大威力这个角度来说的。实践永无止境，创新永无止境。因此，毫无疑问，在当代中国，只有坚持解放思想、实事求是、与时俱进，勇于变革、勇于创新，坚持中国特色社会主义理论体系，才是真正坚持马克思主义。

### （四）科学发展观是发展中国特色社会主义必须坚持和贯彻的重大战略思想

科学发展观是中国特色社会主义理论体系的重要组成部分。要学习和掌握中国特色社会主义理论体系，在当今就是要切实贯彻落实科学发展观。科学发展观，是对党的三代中央领导集体关于发展的重要思想的继承和发展，是马克思主义关于发展的世界观和方法论的集中体现，是既同马克思列宁主义、毛泽东思想、邓小平理论和“三个代表”重要思想一脉相承又与时俱进的科学理论，是我国经济社会发展的重要指导方针，是发展中国特色社会主义必须坚持和贯彻的重大战略思想。党的十七大报告提出：科学发展观是发展中国特色社会主义必须坚持和贯彻的重大战略思想。这是党的十七大对科学发展观做出的科学定位，也是党的十七大的一个重要历史贡献。同时强调，要按照建设学习型政党的要求，紧密结合改革开放和现代化建设的生动实践，深入学习马克思列宁主义、毛泽东思想、邓小平理论和“三个代表”重要思想，在全党开展深入学习实践科学发展观活动，坚持用发展着的马克思主义指导客观世界和主观世界

---

① 胡锦涛在中国共产党第十七次全国代表大会上的报告，《高举中国特色社会主义伟大旗帜 为夺取全面建设小康社会新胜利而奋斗》，2007 年 10 月 15 日。

的改造，进一步把握共产党执政规律、社会主义建设规律、人类社会发展规律，提高运用科学理论分析和解决实际问题能力。[①]

第一，科学发展观是在继承和发展党的三代中央领导集体关于发展的重要思想的基础上提出来的，是马克思主义关于发展的世界观和方法论的集中体现。发展是马克思主义最基本的范畴之一。马克思、恩格斯和列宁从哲学、政治经济学、科学社会主义等不同领域和层面，深刻论述过人类社会的发展问题，形成了关于发展问题系统而丰富的思想。自马克思主义诞生以来，无产阶级的解放斗争、世界社会主义运动的不断推进，根本上都是在推动人类社会朝着更加繁荣、文明、进步的方向发展。中国共产党在把马克思主义基本原理同中国具体实际相结合的过程中，不断推进理论和实践创新，进一步丰富和发展了马克思主义发展观。新中国成立后，以毛泽东同志为代表的中国共产党人，提出建设社会主义现代化强国的目标和战略设想，并努力探索符合中国国情的发展道路，提出了关于发展问题的很多重要思想。由于种种复杂的因素，在发展问题上也曾经走过弯路，经历过曲折。党的十一届三中全会以后，以邓小平同志为代表的中国共产党人，做出把党和国家工作中心转移到经济建设上来、实行改革开放的历史性决策，确立了社会主义初级阶段的基本路线，开辟了建设中国特色社会主义的伟大道路，创立了邓小平理论，制定了分三步走基本实现社会主义现代化的发展战略，提出了社会主义的根本任务是解放和发展生产力、发展才是硬道理、解决中国所有问题的关键在发展、“两手抓、两手都要硬”等一系列重要思想，使我们党的发展观发生了一次重大的飞跃，推动了改革开放和现代化事业迅速发展。党的十三届四中全会以后，以江泽民同志为代表的中国共产党人，创立了“三个代表”重要思想，提出了把发展作为党执政兴国的第一要务，坚持用发展的办法解决前进中的问题，正确处理改革发展稳定的关系，建立社会主义市场经济体制，坚持依法治国和以德治国相结合，实施科教兴国、可持续发展、西部大开发等重大战略，不断推进社会主义物质文明、政治文明

---

① 胡锦涛在中国共产党第十七次全国代表大会上的报告，《高举中国特色社会主义伟大旗帜　为夺取全面建设小康社会新胜利而奋斗》，2007年10月15日。

和精神文明建设，促进社会全面进步和人的全面发展等，使我们党的发展观得到进一步丰富和发展。科学发展观正是在继承和发展党的三代中央领导集体关于发展的重要思想的基础上提出的，是既同马克思列宁主义、毛泽东思想、邓小平理论和“三个代表”重要思想一脉相承又与时俱进的科学理论。

第二，科学发展观是在借鉴国外发展经验的基础上提出来的。第二次世界大战结束以后，加快经济增长成为世界各国的共识，人类创造了前所未有的经济增长奇迹。但是，由于单纯地追求经济增长，不重视社会发展和社会公平，忽视环境保护和能源、资源节约，世界各国在发展过程中普遍出现了这样或那样的问题。有的国家为解决能源资源消耗过大和生态环境严重恶化问题付出了高昂的发展代价；有的国家经济结构失衡、社会发展滞后，导致发展的质量不高、后劲不足；有的国家则出现了贫富悬殊、失业增加、社会腐败、政治动荡等问题。当代世界发展的实践表明，发展绝不仅仅是经济的增长，而应该是包括经济、政治、文化、社会的全面协调发展，应该是人与自然相和谐的可持续发展。我国作为世界上最大的发展中国家，要完成实现工业化和现代化的双重任务，面临着加快经济增长和保护资源环境的双重压力，这就决定了我们不能重复其他国家走过的老路，而必须走出一条具有中国特色的发展道路。科学发展观正是在深刻总结世界各国发展经验教训的基础上提出的，顺应了当今世界发展潮流，反映了当代世界最新发展理念。

第三，科学发展观是为适应新的发展要求提出来的。进入新世纪新阶段，随着工业化、信息化、城镇化、市场化、国际化的不断发展，我国发展呈现出一系列新的阶段性特征。党的十六大以来，以胡锦涛同志为总书记的党中央从社会主义初级阶段基本国情出发，科学分析了我国在新的历史起点上发展的阶段性特征，适应全面建设小康社会、加快推进社会主义现代化的新要求，提出了科学发展观的重大战略思想。首先，科学发展观运用辩证唯物主义和历史唯物主义的立场、观点、方法，进一步回答了实现什么样的发展、怎样发展等重大问题，体现了我们党对共产党执政规律、社会主义建设规律、人类社会发展规律的最新认识，因而对新世纪新阶段的发展具有普遍指导意义。其次，科学发展观针对我国发展过程中出现的一些领域和方面发展不够平衡的问题，着眼于实现经济社会又好又快发展，提出了统筹城乡发展、区域发展、经济社会发展、人与自然和谐发展、国内发展和对外开放，促进协调发展的新思路，指明了我国经济社会发展的正确道路，因而是我国经济社会发展的重要指导方针。其三，科学发展观从中国特色社会主义事业总体布局出发，着眼于建设富强民主文明和谐的社会主义现代化国家，要求我们全面推进经济建设、政治建设、文化建设、社会建设，完善了中国特色社会主义发展道路、发展模式、发展战略，对于发展中国特色社会主义具有长远的指导意义，因而是发展中国特色社会主义必须坚持和贯彻的重大战略思想。

## 三、切实加强对大学生党员进行先进性教育活动的领导

开展先进性教育活动，是贯彻落实“三个代表”重要思想的重大举措，是新阶段加强党的建设的基础工程，是全面建设小康社会的重要保证。高等院校各级党组织要高度重视对大学生党员进行先进性教育，按照中央的部署和要求切实加强组织领导和具体指导，坚决贯彻执行中共中央办公厅颁发的四个保持共产党员先进性长效机制文件，精心组织，抓好落实，建立健全保持共产党员先进性长效机制，切实开展好对大学生党员的先进性教育活动，保证达到预期目的和未来要求。在全党范围开展的保持党员先进性教育活动虽然已经结束，但是高等院校各级党组织坚决贯彻执行上述四个保持共产党员先进性长效机制文件仍至关重要，并且对确保社会主义现代化事业后继有人具有极为重要的意义。

### （一）切实加强领导，进一步落实责任

在先进性教育活动中，高等院校要充分发挥党委的核心作用，各级党组织要由主要负责同志牵头，选派得力干部，成立保持党员先进性教育活动领导小组。虽然全党范围的保持共产党员先进性教育活动已经结束，但是各高等院校

先进性教育工作领导小组要设立常设机构，要将先进性教育活动摆上重要日程，并坚持经常进行，切实加强对党员的经常性教育，制订详尽的工作计划，增强工作的针对性，不定期组织检查，发现并解决先进性教育活动中的重大问题。各级党组织主要负责同志要主动承担起第一责任人的责任，并与主要行政负责人密切配合，将领导责任和指导责任贯穿于党员经常性教育活动的全过程，结合各学校、各学院（系）的中心工作来开展，避免党政工作两层皮，或者以单纯的政治学习代替党建工作、代替先进性教育工作，而应贯穿于各项具体工作之中。那种以行政工作代替党建工作的做法更是错误的。保持党员先进性教育活动领导小组的成员都要建立工作联系点，深入基层单位具体指导，要同基层党组织成员一起，协助他们完成党员经常性教育活动的任务，及时了解和反映基层单位信息，总结交流工作经验，督促、检查各项工作进展情况，保证党员经常性教育活动有序进行。当前，就是要组织党员，特别是大学生党员认真学习和深刻领会党的十七大精神，特别是要认真学习和领会胡锦涛同志在庆祝中国共产党成立 90 周年大会上的讲话精神，高举中国特色社会主义伟大旗帜，坚持中国特色社会主义道路和中国特色社会主义理论体系。

### （二）切实加强督查，严防走过场

高等院校各级党组织要从实际出发，针对学校不同专业、不同年级学生的特点，分类实施指导，切实加强督查，这是严防走过场的重要手段。各级党组织和各单位党员先进性教育活动领导小组作风要务实、严谨、细致，要发挥经常性的作用，深入调查研究，帮助基层单位找准、抓住、解决好党员队伍中存在的突出问题，区分不同情况和问题给予有效指导。特别是在这次先进性活动结束后，各级党组织更要重视对党员的教育和管理，同时要加强对大学生入党积极分子的培养和推优工作，坚决把住“入口关”，切实提高发展党员的质量，优化党员队伍结构，及时处置不合格党员。

中央明确提出保持共产党员先进性教育活动要采取以正面教育、自我教育为主的方式进行。要将正面教育与解决实际问题结合起来，既要大力宣传优秀共产党员的先进事迹，用先进典型来启迪、教育和激励广大党员，又要对照党员先进性要求和模范人物，认真找出存在的主要问题，制定切实有效的措施，做到边学、边查、边改；要将解决党员队伍存在的共性问题与解决个性问题结合起来，对存在问题较多的党员，满腔热情地做好思想转化工作，对需要做出处置的不合格党员，要把握好政策界线；特别是要将自我批评与相互批评真正开展起来，教育引导每个党员从团结的愿望出发，从坚持真理、修正错误的初衷出发，勇于拿起自我批评与相互批评的武器，实事求是地进行深刻的自我剖析，认真负责地进行客观的相互评议，从而使每个党员思想深处都能受到触动，精神境界都能得到升华，让广大群众和党外人士切实感受到先进性教育活动的成效。全面巩固和发展先进性教育活动成果，着力加强基层党的建设，为社会主义现代化建设培养高质量人才保驾护航。

### （三）切实保证质量，做到教育活动与人才培养工作相促进

我们要在21世纪头20年完成全面建设小康社会的奋斗目标，各个领域、各条战线、各所高等院校的工作任务都十分繁重，而开展保持共产党员先进性教育活动同样是新一届中央领导集体的重大决策，也是全党一项重要任务。保持大学生党员先进性教育活动，抓好大学生党员经常性的教育，是高等院校各级党组织的重要任务。这就要求高等院校各级党组织必须正确处理先进性教育活动与人才培养工作的关系，将先进性教育活动与人才培养质量统一起来，因为创新知识、传播知识、培养人才、服务社会是高等院校的重要职能，思想政治教育是高等院校永恒的主题。总之，各级党组织一定要通盘考虑、合理筹划、科学安排，切实做到先进性教育活动与人才培养工作两不误、两促进，因为这涉及高等院校为谁培养人、怎样培养人的问题。

### （四）贵在坚持，切实确立保持共产党员先进性教育活动的长效机制

在全党范围开展的轰轰烈烈的教育活动已经结束了。现在许多领导干部、基层党组织都感到保持共产党员先进性教育活动永远地结束了，但是我们党的

建设任务还很艰巨，如在许多党员领导干部中存在的问题还很突出，严重地损害了党的形象。

党的十七大报告以一章的篇幅、从六个方面阐述了“以改革创新建设全面推进党的建设新的伟大工程”。在报告中，强调要全面巩固和发展先进性教育活动成果，着力加强基层党的建设。因为“先进性是马克思主义政党的生命所系、力量所在，要靠千千万万高素质党员来体现。要扎实抓好党员队伍建设这一基础工程，坚持不懈地提高党员素质。认真学习和遵守党章，增强党员意识……健全让党员经常受教育、永葆先进性长效机制，使党员真正成为牢记宗旨、心系群众的先进分子”，“全党同志特别是领导干部都要讲党性、重品行、做表率。深入开展党风党纪教育，积极进行批评和自我批评，使领导干部模范遵守党纪国法，继承优良传统，弘扬新风正气，以优良的党风促政风带民风”。① 因此，关于四个保持共产党员先进性长效机制文件，各级党组织落实得如何，确是我们必须认真思考的问题。作为长期的思想政治工作者来说，我们认为，先进性教育活动贵在坚持，重在平常教育，应切实确立保持共产党员先进性教育活动的长效机制。对大学生党员进行先进性教育，是思想政治工作永恒的主题。这在以后的章节中还有详细的阐述。

## 相关链接

### 四个保持共产党员先进性长效机制文件②

四个保持共产党员先进性长效机制文件，即中共中央办公厅于 2006 年 6 月印发的《关于加强党员经常性教育的意见》、《关于做好党员联系和服务群众工

---

① 胡锦涛在中国共产党第十七次全国代表大会上的报告，《高举中国特色社会主义伟大旗帜　为夺取全面建设小康社会新胜利而奋斗》，2007 年 10 月 15 日。

② 根据以下资料整理、归纳。
http：//news. xinhuanet. com/politics/2006－06/28/content _ 4763407. htm；
http：//news. xinhuanet. com/newscenter/2006－06/28/content _ 4763051. htm。

作的意见》、《关于加强和改进流动党员管理工作的意见》和《关于建立健全地方党委、部门党组（党委）抓基层党建工作责任制的意见》，也就是中办发〔2006〕21 号文件。这四个文件的制定和印发，是开展以实践“三个代表”重要思想为主要内容的保持共产党员先进性教育活动经验的系统总结，是建立健全保持共产党员先进性长效机制的重要举措，对巩固和扩大先进性教育活动成果，更好地落实党要管党、从严治党的方针，坚持不懈地加强党的执政能力建设和先进性建设，对更好地发挥基层党组织的战斗堡垒作用和广大党员的先锋模范作用，对为全面建设小康社会、构建社会主义和谐社会提供坚强的政治和组织保证，具有十分重要的意义。

# 第七章 保持大学生党员先进性教育活动中所存在的问题及措施

从 2005 年 1 月开始，在全党范围内开展以实践“三个代表”重要思想为主要内容的保持共产党员先进性教育活动，是提高党的执政能力和巩固党的执政地位的需要，是加强党组织建设和提高党员素质的需要，是进一步密切党群干群关系、创建和谐社会和推进中国特色社会主义伟大事业的需要。大学生党员队伍是大学生中的骨干，是党的新生力量，是社会主义现代化建设的中坚力量。在新的历史阶段，大学生党员能否保持党的先进性，直接关系到他们能否在政治思想、道德品质、专业学习等方面和各项工作中发挥带头和表率作用，更关系到他们将来能否承担起党和国家赋予的历史重任。因此，保持大学生党员先进性，对全面提高大学生党员素质，推动高等院校全面贯彻落实党的教育方针，培养高素质人才具有十分重要的意义，也是新世纪新阶段高等院校落实党的十七大精神，加强党的建设的重要课题。各级党组织必须充分发挥我们党的政治优势和组织优势，不但要高度重视大学生党员队伍的不断壮大，更要对大学生党员加强先进性教育，使他们严格要求自己，提高党性修养，充分发挥在大学生思想政治教育中的骨干作用和先锋模范作用。然而，保持大学生党员先进性教育的过程也存在许多问题，我们必须采取切实的措施，为构建高等院校大学生党员保持先进性的长效机制而不断努力。

## 一、保持大学生党员先进性教育活动中存在的主要问题

在全党开展的保持共产党员先进性教育活动虽然已经结束，但是对全体党员的教育还任重而道远，对大学生党员进行先进性教育的任务还十分艰巨。在保持共产党员先进性教育活动中，高等院校已取得了显著的成绩，基本达到了先进性教育活动的目标。在这次先进性教育活动中，我们发现大学生党员的整体素质较高，他们大都学习刻苦，专业学习成绩处于中上游，并不断充实自己；他们大都工作积极，能够主动承担院系方方面面的工作，工作认真负责，在工作中表现出极大的热情；他们大都生活自律，有良好的生活习惯，勤俭节约，能够在生活中主动关心其他同学，给他们以最大程度的关注。总的来说，广大大学生党员在学习、生活等各个方面都能起到一定的模范带头作用，能够得到广大同学的认可。另外，大学生党员流动性较大，必须注重日常的培养，同时他们有活力，善于接受新事物，具有极强的可塑性，是整体党员队伍中极具潜力的群体。

但经过党性分析与党支部评议后，我们也发现了不少存在于党员个人和党组织中的问题，需要我们在创建保持大学生党员先进性教育长效机制的过程中给予最大程度的关注。这主要体现在以下两方面。

### （一）有的大学生党员理想信念淡薄、组织观念较弱

#### 1. 有的大学生党员缺乏吃苦耐劳和乐于奉献的精神

现在的大学生大多是“80后”、“90后”，在我国改革开放的大潮中长大，从总体上说，他们从小就享受着优越的物质条件，或者享受着比其父辈更优越的物质条件，也可以说，他们的成长之路很是顺畅，很少经历打击。一些大学生入党前在各个方面积极要求进步，似乎品学兼优，而在入党后，思想行为就急转直下，甚至产生了急流勇退的思想，认为自己的目标已经达到了，可以松口气了。时间长了，这些大学生党员逐步产生了安于现状、贪图享乐、投机取巧

的思想，过去的那种吃苦耐劳和乐于奉献的精神逐步削弱。

受市场经济的趋利性影响，加上受各种主客观因素的制约，当代大学生党员与党员先进性的时代要求、与青年大学生所肩负的历史使命要求还存在一定差距。利己主义、拜金主义、享乐主义等潜入校园，大学校园也不再是世外桃源，也不完全是一片净土，大学生的思想在一定程度上受到冲击，表现为部分大学生党员党性观念较差、党员意识弱化，模范带头作用的发挥不够明显。另外，部分大学生党员“老好人”思想严重，缺乏同消极腐败现象作斗争的勇气。不少大学生党员认为，只要自己自觉遵守校规校纪，不犯错误，洁身自好就行了，至于同学中的违规违纪行为，校园中的不良现象等，是自己力所不及的。如果向党组织和学校管理部门反映了，弄不好会遭到同学白眼，使自己被动，于是就睁一只眼，闭一只眼，不闻不问。

2. 个别大学生入党动机不纯或目的不明确

受市场经济的冲击和当前就业形势的压力，许多人功利主义倾向严重。部分大学生党员入党之前对入党问题没有形成正确的认识，认为入党是一件有利可图的事情，认为入党能给个人的就业、前途带来意想不到的收获，认为只要争取成为一名共产党员，将来就可以创造自己的锦绣前程，同时把入党当做一种荣耀与资本，却没有为人民服务、为社会主义现代化建设作贡献的意识和责任。有着这样的入党动机的大学生虽然在组织上入了党，但在思想上仍然没有入党。这种现象从某种意义上说还具有普遍性。

由于社会现实的负面影响和大学生思想认识的个性差异，个别大学生党员把入党看成是一种“筹码”、“跳板”，或某种“通行证”、“优惠券”。由于这些大学生党员入党动机不纯，虽然入党前往往还能注重各方面积极上进，但入党后在处理个人利益与他人利益，个人利益与集体、国家利益时，就将个人利益突出在前，不能正确处理好个人、集体、国家利益三者的关系。少数大学生党员入党后不能密切联系群众，而是自以为是，目中无人，对同学态度傲慢，自觉高人一等。也有的大学生党员入党以后，精神意志消退，缺乏全心全意为人民服务的思想，怕吃辛苦，怕挑重担，有事躲着走，而有好处或评优时则抢着上。也有的大学生党员入党只是因为从众心理，“随波逐流”，没有明确的目的，当然也不能很好地履行党员的义务。

3. 部分大学生党员对党的认识肤浅，党性观念不够强

这表现在对党的历史与基本知识缺乏必要的了解，对中国特色社会主义理论缺乏“信仰、实践、继承、发展”的思想深度，而对社会的复杂变化和发展缺少理性判断，对社会现实把握不准，缺乏全面、正确的分析判断能力，对改革开放和社会主义现代化建设信心不足，对党的认识缺乏理论高度和现实深度；政治敏锐性与鉴别力不够强，容易受社会上不良思想的冲击，动摇自己原有的信念，甚至有的大学生党员还在信教、传教，容易在是非之间摇摆不定，在关键时刻立场不够坚定，政治信仰尚未形成坚韧性、执著性和稳定性；理想追求世俗化、实惠化，道德观念向自我倾斜。

4. 部分大学生党员组织观念较淡薄，自我要求放松

部分大学生党员在组织纪律上缺乏基本的政治觉悟和组织观念，组织纪律较为松懈，认为进了组织的大门，就可放松对自己的要求，出现了“入党前加把劲、入党后松口气”的现象，迟到、早退、旷课、舞弊现象时有发生，甚至发现身边的人犯了错误或有不良的行为习惯也不肯向组织反映，对身边的学风问题不闻不问，更不用说同身边的不良现象作斗争，因而在工作上很被动，甚至不像一名共产党员。

5. 部分大学生党员热情不足，不能发挥先锋模范作用

不少大学生党员在个人的学习上表现不错，但对其他人在学习的“传、帮、带”上没有形成很好的合力，不能积极参加学校、院系的各项活动，党员带头作用发挥不够，关心群众不够，没能形成好的群众基础，不能影响一大片，使得学风建设不尽如人意。在日常的学习、工作和生活中，仅能承担作为学生的角色责任，忽视新党章对学生的思想政治要求，未能发挥共产党员应发挥的先锋模范作用，不能时刻意识与提醒自己是共产党员。

## （二）有的基层党组织软弱涣散或政策水平不高

### 1. 大学生党员发展程序上存在一定问题

对于入党积极分子的产生，一些大学生党支部没有严格地执行组织程序。例如，有的是直接选举产生，有的是个别大学生党员、辅导员点名产生，不能很好地结合大学生的表现、大家的评价等因素。共青团推荐优秀团员入党的组织推优程序，在某些班级被个别辅导员点名指定代替，或者在入党时临时补充材料代替了团组织推优。对确定的拟发展对象和预备党员缺少严肃、认真、定期的培养。对于《入党积极分子培养考察登记表》和《预备党员考察登记表》，有的党支部和党小组不能按期填写，而是临到发展和临转正之前一次性突击填写，考察内容的填写也千篇一律，根本起不到定期培养考察的作用。对于通过党员发展工作的党支部大会，有的党支部组织得不认真，还缺少必要的程序。例如，党支部大会在通过大学生入党申请或转正申请时，一些介绍人或者其他党员原则性不强，只讲长处不讲缺点，只提希望不谈问题，缺少有力的党内思想帮助。

### 2. 有的党组织存在忽视大学生党员继续教育的现象

当前，党组织普遍重视党员入党前的培养，而有的党组织存在忽视大学生入党后继续教育的现象，使培养、发展与继续教育相互脱节。在培养发展新党员的过程中，为加强大学生党员对基本知识的学习，提高他们对党的纲领、性质、宗旨的认识，在低年级中成立党章学习小组；在高年级中，定期举办入党积极分子培训班，集中学习马列主义、毛泽东思想、邓小平理论和“三个代表”重要思想，坚持科学发展观，提高政治理论水平，增强是非辨别能力；在全体积极要求进步的大学生中或者在全体大学生党员中，适时地开展形势与政策的教育、人生与理想的教育。这些做法和措施是值得肯定和坚持的。但是对大学生党员，特别是新党员，在政治理论学习、思想教育方面，有的基层党组织很少有具体措施；对于老党员，在思想引领、行动导向、实现卓越等方面，有的基层党组织缺乏持久性、经常性、有效性的党课培训，致使一部分党员疏于教育、疏于学习、疏于管理，在思想上、行动上成为“自由人”，这就不可能很好地体现大学生党员的先进性。

3. 有的基层党组织负责人政策水平和理论水平不高

高等院校的基层党组织负责人，虽然都从事党务工作，但是所学的专业千差万别，所研究的内容也大不相同，来源和基础也不同，有的基层党组织负责人学习主动性不强，致使政策水平和理论水平不高。这样就使得当今形势下思想政治工作很难有效开展。时间久了，在社会上就会出现客观上削弱党的思想政治工作的情形，何谈建设学习型党组织？

上述问题，只是从不同角度来阐述，在有的方面还存在交叉。这些问题的存在，直接影响大学生党员的形象，也必然会影响大学生党员的先进性和战斗力，影响党的基层组织建设。这对于党的建设是很危险的。在新形势下，高等院校各级党组织及其负责人所面临的任务还十分艰巨。高等院校各级党组织必须高度重视大学生党员队伍建设问题，重视加强大学生党员经常性教育，切实形成保持大学生党员先进性教育长效机制，奠定为社会主义现代化建设培养优秀的接班人的基础。

## 二、保持大学生党员先进性教育活动所应采取的措施

从2005年1月开始开展的保持共产党员先进性教育活动，以提高党员素质、加强基层组织、服务人民群众、促进各项工作为基本目标，并且提出要探讨永葆先进性的长效机制，这是围绕“党的先进性建设”的一个非常值得研究和思考的问题。针对大学生党员先进性教育所存在的问题，必须采取切实的措施。

1. 加强“三观”教育，不断增强学生党员素质

加强马克思主义的“三观”（世界观、人生观、价值观）教育，是党性教育的永恒主题，是保持党员先进性的基础工程。为此，第一，必须始终坚持用马列主义、毛泽东思想、邓小平理论和“三个代表”重要思想及科学发展观，武装大学生党员头脑。学习马克思主义理论，不但要学好马克思主义哲学，掌握

辩证唯物主义和历史唯物主义，而且要学好马克思主义政治经济学和科学社会主义。第二，必须牢固建构大学生党员的理想和精神支柱。现阶段，就是要用建设有中国特色社会主义的理想信念支撑党员，发扬中华民族的优良传统，用中国的传统文化和传承精神来教育党员，使其成为大学生的精神支柱，教育大学生党员积极投身于改革开放和社会主义现代化建设之中，坚持科学发展观在高等教育的发展和教书育人中的作用，鼓励大学生党员建功立业，防止大学生党员变成政治庸人或金钱奴隶。第三，必须引导大学生党员树立正确的义利观。在社会主义市场经济条件下，正确的义利观体现在妥善处理个人、集体和国家利益的关系，坚持集体主义原则，把祖国和人民利益放在一切利益之首。在大学时代，就是要正确处理个人与班级、学院（系）、学校的利益关系，以集体利益为重，为社会发展的长远利益着想，切实发挥大学生党员的先锋模范作用。

2. 加强党的方针政策教育，切实提高大学生党员理论水平

始终保持党的先进性是中国共产党的生命所系、力量所在，是党的建设的永恒主题。保持共产党员先进性，最根本的是要进一步用“三个代表”重要思想教育党员，把大学生党员锤炼成“三个代表”重要思想的坚定实践者和理论的传播者。理论上的成熟是政治上成熟的基础，一个时刻保持先进性的党员，首先要做到以先进的理论武装自己的头脑。对于抓好理论武装工作，在实践中我们认识到，对青年学生来说，要用“三个代表”重要思想武装头脑，仅仅停留在理论学习上是不够的，只有把学习的理论内化为自身的修养，才能实现行动上的自觉。因此，在加强大学生党员思想教育的过程中，必须坚持将以“三个代表”重要思想为主要内容的理论学习与大学生主题实践活动结合起来，让大学生党员在实践中领会和体验所学理论的内容和含义，深化大学生党员的理论学习，积极探索出大学生党员实践“三个代表”重要思想的新途径。第一，要强化理论学习制度建设，切实保证理论学习深入开展。强化理论学习，可以采取如下措施：周密组织理论学习，内容、时间、组织三落实是搞好理论学习的基本；大学生党支部每学期都要分析、研究党员的思想状况，有针对性地制订党员理论学习计划，并认真组织实施，防止理论学习走过场，保证理论学习

的有效落实。第二，要实施党员学习讲台制。为促进党员的学习，发挥党员在政治理论学习上的带头作用，党支部把党员安排到各入党积极分子学习小组中参加学习，负责进行学习指导，并要求每名党员要至少上一次讲台，为入党积极分子讲一堂理论课，时间由党支部统一安排。这样能促使党员更加注意加强自身学习和理论水平的提高。同时，充分发挥党员在理论学习中的指导性作用，带动大学生对党的知识、“三个代表”重要思想的学习和入党积极分子思想理论水平的提高。第三，实行学期理论考核制度。为了促进并检验党员的政治理论学习的效果，要针对大学生党员政治理论学习的内容和实际组织工作中应知应会的部分，结合时事政治，每学期开展一次闭卷理论考核。考核结果要向所有党员、入党积极分子和全体同学张榜公布。这不仅是对党员理论水平的检测，也是对大学生党员政治理论学习的一种督促，促进党员对党的基本知识、政治理论的学习。第四，开展主题活动，在实践中体会“三个代表”重要思想的深刻内涵。实践是检验理论学习效果的标准，也是深化理论学习的重要途径。对于大学生党员来说，坚持理论学习与社会实践的统一，尤为重要。

3. 加强成长成才教育，体现大学生党员自身价值

保持大学生党员先进性教育与成才教育相结合是增强先进性教育实效性的有效途径。渴望成才和要求入党是当今大学生思想发展的两大“热点”。绝大多数大学生希望通过在校期间的学习，成为综合素质全面发展的合格大学生，同时也希望在校期间解决组织问题，成为一名合格的共产党员。保持大学生党员先进性教育与成才教育相结合能够激励大学生党员全面发展。有的大学生有一种片面认识，认为做一名党员主要就是积极参加社会工作，为大家多做事，因此怕耽误学习而不愿申请入党；有的大学生党员则认为党员的先进性主要体现在积极参加社会工作和活动上，而放松了学习。我们必须要明确，合格的中国特色社会主义事业的建设者和接班人，应是全面发展的，应有较高的综合素质，应是“四有”新人。大学生党员应在提高综合素质、全面成才方面做出榜样，应在专业学习、科学研究、发明创造等方面走在大学生的前列，不仅政治素质要好，专业素质也要好。开展保持大学生党员先进性教育要使大学生党员认识

到，只有立志成才，学好为人民服务的本领，成为先进生产力的开拓者、先进文化的弘扬者和最广大人民利益的维护者，才能真正体现自身的价值。

4. 加强各项制度建设，强化保障机制

保持大学生党员先进性是一个教育过程，要研究建立教育制度和保障机制，并适应形势发展的需要，与时俱进，不断创新。一方面，在调查研究的基础上，制定科学的、行之有效的管理制度；另一方面，突出制度管理的针对性，对不同年级、不同专业、不同类型、不同层次的党员既要有统一的管理制度、统一的要求，又要把握其特点，区别对待。构建具有时代性、系统性、层次性和创新性的保持大学生党员先进性教育的制度体系，为先进性教育的持续有效进行提供制度保障。这个教育制度体系应包括全面推行党员发展公示制、预备党员考察制、预备党员转正答辩制等，以保证新党员质量；应根据大学生党员的特点制定目标管理制度，进一步明确目标完成的期限，明确专人负责考评，加强对大学生党员的考核；应完善融教育、管理和监督于一体的党员考核制度，充实考核的内容，改进考核的方法，提高考核的效果；应健全党员理论培训制度、“三会一课”（即党支部全体党员大会、党支部委员会会议、党小组会议和党课）制度、继续考察制度等再教育制度；应建立党员“设岗定责”制度，实行分年级、分专业、分社团等分类管理，使大学生党员在任何时候、任何情况、任何条件和任何岗位都能发挥先锋模范作用；应建立党员动态管理制度，加强对大学生党员实习、毕业后待就业等流动期间的管理；应建立毕业生党员跟踪调查制度，加强对毕业生的跟踪教育，通过毕业生党员走上工作岗位的情况反馈，检验组织发展质量和先进性教育的成效，以达到不断完善和改进保持大学生党员先进性教育工作的目的。

5. 加强党的组织建设，健全管理机制

党组织活动是保持大学生党员先进性教育的有效载体。参加党组织生活是大学生党员增强党性修养和提高政治觉悟的重要途径，也是党员组织观念的重要体现。开展保持大学生党员先进性教育活动，要重视抓好组织生活制度化和组织生活质量的提高，使党员感到参加组织生活确实有所收获、有所提高。组织生活可以突出大学生党员的特点和特色，做到生动活泼，丰富多彩。可以组织理论学习、专题报告会、座谈交流会、热点问题讨论；还可以组织参观、调研、社会实践等活动。开展好党组织活动，要首先健全党的组织体系，完善组织机制。在有条件的高等院校，要坚持高年级把党支部建在班上，努力实现本科学生班级“低年级有党员、高年级有支部”的目标。党支部建在班上，有利于形成班级团结进步的核心力量，增强党组织的凝聚力和战斗力；有利于形成党支部和团支部对党员和普通大学生进行思想政治教育的合力，为先进性教育提供组织保障；有利于提高党的组织生活质量，使党的组织活动更富有针对性和实效性；有利于对入党积极分子的培养考察和对新党员的跟踪考察，既保证发展质量，又保证大学生入党后能更好地继续接受党的教育；有利于党员加强自身修养，增强群众对党员的监督。要适应高等院校后勤社会化改革和实行学分制的新形势，抓好社区党组织建设，扩大党的工作覆盖面，做到大学生党员在哪里，党的组织就延伸到哪里，党组织的战斗堡垒作用和党员的先锋模范作用就发挥到哪里。大学生社区党支部要以社区为载体，通过建立社区党校、党员谈心室、党员活动室、党员责任区等，把入党积极分子、党员和优秀党员紧紧团结在一起，有效地将党的先进性教育与素质教育、社区精神文明建设和社区文化建设相结合，使大学生党员得到全方位的教育和监督，自觉维护党的形象，不断提高党性修养，充分发挥群体示范和带动作用，并影响和强化大学生的自我教育、自我管理、自我服务，促使更多的优秀大学生群体产生，同时使党组织活动多样化、生动化。

6. 加强民主评议质量，构建监督机制

在改革开放和发展社会主义市场经济条件下，大学生党员中出现了党员构成的复杂性、思想认识的多样性和活动空间的多维性等特点。开展民主评议党员工作必须将党内教育与群众参与有机结合起来，坚持把群众监督作为加强大学生党员队伍建设的有效手段。依靠党的各级组织对大学生党员进行教育管理，是已被实践证明行之有效的基本手段，这一条任何时候都不能放弃。但随着形势的发展变化，大学生党员队伍中出现了一些新情况，党员思想日趋活跃复杂，并带有一定的隐蔽性，有了思想问题不愿向组织讲。有的大学生党员把自己置身于党组织教育管理之外，发生这样那样的问题也不报告；有的大学生党员对组织的批评帮助不以为然，甚至认为是“跟我过不去”。每个大学生党员都生活在大学生中，发动大学生参与对党员的教育和监督，能够弥补党组织教育管理的“疏漏”和不足，起到全程管理、监督的作用。在民主评议党员工作中，改变过去单纯党内评议的办法，积极发动普通大学生参与，坚持把群众监督贯穿全过程。围绕理想信念、模范作用、履行职责、奉献精神等方面，可以组织团员、普通同学对大学生党员进行评议，并以无记名投票的方式测评，评议情况和测评结果都“原汁原味”反馈给党员本人，使其明确自己在同学中的形象。在群众评议基础上，组织开展谈心活动，召开党小组会和党支部委员会，展开思想上的互助活动。

要使大学生党员保持先进性，不仅要让其深刻认识到保持党的先进性的重要意义，更重要的是使其充分认识、积极探索、自觉坚持在新世纪新阶段保持党的先进性的正确途径，并身体力行，自觉实践。只有这样，才能达到提高大学生党员素质、服务人民群众、促进各项工作的根本目的，才能真正使他们成为中国先进生产力的开拓者、先进文化的弘扬者和最广大人民根本利益的维护者。

在当今，加强保持大学生党员先进性教育，就要时刻学习新时期的“雷锋传人”——郭明义同志的先进事迹。郭明义同志的先进事迹和崇高精神，赋予了雷锋精神新的时代特征，体现了全体人民的道德追求，展示了中华民族的优秀品质，诠释了社会主义核心价值体系的深刻内涵，生动回答了在新的历史条件下，如何正确认识和处理自我与他人、个人与集体、索取与奉献、平凡与崇高等人生课题，对广大人民群众特别是青少年树立正确的世界观、人生观、价值观，具有十分重要的教育意义。加强保持大学生党员先进性教育，为社会主义现代化建设培养接班人，就要大张旗鼓地、充分有效地通过大力宣传郭明义同志的感人事迹和崇高精神，激励更多的人爱岗敬业、助人为乐，推动更多郭明义式的道德模范和雷锋传人涌现出来，凝聚起建设社会主义核心价值体系的强大力量，不断巩固全党全国各族人民团结奋斗的共同思想基础，为夺取全面建设小康社会新胜利、开创中国特色社会主义事业新局面做出贡献。

## 相关链接

### 郭明义同志先进事迹①

郭明义，男，1958年12月生，成人本科学历。1977年1月参军，并于1980年6月在部队加入中国共产党，曾被部队评为“学雷锋标兵”。1982年1月，复员到鞍钢集团（简称鞍钢）矿业公司齐大山铁矿工作。先后在矿用大型生产汽车驾驶员、车间团支部书记、矿党委宣传部干事、车间统计员兼人事员、矿扩建工程办公室英文翻译等岗位工作。1996年至今，任齐大山铁矿生产技术室采场公路管理员。

入党30多年来，他时时处处发挥先锋模范作用，在每个工作岗位上都取得了突出的业绩。从1996年开始担任采场公路管理员以来，他每天都提前2个小时上班，15年中，累计献工15 000多小时，相当于多干了5年的工作量。1990年以来，他坚持20年无偿献血，累计献血6万毫升，相当于自身总血量的10倍。1994年以来，他为希望工程、身边工友和灾区群众捐款10多万元，先后资助了180多名特困生，而自己的家中却几乎一贫如洗。一家3口人至今还住在鞍山市千山区齐大山镇，一个20世纪80年代中期所建的、不到40平方米的单室里。2006年以来，他8次发起捐献造血干细胞的倡议，有1700多名矿业职工参与。2007年以来，他7次发起无偿献血的倡议，共有600多名矿业职工参与，累计献血15万毫升。2008年以来，他发起的希望工程捐资助学活动，已有2800

① 根据以下资料整理、归纳。
http：//news.qq.com/zt2010/guomingyi；
http：//news.qq.com/a/20100917/001860.htm；
http：//news.cntv.cn/special/guomingyi/gmybgh；
http：//cpc.people.com.cn/GB/74838/117406/204930。

多名矿业职工参与，资助特困生1000多名，捐款近40万元。2009年以来，他发起成立的遗体（器官）捐献志愿者俱乐部，已有200多名矿业职工和社会人士参与，是目前国内参与人数最多的遗体（器官）捐献志愿者俱乐部。

为此，他先后荣获了齐矿先进生产者标兵、模范共产党员，矿业公司先进生产者、模范共产党员，鞍钢先进生产者、精神文明建设标兵、优秀共产党员、鞍钢劳动模范，鞍山市优秀义工、道德模范、无偿献血形象代言人、特等劳动模范，辽宁省道德模范提名奖，希望工程突出贡献奖，全国无偿献血奉献奖金奖、全国红十字志愿者之星、中央企业优秀共产党员、全国五一劳动奖章、全国优秀共产党员、“2010感动中国人物”等荣誉称号。2010年8月4日，中共鞍山市委做出了《关于开展向郭明义同志学习活动的决定》。

中共中央总书记、国家主席、中央军委主席胡锦涛就学习宣传郭明义同志先进事迹做出重要指示。他指出，郭明义同志是助人为乐的道德模范，是新时期学习实践雷锋精神的优秀代表。要大力宣传和弘扬郭明义同志的先进事迹和崇高品德，为构建社会主义和谐社会提供强大精神力量（据新华社北京2010年10月11日电）。

2010年10月11日，郭明义同志先进事迹首场报告会在北京人民大会堂举行。受胡锦涛总书记委托，中共中央政治局常委李长春会见了郭明义同志和报告团其他成员。李长春强调，要认真贯彻落实胡锦涛总书记的重要指示，深入开展向郭明义同志学习的活动，学习他始终保持共产党人的政治本色，坚持全心全意为人民服务的坚定理想信念；学习他在新时期传承和弘扬雷锋精神，艰苦奋斗、无私奉献的高尚道德情操；学习他热忱为他人排忧解难，用真情化解矛盾、促进社会和谐的崇高精神境界，努力在全社会形成向郭明义同志学习、传承雷锋精神、共建和谐社会的浓厚氛围。

郭明义成了先进典型，却没有一点一滴的骄傲和自满，仍然时时处处展现着一名党员甘于奉献、淡泊名利的先锋本色和高尚情操，并从中感受和体会着奉献的快乐和幸福。他几十年如一日，爱岗敬业、助人为乐、无私奉献，先后资助180多名贫困学生，坚持常年献血，积极倡导发起“爱心联队”，带动数千名身边干部群众奉献爱心，被誉为新时期的“雷锋传人”。郭明义同志的先进事迹，集中体现了鞍钢优秀的企业文化、钢铁产业工人的可贵品质和中华民族的传统美德，是社会主义核心价值体系的坚定实践者，是雷锋、孟泰精神的传承者，是新时代的道德楷模。

2011年6月28日，建党90周年重点献礼影片《郭明义》在北京首映，影片表现了有“当代雷锋”美誉的鞍钢工人郭明义真诚助人的先进事迹，再现了他爱岗敬业、助人为乐的先进事迹和崇高品德，深刻展现了他丰富而美善的内心世界和坚定的人生信仰，既艺术化又真实地反映出郭明义崇高的价值观、幸福观。2011年7月22日，中共中央宣传部宣教局和辽宁省委宣传部共同组织的郭明义精神“五进”（进机关、进企业、进社区、进部队、进校园）活动，在抚顺雷锋小学和驻军雷锋团启动。

# 第八章
# 保持大学生党员先进性教育长效机制的理性思考（上）

大学生党员是党员队伍中比较特殊的群体。我们要认真总结经验，探索建立保持大学生党员先进性教育的长效机制，确保大学生党员的先进性教育步入规范化、制度化、系统化的动态发展之路。机制是一种相互联系、相互作用的有机组合，保持大学生党员先进性教育的长效机制大致包括四部分，即制度建设机制、理论学习机制、教育管理机制和监督评估机制，这四个机制是有机结合的组合体。作为一名共产党员首先要明确什么是共产党员的先进性，衡量先进性的标准是什么。具体到高等院校的教师，最重要的是努力做到“学为人师，行为世范”。作为大学生党员就必须做到品学兼优，必须做广大学生的表率。

## 一、建立保持大学生党员先进性教育长效机制的重要性和必要性

### （一）建立保持大学生党员先进性教育长效机制的重要性

#### 1. 进一步巩固党的先进性教育活动成果

进一步巩固党的先进性教育活动成果是贯彻党的路线方针政策的需要。党的路线方针政策必须得到贯彻落实。中共中央领导曾在第十四次全国高校党建工作会议上指出：“要深刻认识按照加强党的先进性建设的要求做好高校党建工作，是在高等教育事业中全面落实科学发展观的根本保证，是加强党的执政能

力建设的重要内容，是构建社会主义和谐社会的现实需要，是全面完成‘十一五’时期各项任务的客观要求。”① 要采取切实措施，认真做好建立健全高等院校保持共产党员先进性长效机制工作。在全党范围开展的保持共产党员先进性教育活动效果如何，关键是看各级领导干部是否真正地受到教育，是否真正地树立了党的形象。这一点在公务员队伍和事业单位中的表现最具代表性。在高等院校开展好、落实好保持共产党员先进性教育活动，进一步加强对大学生党员的经常性教育和管理，可以进一步促进党员先进性教育效果，切实提高高等院校人才培养质量。

2. 为进一步培养社会主义现代化建设人才奠定基础

先进性是马克思主义政党的根本特征，是党的生命所系、力量所在，党的先进性建设是马克思主义政党的根本性建设。我们党已经拥有 8000 多万名党员，其中大学生党员是党员队伍中年龄层次低、学历层次高、最富有朝气和活力也最具有潜力的群体，是祖国未来高级专门人才和各级领导干部的重要来源。加强保持大学生党员先进性教育直接关系到我们党事业的健康发展，也关系到我国社会主义事业的兴衰成败。如果说在革命战争年代，保持党员的先进性更多的是靠思想教育和先进人物的榜样作用，那么在改革开放的今天，保持党员的先进性尤其是大学生党员的先进性就应该既要靠思想教育，又要靠制度保证；既要靠个人自觉，又要靠严格管理；既要靠集中教育，又要靠常抓不懈。因此我们应该着力建立长效机制，以永葆大学生党员的先进性。

3. 能够进一步促进我国教育目标的实现

我们的教育要坚持社会主义的办学方向，要办人民满意的教育，就必须坚持从青年一代做起，教育和影响年轻人，全面提高国民素质，实现我国的教育目标。社会发展靠人才，人才质量的提高靠教育。当代大学生是我国青年人中知识较丰富、思想较敏锐的群体，是十分宝贵的人才资源。高等院校大学生党员又是共产党员群体中高素质、高文化、最年轻、最活跃的部分。对高等院校

① 贺国强．2005－12－25．建立健全高校先进性教育活动长效机制．人民日报，第 4 版．

大学生党员加强先进性教育，始终保持和充分发挥其在大学生群体中的先锋模范作用，使大学生党组织切实成为凝聚优秀大学生的核心，有助于更多大学生思想上的进步，进而会对全社会青年接受科学理论、坚定共产主义理想信念产生重要影响。因为大学生有知识、有朝气，能够影响青年人的成长。高等院校大学生党员的先进性得到了充分体现，就会成为大学生学习的榜样；大学生都以加入共产党为荣，就会自觉投入党的伟大事业中去；一代大学生都受到党员先进性的影响，那么整个社会的青年人都会直接受到党员先进性的熏陶，成为党的事业的强大后备军和生力军。可见，高等院校大学生党员的先进性教育在全党的先进性教育中有特别重要的地位，承担着影响大学生群体和青年知识分子，进而影响全国青年的艰巨而神圣的使命。可以说，保持高等院校大学生党员的先进性，是关乎科教兴国的大业，关乎中华民族的伟大复兴，关乎社会主义事业的长远发展的一件大事。因此，在高等院校，党的先进性教育要着眼未来，积极探索建立使大学生党员长期受教育、经常受教育、永葆先进性的长效机制，促使我国教育目标的顺利实现。

## （二）建立保持大学生党员先进性教育长效机制的必要性

### 1. 建立保持大学生党员先进性教育的长效机制是永葆党的先进性的迫切需要

先进性是马克思主义政党特有的品质。从党的组织成分来说，党员是党的组织细胞和活动主体，党的活力和战斗力来自党员的作用，党的先进性最终要靠党员的先进性来体现。经过多年的发展，高等院校大学生党员队伍不断壮大。大学生党员的先进性主要体现在思想品质、工作作风和实际行动等方面。其中实际行动是决定性的因素，思想品质、工作作风上的先进性最终都要通过实际行动来体现。而大学生党员的实际行动除受自我约束之外，还需要从制度上加以规范和引导。因此，努力建立保持大学生党员先进性教育的长效机制，就成为保持党的先进性建设的一个重要环节。

2. 建立保持大学生党员先进性教育的长效机制是全面建设小康社会的需要

大学生党员流动性较大。大学生党员毕业以后，将分布在全国各地的各行各业中，担负着全面建设小康社会的重要角色，是党的事业的担当者，是未来的领导者和建设者。大学生党员的质量，将直接关系到党的事业，关系到党员的先锋模范作用的发挥，关系到党的创造力、凝聚力和战斗力，从而关系到党的领导水平和执政能力、党的执政地位，关系到中华民族的复兴。只有建立保持大学生党员先进性教育的长效机制，才能使广大大学生党员永葆先进性，成为“三个代表”重要思想的积极实践者和传播者，才能保持党的先进性和纯洁性，才能切实提高党的执政能力，践行中国特色社会主义理论体系，真正实现党的正确领导，实现全面建设小康社会的奋斗目标。

3. 建立保持大学生党员先进性教育的长效机制是大学生党员队伍建设的迫切需要

开展以实践“三个代表”重要思想为主要内容的保持共产党员先进性教育活动就是要认真解决党员队伍中存在的突出问题，使广大党员始终胸怀共产主义的远大理想，保持共产党员的先进性，坚持全心全意为人民服务，成为新时期“三个代表”重要思想的实践者。近年来，通过先进性教育活动，解决了大学生党员队伍中存在的一些突出问题；通过坚持社会主义核心价值体系，学习和把握中国特色社会主义理论体系，统一了全党的思想。但是，由于市场经济的趋利性影响，加上受各种主客观因素的制约，部分大学生党员党性观念不强、党员意识弱化、模范带头作用的发挥不够明显，主要表现在三方面。一是入党动机不纯。相当部分大学生入党带有一定的个人目的和功利主义色彩，满足于组织上入党，不求思想上入党。二是部分大学生党员理论知识贫乏、政治修养不高。对改革攻坚阶段中所必然出现的一些复杂情况，缺乏正确的政治立场、观点和认识，导致共产主义理想、信念模糊，全心全意为人民服务的思想根基不牢，追求实惠，以满足“自我”为中心。三是党员先锋模范作用发挥不够。部分大学生党员入党后放松了对自己的要求，出现了“歇一歇”的倾向。实际上，党员的先进性既不是与生俱来的，也不是一劳永逸的，我们不可能通过一次集中教育解决所有问题，而要结合党的中心工作和党的建设的各方面任务，逐步完善制度、健全机制，不断保持党的先进性。建立保持共产党员先进性教育长效机制，不仅是先进性教育活动的目标要求，而且是新时期加强党员队伍建设的一项重要举措，是我们党长期的任务。

4. 建立保持大学生党员先进性教育的长效机制是大学生党员自身健康成长的迫切需要

大学生党员大多数是20岁左右的青年，其经历一般都是从学校到学校，生活阅历简单，对社会的了解与认识不深；入党时间短，接受党组织的教育和培养时间不长，缺乏对马克思主义理论的系统学习，缺乏对党的优良传统的深入了解，缺少艰苦社会环境及基层群众工作的锻炼，组织观念、群众意识和团队精神较为淡薄；还没有牢固树立马克思主义世界观、人生观、价值观，容易受到纷繁复杂的社会现象和西方价值观念的影响而产生思想上的困惑和言行上的偏激，缺乏较强的政治鉴别力和较高的政治敏锐性，抵御外界错误思想、错误观念的能力比较弱，往往会迷失自己，造成理想信念上的动摇。建立保持大学生党员先进性教育的长效机制，能及时肃清他们思想上的问题，坚定理想和信念，提高实践“三个代表”重要思想的自觉性，坚持科学发展观，从而促进大学生党员自身健康成长。

良好的长效机制是保持大学生党员先进性教育活动持续健康发展的根本保障，而有效的长效机制建立的前提是对该机制所约束的对象——大学生党员有系统、全面的了解，只有如此才能有针对性地建立完善有效的长效机制。

在全党范围开展的保持共产党员先进性教育活动中，我们发现大学生党员的整体素质较高，他们大都学习刻苦，在学习、生活等各个方面能起到一定的模范带头作用，能够得到同学的认可。但经过党性分析与党支部评议后，我们也发现了不少存在于大学生党员个人和党组织中的问题，需要我们在创建长效机制的过程中给予最大程度的关注。例如，在政治理论方面，大学生党员对党的建设理论理解得不够深入；在对待专业学习方面，有些大学生党员态度不够端正；在联系群众方面，部分大学生党员做得不够深入和广泛。另外，大学生党支部在组织生活的时间与活动内容的安排上，还存在一些不合理现象；党支部工作重心倾向于党员的发展，而对党支部的组织建设、作风建设不够重视；党支部在发展入党积极分子、预备党员的过程中工作透明度不够高等。

鉴于大学生党支部和大学生党员中还存在上述问题，我们认为只有通过建立有效的保持大学生党员先进性教育的长效机制，才能从根本上解决这些问题，达到永葆大学生党员先进性的目的。

## 二、建立保持大学生党员先进性教育长效机制的基本原则

建立保持大学生党员先进性教育长效机制，就必须坚持一定的基本原则。结合中央的有关精神和当代大学生党员的实际状况，特别是结合我们党 90 年的光辉历程，我们认为保持大学生党员先进性教育长效机制的建立应该体现以下基本原则。

### （一）创新性原则

大学生党员是社会主义现代化建设的中坚力量。加强对大学生的培养，特别是对大学生党员的教育和培养，是高等院校长期的任务和永恒的主题。大学生党员先进性教育健康发展的关键环节是长效机制的选择和设计，而长效机制的选择和设计的核心是创新。创新是一个国家长治久安、不断发展的不竭动力。体制模式的僵化和参与形式的被动会直接影响先进性建设事业的成效。因此，我们应该大胆突破原有的形式和思想上的禁锢，在保持大学生党员先进性教育长效机制的内容、形式和方法上不断创新，设计形式多样、参与性强、容易被大学生党员接受的新的教育模式。例如，有的学校的许多院系都考虑到本科生党性认识深度还不够，为帮助他们升华自己，采取了教师党支部帮助本科生党支部的“1＋1”行动，从而促进大学生党员更好地开展先进性教育活动。总的说来，保持大学生党员先进性教育长效机制的建立应该紧扣时代主题，与时俱

进，不断创新，增强理论学习的吸引力和亲和力，同时应该抢占网络宣传教育的新阵地，用中国特色社会主义理论体系武装大学生党员的头脑，永葆大学生党员的先进性。只有创新，保持大学生党员先进性教育的长效机制才能更好地发挥功效。

### （二）实效性原则

开展大学生党员先进性教育的重点是要取得实效，这就要求我们不能使保持大学生党员先进性教育长效机制流于形式，要注重实效性原则。在理论学习方面，要紧紧围绕时代主题，采用各种大学生党员喜闻乐见的形式，借助网络等媒体，做好党的创新理论宣传教育工作，切实使大学生党员的理论学习达到入脑入心的效果；要充分发挥马克思主义理论课和思想政治教育课的主渠道作用，进一步宣传和深化对马克思主义中国化最新成果的认识和灌输；在实践活动方面，要使大学生党员在注重专业知识、政策理论的学习，搞好校内实践活动的同时，走出校门更好地体验社会，开展诸如下乡村、进工厂、入社区、参观革命圣地等活动，切实让广大大学生党员从实践中深入学习，达到理论与实践融为一体的效果。总之，要使大学生党员先进性教育达到实效，就要使我们的大学生党员最终能够在方方面面取得让群众满意的效果，成为社会主义现代化建设的栋梁和主导。

### （三）系统性原则

保持大学生党员先进性教育长效机制的建立是一项系统性的工程，它牵涉到社会领域的方方面面。这不仅需要广大教师孜孜不倦的教诲，需要辅导员用心的引导，还需要家长不断的教育与督促，更需要各级党组织的关心与指导，以及广大学生群众的监督。这就要求，保持大学生党员先进性教育长效机制的建立要统筹协调好大学生党员本身、家庭、学校及其他社会群体之间的关系，从而建立起一个系统化、一体化的长效机制，更好地为大学生党员的先进性建设事业服务。高等院校各级党组织在发展大学生入党及加强对大学生党员教育的同时，还必须充分发挥教师、学生、家长等方面的作用。我们要形成一个共识，即建立保持大学生党员先进性教育长效机制是高等院校全体教育工作者的共同责任。这里的教育工作者不仅是指思想政治工作者、其他管理者，还包括所有任课教师。

### （四）制度性原则

保持大学生党员先进性教育长效机制的建立在追求创新、注重实效、讲求系统性动态化发展的同时，也要确保各项制度在操作层面上的规范化运作，即有制度保障，诸如要形成切实可行的大学生党员推优选拔机制，要规范大学生党员的教育管理机制、民主评议机制等。没有规矩，不成方圆。只有制度性的要求、规范化的机制，才能够永葆保持大学生党员先进性教育长效机制的有效性。在发展大学生党员时，就必须执行一定的标准，综合地看问题，并要适当地保持党员评价标准的稳定性和长期性。如果没有特殊情况，高等院校要保持发展党员批次的稳定性、制度性和规范化。

## 三、保持大学生党员先进性教育长效机制的主要内容

所谓机制，就是一种相互联系、相互作用的有机体组合，保持大学生党员先进性教育长效机制的主要内容也大致包括四部分，即制度建设机制、理论学习机制、教育管理机制和监督评估机制，这四个机制是有机结合的组合体。制度建设是保持大学生党员先进性教育长效机制的核心，理论学习是保持大学生党员先进性教育长效机制的内容，教育管理是保持大学生党员先进性教育长效机制的措施，监督评估是保持大学生党员先进性教育长效机制的保障。

结合当前大学生党员的特点，根据建立保持大学生党员先进性教育长效机制的原则要求，我们认为建立保持大学生党员先进性教育的长效机制应该从以下四方面入手（还可以参看第九章第三个问题中，保持大学生党员先进性教育长效机制的基本内容）。

### （一）切实重视大学生党员先进性教育的制度建设机制

要建立保持大学生党员先进性教育长效机制，必须首先加强制度建设，因为制度是重要的，制度建设是保持大学生党员先进性教育长效机制的核心。2006年6月，中共中央办公厅下发了四个保持共产党员先进性教育长效机制文件，这对永葆党的先进性和党员的先进性、大学生党员先进性具有极为重要的意义。对大学生党员进行先进性教育，就必须从制度建设上入手，学校党委和各基层党组织要坚决重视这一问题，并从人才培养的角度，从为社会主义现代化建设培养接班人的高度，来审视先进性教育活动，紧紧围绕人才培养质量，切实加强大学生党员经常性教育。学校党委和各基层党组织制定了相关的制度，就必须坚决地予以执行，这是至关重要的。

### （二）建立健全大学生党员先进性教育的理论学习机制

理论学习是保持大学生党员先进性教育活动中非常重要的组成部分。因为有理论上的成熟，才能有政治上的成熟，才能提高素质，增强本领，增添共产党员先进性的底蕴。我们认为应该从以下方面入手。首先，高等院校各基层党组织要及时组织大学生党员学习党的路线方针政策与马克思主义中国化最新理论成果，促进马克思主义中国化、时代化、大众化。具体来说，就是要紧密结合我们党的光辉历史，专人组织，集中学习，当场讨论，会后总结，营造良好的理论学习氛围，使大学生养成关心党和国家时事的好习惯，使每一位大学生党员的思想紧跟时代脉搏。其次，定期进行中共党史知识的回顾与讨论。具体做法是：定期学习党史材料，经常邀请专家、教授开展专题讲座，经常跟老党员谈心，参观革命圣地，观看爱国主义电影；建设并利用好党史知识题库，兴起理论学习之风，提高大学生党员理论水平。另外，针对理论学习比较枯燥，大学生党员的理论认识不够深刻、理论涵养还有待提高等现象，各院系党组织要积极响应学校号召和要求，开展各种形式的学习教育活动，充分调动大学生党员的积极性，使大学生党员在道德思想境界、理论联系实际、自主学习能力等方面有所提高。除了坚持传统的座谈讨论活动之外，还应坚持开展教师党员、大学生党员结对子，社会实践，名师讲坛，对外展示，外出参观等活动。总之，要坚持使用行之有效的理论学习方式，坚持开展广大大学生党员乐意接受的理论学习活动，从而最终形成理论学习的长效机制。建立健全大学生党员的理论学习机制，必须注意方式方法，切忌流于形式。

### （三）切实建立大学生党员先进性教育的教育管理机制

有了制度建设，加强政治理论学习，还必须加强教育和管理，进一步明确对大学生党员进行先进性教育和管理的标准。没有标准，就失去了努力的方向；没有比较，就失去了前进的动力。因此应该首先建立起大学生党员先进性的具体标准和要求。通过广泛征求意见和不断的修改讨论，我们认为大学生党员先进性的具体标准和要求主要就是：思想上树旗帜、学习上争模范、工作上做表率、作风上创一流。

（1）思想上树旗帜，即思想上坚定共产主义理想信念，能深刻领会党的理论思想，提高自身理论修养；能主动关心时事并学习政策，能在重大事件中把握正确的政治方向，切实关注当今民生问题，始终与各级党组织保持一致；主动关心同学们的思想状况，积极宣传理论动态，带动同学们政治上追求进步，真正地从思想上解决问题。

（2）学习上争模范，即对于专业学习，积极认真、刻苦踏实，在一定领域具有很强的钻研精神，在同学中起表率作用；勇于与学习上的不良风气作斗争，以身作则，诚信考试，带头营造良好的学习氛围；在感兴趣的领域有所专长，积极投身科研或利用专业知识参与社会实践，服务社会。

（3）工作上做表率，即积极参加各类学生工作，如党组织、团委学生联合会、班级等组织的各项工作，在工作中做出表率，带领同学们立足本职工作，开拓创新，克服各种困难，全心全意为同学服务，达到锻炼自己、服务师生的目的；在日常生活中，急同学之所急，想同学之所想，做同学的贴心人。

（4）作风上创一流，即遵守党的纪律，谦虚谨慎，艰苦奋斗，践行“两个务必”，克服自由主义、个人主义、享乐主义；正确对待批评，深入开展批评与自我批评，勇于承认错误，在荣誉面前戒骄戒躁；在生活上作风正派，浩然正气，自强不息，保持积极向上的生活态度。特别是，在当下重提“两个务必”具有极为重要的理论意义和深远的现实意义。

有了标准之后，就不能使这些标准流于形式，而应该要求广大大学生党员牢记标准，在以后的学习、生活和工作等方面坚持时时刻刻对照标准，在方方面面都要按照标准严格要求自己，使自己在各方面都能够起到模范带头作用，切实体现党的先进性。

科学完善的组织管理体系是搞好大学生党员先进性教育事业的重要保障。高等院校党组织有学校党委、院系党委（党总支）、基层党支部三级，一方面，高等院校要依托这三级组织建立党委统一领导，学校党委组织部门和各二级学院分党委（党总支）负责实施，学生思想政治工作部门共同配合的体制，形成齐抓共管、层层抓落实的大学生党员先进性建设局面，并从政策上给以指导。另一方面，要强化党支部的内部自身建设与管理，充分发挥党支部的战斗堡垒作用。首先，党支部成员根据个人特长分组，如宣传组、理论组、监督组等，分工负责党支部的相应工作，特别利用好监督组，定期向同学了解党支部成员的表现，不定期地在党支部内公布监督报告，及时处理出现的问题并向同学反馈处理结果。其次，要求党支部成员严把入口关，重视对积极分子入党动机和政治素质的考察，加强党的基本理论、基本知识的教育，使积极分子在思想上认同党的理论，在行动上积极向党组织靠拢。确保把符合条件、体现党员先进性、起到党员先锋模范作用的优秀大学生发展到党内来。另外，我们还要突破固有的三级管理模式，可以实施“党员教师导师制”，即党员教师作为大学生党员或积极要求进步大学生的导师，进一步完善党的组织管理体系，从而使教工党支部工作渗透到大学生政治思想领域，使教师党员能够更好地引导带动大学生党员，也能引导非党员大学生向党组织靠拢。在有条件的单位，应设立党建活动专项经费，保证党建和思想政治工作的顺利开展。一句话，原有的组织管理模式要保留，新的组织管理模式要坚持实施，从而形成科学完善的组织管理机制。

### （四）建立确保大学生党员先进性教育的监督评估机制

建立监督评估机制是大学生党员先进性教育中的关键内容，没有广大同学的党外监督，没有党内党员同志之间的相互监督，我们就无法巩固先进性教育活动所取得的成果。学校党委和院系分党委、党总支要分别设立监督信箱、监督电话、接待日等，如果可能的话，学校党委书记和校长的电子邮箱也要保持畅通，并能够及时反馈群众意见。同时，我们还可以实行大学生参议制，成立大学生参议会，每月定期召开一次会议，通报或者讨论学校发展过程中的一些重大事项；设处长（院长）、辅导员助理等，让大学生参与学校的管理工作；还可以开展“师生共建平安校园、和谐校园活动”，从而监督学校方方面面的建设活动，这其中也包括党员先进性教育活动。结合大学生的实际和我们从事思想政治工作的经验，我们认为建立有效的监督机制应该从以下方面入手：建立党员宣传橱窗，向全校或全院同学公布党员、预备党员和入党积极分子的情况；公开大学生党员先进性标准，接受同学们监督；坚持党务工作公开化、透明化，加强党支部活动的宣传，及时反馈。在专题组织生活会上，要求每个党员按照准备好的材料进行党性分析，逐个评议，认真开展批评与自我批评，并且要接受其他党员同志在学习、生活、工作中对自己的监督，虚心接受其他党员同志对自己提出的建议，及时采取措施加以改正。

建立保持大学生党员先进性教育的长效机制，必须从制度上确保党组织活动和党员参加先进性教育活动的可追溯性。党的工作是一种责任，因此在一定的条件下需要不断地检查；党的工作是一项事业，因此在各个方面需要不断地提高。检查评估机制的建立有助于大学生党员先进性教育工作落到实处，有利于调动广大学生党员的积极性。为此，在先进性教育活动中要求大学生党员在开展谈心活动时作好谈心记录。每个党员在“一对一”谈心交流时，要在专用笔记本上作好记录，以备检查。要求广大大学生党员在学习党的各种理论的同时认真作好读书笔记，并且要在专门的本子上撰写心得体会。另外，各党支部要根据各项工作的记录（包括平时所要求提交的各种书面材料、组织生活的出勤情况等），在广泛征求群众意见的基础上坚持定期对所有党员进行评估，对表现好的党员要表扬，对结果一般的党员要教育使其进一步提高，对表现差的党员要督促其在一定期限内必须改进。当然，上述做法还可以利用学期末或者学期初的民主生活会来进行。

保持大学生党员的先进性是一项长期的事业，只有建立起保持大学生党员先进性教育的长效机制，才能使这项事业取得长足的发展，从而为我们党的整体先进性建设事业做出我们应有的贡献。虽然我们在建立保持大学生党员先进性教育长效机制方面的理论探讨、实际操作还刚刚起步，但是我们一定要结合社会发展的实际，借鉴其他兄弟院校的经验，不断完善大学生党员先进性教育的长效机制，确保为社会主义现代化建设培养更多更优秀的人才。

## 四、加强大学生党员经常性教育是建立保持大学生党员先进性教育长效机制的重要内容

建立保持大学生党员先进性教育长效机制的一个重要内容就是要建立健全大学生党员的理论学习机制、培训教育机制，而抓好大学生党员经常性教育是其重要内容。加强党员经常性教育是党的建设的一项基础性工作。加强党员经常性教育，对于巩固和发展保持共产党员先进性教育活动成果、不断提高党员素质，对于建设学习型政党、建立学习型党组织、推进党的执政能力建设和先进性建设，对于贯彻落实科学发展观、构建社会主义和谐社会，都具有十分重要的意义。

### （一）大学生党员经常性教育的基本内容

加强党的自身建设，永葆党的先进性和党员的先进性，就要不断地加强党员经常性教育。关于党员经常性教育的基本内容，2006 年 6 月中共中央办公厅印发的《关于加强党员经常性教育的意见》作了具体的阐述：马克思列宁主义、毛泽东思想、邓小平理论和“三个代表”重要思想教育，科学发展观、构建社

会主义和谐社会和社会主义荣辱观等重大战略思想教育；党章和党的基本知识教育；党的路线方针政策教育和形势任务、国情教育；中国特色社会主义共同理想和共产主义远大理想教育；爱国主义、集体主义和社会主义思想教育；党的优良传统和作风、党的纪律和反腐倡廉教育；市场经济知识、法律知识、科学文化知识和业务技能教育。当然，关于加强大学生党员经常性教育，还要紧密结合中国共产党建党 90 年来的重要论述，结合全党开展的“创先争优”活动，深刻理解和把握中国特色社会主义理论体系。

回顾我们党辉煌的历史，面对风云变幻的国际形势，面对艰巨繁重的国内改革发展稳定任务，我们党要团结带领人民继续前进，开创工作新局面，赢得事业新胜利，最根本的就是要高举中国特色社会主义伟大旗帜，坚持和拓展中国特色社会主义道路，坚持和丰富中国特色社会主义理论体系，坚持和完善中国特色社会主义制度。在新的历史条件下，重提或者强调加强大学生党员先进性教育，是具有前瞻性和发展性的重大举措。在当前，要提高党的建设科学化水平，就必须坚持解放思想、实事求是、与时俱进，大力推进马克思主义中国化、时代化、大众化，提高全党思想政治水平。中国特色社会主义理论体系是包括邓小平理论、“三个代表”重要思想及科学发展观等重大战略思想在内的科学理论体系，系统回答了在中国这样一个有十几亿人口的发展中大国建设什么样的社会主义、怎样建设社会主义，建设什么样的党、怎样建设党，实现什么样的发展、怎样发展等一系列重大问题，是对毛泽东思想的继承和发展。[①]

对大学生党员进行先进性教育，就要通过“两课”和各级党组织加强大学生党员经常性教育，对上述基本内容要学深学透。因为“两课”是对大学生进行思想政治教育的主渠道，对大学生的世界观、人生观、价值观的最终确立起着至关重要的作用。对大学生党员进行经常性教育，除了抓好“两课”及专业课教育外，还得抓第二课堂，进行经常性的培训和养成教育，积极开展社会实践活动。

---

① 胡锦涛在庆祝中国共产党成立 90 周年大会上的讲话，新华网，2011 年 7 月 1 日。

要增强高等院校“两课”的效果，充分发挥“两课”的主渠道作用，“两课”教师的素质是关键。不可否认的是，在有的高等院校，有的“两课”教师本身就不信“马列”，自己的思想道德品质也不算过硬，何谈培养品学兼优的大学生呢？在有的高等院校，“两课”教师就是“杂牌军”，不管学的是什么专业，也不管其学识如何，不管其品行怎样，都能混入“两课”教师队伍，其可怪也欤？又怎么能培养出高素质的人才？在当今，我们“两课”教师就应该以方永刚同志的先进事迹为榜样，要像方永刚同志那样深入学习党的创新理论，坚定信仰党的创新理论，积极传播党的创新理论，而且用自己的实际行动模范践行党的创新理论。高等院校“两课”教师都应该积极地向方永刚同志学习，要具备方永刚同志那样高度的政治觉悟和高尚的师德师风。各高等院校也要切实重视思想政治工作队伍的建设，关心思想政治工作者的成长。

### （二）大学生党员经常性教育的方法途径

关于党员经常性教育的方法途径，2006 年 6 月中共中央办公厅印发的《关于加强党员经常性教育的意见》明确指出四个方面的内容。

（1）抓好学习培训。采取举办培训班、上党课、举行报告会和组织专题研讨等形式，有计划地组织好党员的集体学习。倡导党员自主学习，引导党员根据自身实际和工作需要，制订学习计划，利用业余时间自主选择学习内容和方式，认真搞好自学。加强对党员学习的具体指导，为党员学习创造良好条件。通过开展读书活动和知识竞赛、交流学习成果、评选表彰学习标兵等方式，激发党员学习的积极性和主动性。党员领导干部要认真参加党委（党组）理论学习中心组学习，带头参加所在基层党组织的集体学习，坚持每年给党员讲党课、作形势报告。党员干部还要按有关规定积极参加干部教育培训。

（2）加强实践锻炼。组织党员立足本职岗位，深入开展“创先争优”活动和主题实践活动。通过党员责任区、党员先锋岗、党员示范户、党员承诺、设岗定责、结对帮扶和志愿者服务等多种方式，为党员服务群众、加强党性锻炼搭建平台。有计划地组织年轻党员到基层锻炼，到艰苦地区、艰苦岗位锻炼。

(3) 严格组织生活。认真执行“三会一课”制度，坚持和完善民主评议党员制度，定期开展党员党性分析评议活动。党支部要结合每年一次的专题组织生活会，开展民主评议党员工作。民主评议党员要注意听取群众意见，发扬党内民主，认真开展批评和自我批评，方法要简便易行，注重实效。

(4) 做好思想政治工作。坚持以人为本，从政治、思想、工作和生活上关心、爱护、帮助党员。组织党员开展经常性谈心活动，沟通思想，相互启发教育。经常分析党员思想状况，及时解决思想问题，增强思想政治工作的预见性、针对性和实效性。大力宣传优秀党员先进事迹，发挥先进典型的示范引导作用。

关于上述党员经常性教育的方法途径，同样适用于对大学生党员进行经常性教育；但是，高等院校各级党组织要紧密结合各学校、各专业、各年级大学生的具体特点而有效地展开，切实提高和巩固先进性教育的成果。

### （三）加强大学生党员经常性教育是建立保持大学生党员先进性教育长效机制的重要举措

加强大学生党员经常性教育是永葆党的先进性和保持大学生党员先进性教育长效机制的重要举措，是基层党组织的基础性工作。对此，各级党组织必须常抓不懈。2006 年 6 月，中共中央办公厅印发了《关于加强党员经常性教育的意见》等四个保持共产党员先进性长效机制文件。这些文件的制定和印发，是对开展以实践“三个代表”重要思想为主要内容的保持共产党员先进性教育活动经验的系统总结，是建立健全保持共产党员先进性长效机制的重要举措，对于进一步巩固和扩大先进性教育活动伟大成果，更好地落实党要管党、从严治党的方针，坚持不懈地加强党的执政能力建设和先进性建设；对于更好地发挥基层党组织的政治核心、战斗堡垒作用和广大党员的先锋模范作用，坚决遏制和消除腐败，切实树立党的形象，贯彻落实科学发展观，为全面建设小康社会、构建社会主义和谐社会提供坚强的政治和组织保证，具有十分重要的意义。

在全党范围开展的保持共产党员先进性教育活动虽然已经结束了，但是对大学生党员经常性的教育永远不会结束。党的十七大报告指出，“必须把党的执政能力建设和先进性建设作为主线，坚持党要管党、从严治党，贯彻为民、务实、清廉的要求，以坚定理想信念为重点加强思想建设，以造就高素质党员、干部队伍为重点加强组织建设”，使广大党员经常地受到教育，永葆党的先进性。在党委（党总支）统一领导下，各级党组织要定期研究制订党员教育的阶段性规划和年度计划，加强监督检查，形成合力，共同抓好党员经常性教育工作。特别是在当下创先争优活动中，各基层党组织必须充分宣传各行各业的先进典型事迹，结合本单位的中心工作，切实加强大学生党员经常性教育，永葆大学生党员的先进性。保持党的生机和活力，是各级党组织极为重要的职责和任务。

但是，在实践中，加强党员或大学生党员经常性教育，在许多人那里还存在很多模糊的认识，或者重视程度不够。这对于培养社会主义接班人有较大的负面影响，因为加强大学生党员经常性教育是高等院校各级党组织永恒的主题，必须切实抓实抓好，这也应贯穿于大学生思想政治教育过程的始终。在当今，就是要引导大学生党员不断学习党的创新理论，学习新党章，深刻领会党的十七大报告精神，认真学习和掌握中国特色社会主义理论体系，切实用马克思主义中国化最新理论成果武装大学生的头脑，为社会主义现代化建设培养合格的建设者和接班人。

### （四）开展大学生党员党性分析评议活动是保持共产党员先进性的重要抓手

在新形势下，各级党组织按照四个保持党员先进性长效机制文件要求，每五年集中开展一次党员党性分析评议活动，是促进党风根本好转的重要举措。其中《关于加强党员经常性教育的意见》指出，每五年由县级以上党委做出安排，集中开展一次党员党性分析评议活动，组织党员对照党章规定、新时期保持共产党员先进性的基本要求和所在党组织提出的具体要求，从思想、学习、工作、纪律和作风等方面查找问题，从世界观、人生观和价值观上分析原因，切实搞好整改。如果从2006年上半年全党范围的保持共产党员先进性教育活动整体结束起，到2011年“七一”就正好五年了。有效地加强大学生党员党性分析评议活动、整顿党的作风、永葆党的先进性，就是摆在党务工作者和基层党组织面前的重要任务。

在开展大学生党员党性分析评议活动中，各级党组织要认真研究、切实解决新形势下“三会一课”制度所面临的新情况和新问题，确保“三会一课”成为党员定期过组织生活的有效途径和载体。这一制度要求各基层党组织和党务工作者经常召开“三会”，切实加强民主；经常上党课，始终保持统一，以确保党员的先进性。对于“三会一课”制度现在在各级党组织中开展的效果，笔者深感忧虑，因为“三会一课”制度在有的基层党组织中还流于形式。

在开展大学生党员党性分析评议活动中，要坚持和完善民主评议党员制度。各级党组织要定期召开民主生活会，特别是要结合每年一次的专题组织生活会，实实在在地开展民主评议党员工作，切忌流于形式。民主评议党员要适当听取群众意见，积极发扬党内民主，认真开展批评和自我批评，加强勤政廉政教育，把评议的过程当做加强党员党性锻炼的过程，把评议的过程当做树立党和党员形象的过程。各级党组织要紧密结合全党创先争优活动，要在搞好思想发动、征求群众意见、开展谈心交心和撰写党性分析材料的基础上，召开专题组织生活会，组织党员逐一进行分析评议。党支部要根据党员的一贯表现、征求到的意见和专题组织生活会的评议情况，结合本单位的中心工作和各行各业党员思想学习实际，对每个党员提出综合评议意见，督促党员限期整改，并采取适当方式向党员、群众通报有关整改情况。对于不履行党员义务、不符合党员条件的党员，要及时帮助教育，促其改正；对经教育不改的，要按照党章和党内有关规定做出严肃处理。特别是对于不能正确发挥大学生党员先锋模范作用，甚至存在违规违纪现象的，要坚决予以处理，从而确保大学生党员党性分析评议活动的有效性。

在开展大学生党员党性分析评议活动中，各级党组织要确保教育时间。《关于加强党员经常性教育的意见》规定，党组织要统筹兼顾，在不影响正常生产和工作的前提下，按照有关规定合理安排党员集体教育活动。每年参加所在党组织集体教育活动的时间，机关、国有企业和事业单位的党员累计不少于 12 天，其他党员累计不少于 6 天。对此，笔者认为，基层单位党政主要领导要积极支持党员集体教育活动，保障党员参加集体教育活动的时间，并按照上级党组织有关文件精神灵活掌握、合理安排学习和评议时间。特别是要结合各单位的中心工作，综合分析评议大学生党员，用中国特色社会主义理论体系引领当代青年，切忌走过场。

《中共中央关于加强和改进新形势下党的建设若干重大问题的决定》（2009 年）强调，全党要“坚持以执政能力建设和先进性建设为主线，保证党始终走在时代前列”，“建立党性定期分析制度，把党性分析作为民主生活会主要内容，把作风状况作为党性分析重点内容”。党的先进性关系到党的执政地位，每一个党员的素质关系着党的战斗力，每一个党员的言行影响着党的整体形象，我们党能不能保持先进性、有无吸引力、是否有凝聚力、能不能稳固执政地位，就看能否充分发挥党员的先锋模范作用。

总之，只要每一个共产党员都能充分发挥先锋模范作用，永葆先进性，中国共产党就能永远保持先进性。这就要求我们必须认真学习保持党员先进性长效机制文件，加强大学生党员经常性教育，经常开展大学生党员党性分析评议活动，使大学生党员在学校各个方面都能创先争优，不断提高大学生党员整体素质，切实发挥大学生党员的先锋模范作用，为他们将来走向工作岗位奠定坚实的基础，进一步加强党的执政能力建设和党的先进性建设，从而由党风带民风、促政风，提高中华民族的向心力、凝聚力和战斗力，提高我国的综合国力，实现全面建设小康社会的奋斗目标。

# 第九章 保持大学生党员先进性教育长效机制的理性思考（下）

## 一、在高等院校保持共产党员先进性教育的现实思考

2004年11月，中共中央颁发了《中共中央关于在全党开展以实践“三个代表”重要思想为主要内容的保持共产党员先进性教育活动的意见》。从2005年1月开始分三批在全党范围内开展保持共产党员先进性教育活动。但是，在高等院校开展保持共产党员先进性教育活动效果如何，以后又如何建立健全保持共产党员先进性教育的长效机制，至关重要。笔者认为，在高等院校开展保持共产党员先进性教育活动必须进行理性的思考。这主要包括以下三个方面。

### （一）领导要重视——保持共产党员先进性教育活动实现的重要前提

在高等院校开展保持共产党员先进性教育活动，要取得如期的效果，达到如期的目的，首先领导要重视，这是保持共产党员先进性教育活动的重要前提。我们强调领导要重视，主要体现在以下三个方面。

1. 要重视队伍建设

这里的队伍建设是指思想政治教育工作队伍建设。“思想政治教育工作队伍是加强和改进大学生思想政治教育的组织保证。大学生思想政治教育工作队伍

主体是学校党政干部和共青团干部，思想政治理论课和哲学社会科学课教师，辅导员和班主任。”[①]“在新的历史条件下，继续保持党的先进性，关系党执政能力的提高和执政地位的巩固，关系党和人民事业的兴旺发达和国家的长治久安。”[②] 要保持共产党员先进性，就必须加强思想政治工作队伍建设。也只有如此，才能提高我们党的战斗力和执行力，从而保持党的先进性，提高党的执政能力和巩固党的执政地位。

2. 要保证经费投入

高等院校党建和思想政治工作，要取得实效，必须保证一定的经费投入。这正如中央文件所强调的，“要加大大学生思想政治教育工作的经费投入，教育行政部门和学校要合理确定思想政治教育工作方面的经费投入科目，列入预算，确保各项工作顺利开展”[③]。在保持共产党员先进性教育活动中，要取得阶段性成果，并保持这项活动的长效机制，高等院校和各基层单位必须紧紧围绕学校的中心工作，给予充分的重视，保证一定的经费投入，使高等院校党建和思想政治工作在“实”中开展，而不是空洞地、被动地接受上级所发的有限材料，在“地位不高”的环境下开展。

3. 要关心干部成长

对高等院校党建和思想政治教育工作干部队伍，各级党组织必须要切实关心他们的成长，也就是说，要关心他们的生活、关心他们的地位、关心他们的待遇，从而免除他们的后顾之忧。对于政工干部，为了使他们的理想、目标得以实现，对之要适当地分流，打通专任教师与政工干部的界限，从政策上保证、保障他们适当兼课，给予应有的地位，以实现“党管干部”、“党管人才”，从而提高他们的业务素质。对此，除了党建和思想政治工作干部自身的努力外，学校领导、各基层单位的行政领导也要真正地重视党建和思想政治工作，因为党

①③《中共中央国务院关于进一步加强和改进大学生思想政治教育的意见》(2004 年 8 月 26 日)，人民日报，2004 年 10 月 15 日，第 1 版。

② 《中共中央关于在全党开展以实践“三个代表”重要思想为主要内容的保持共产党员先进性教育活动的意见》(2004 年 11 月 7 日)，人民日报，2005 年 1 月 10 日，第 1 版。

建和思想政治工作不是可有可无的，对于高等院校的稳定至关重要。各高等院校“要建立完善大学生思想政治教育专职队伍的激励和保障机制。完善思想政治教育队伍的专业职务系列，从思想政治教育专职队伍的实际出发，解决好他们的教师职务聘任问题，鼓励支持他们安心本职工作，成为思想政治教育方面的专家”①。要把大学生思想政治教育工作作为对高等院校办学质量和水平评估考核的重要指标，纳入高等院校党的建设和教育教学评估体系。同时，各级宣传和教育行政部门要组织专家学者积极开展科学研究，为加强和改进大学生思想政治教育提供理论支持和决策依据。

### （二）党员要落实——保持共产党员先进性教育活动落实的必要条件

在高等院校开展保持共产党员先进性教育活动，要取得如期的效果，达到如期的目的，党员是否坚决贯彻和执行是关键，这是保持共产党员先进性教育活动的必要条件。我们强调党员要落实，主要体现在以下三个方面。

#### 1. 党员自身要不断加强学习

开展先进性教育活动，要以邓小平理论和“三个代表”重要思想为指导，贯彻党的十六大以来的会议精神，特别是要以党的十七大报告精神为指导，结合我们党辉煌的历史，树立和落实科学发展观，按照立党为公、执政为民的要求，以学习实践“三个代表”重要思想为主要内容，为实现全面建设小康社会的宏伟目标提供坚强的政治保证和组织保证。这就要求广大党员除了自己的业务工作以外，必须不断地加强自身的政治学习和业务学习。众所周知，一个国家、一个民族要有向心力、凝聚力、战斗力，必须要有科学的理论为指导，必须要有科学的理论武装人们的头脑，否则人们的思想阵地就会被消极、腐朽、没落的思想占领，进而影响人们的观念和价值取向。因为马克思主义是放之四海而皆准的真理，也只有与客观实际相结合，才能显示其巨大的生命力；也只

① 《中共中央国务院关于进一步加强和改进大学生思想政治教育的意见》（2004年8月26日），人民日报，2004年10月15日，第1版。

有与中国的现实相结合，才能使中国逐步从胜利走向胜利。马克思曾被评为“千年最伟大的人物”①。种种非马克思主义和反马克思主义流派的涌现，从一个侧面说明马克思主义丰富的理论性、实践性，也给种种消极、非科学的思潮以有力的回击。实践证明，只有真正坚持马克思主义理论，坚持毛泽东思想，坚持中国特色社会主义理论体系，中国的社会主义现代化建设才能有明确的方向，在实践中也会少走弯路。

2. 要切实贯彻到实践中去

在高等院校开展保持共产党员先进性教育活动，要取得如期的效果，达到如期的目的，关键是广大党员要能切实将自己所学的理论贯彻到实践中去。作为教师党员，要理论联系实际，发展自我，教育学生，为培养高质量人才做出贡献；作为大学生党员，要结合自己特点，加强学习，影响周边，为成为社会主义现代化建设所需人才而努力。世界各国对马克思主义理论的研究依然日盛，社会主义文化依然有着巨大的生命力。在我国，在形式上也特别重视对大学生进行马克思主义理论的教育，但是，在实际工作中却千差万别。所以，当今重提对大学生进行马克思主义理论教育尤为重要。特别是当今结合保持共产党员先进性教育活动，加强对大学生党员进行马克思主义中国化最新理论成果的教育，具有重要的现实意义和深远的历史意义。

大学生是十分宝贵的人才资源，是民族的希望，是祖国的未来。加强和改进大学生思想政治教育，提高他们的思想政治素质，把他们培养成中国特色社会主义事业的建设者和接班人，具有重大而深远的战略意义。当今，对大学生进行思想政治教育，保持大学生党员先进性必须通过社会多方面的努力，这是高等院校长期而艰巨的任务。

3. 要坚决发扬光大

广大党员教师要真正发挥共产党员的先锋模范作用，必须不断地用马克思主义力量武装自己的头脑，还要不断地学习和宣传马克思主义中国化的最新理

① 邹东涛．2006－06－08．马克思被评为“千年伟人”感怀，人民日报，第11版．

论成果，不断地教育和影响大学生，造就更多、更加坚定的青年马克思主义者。当今，不仅要加强党员教师和其他教师的教育和管理，不断提高广大教师的综合素质，还要重视对大学生党员和其他大学生的培养。特别是要紧密结合保持共产党员先进性教育活动，加强对大学生党员先进性的教育，大力推进马克思主义中国化、时代化、大众化，造就更加坚定的青年马克思主义者，教育和影响整个青年一代，为构建社会主义和谐社会、实现小康社会的奋斗目标而培养更多、更优秀的人才。

### （三）监督要求——保持共产党员先进性教育活动效果的重要措施

在高等院校开展保持共产党员先进性教育活动，要取得如期的效果，达到如期的目的，必须给予必要的监督，并且监督要实事求是，这是保持共产党员先进性教育活动的重要措施。我们强调监督就要坚持求是的原则，这主要体现在以下三个方面。

1. 必须充分认识先进性教育活动的长期性、复杂性、艰巨性

保持共产党员先进性教育活动，不是一时的轰轰烈烈之后，就高高挂起了。这种做法是极其错误的。保持共产党员先进性教育活动是全党的一次马克思主义教育活动。这也是长期的教育活动，我们必须常抓不懈，贯穿于一切思想政治教育活动之中。加强共产党员经常性教育是高等院校理论教育工作者长期而艰巨的任务。

2. 必须坚决监督先进性教育活动的组织动员、贯彻落实、总结提高等阶段

进行保持共产党员先进性教育活动各阶段的组织学习、贯彻上级有关文件，必须保证质量，切不可走过场。这就要求，在进行保持共产党员先进性教育活动过程中，要保质保量、循序渐进、坚持经常，以取得理想的效果。特别是在全党范围的保持共产党员先进性教育活动结束后，更要加强对大学生党员的经常性教育。这是高等院校思想政治教育永恒的主题。

3. 必须切实指导先进性教育活动的全过程、各阶段、每一步

这至关重要，关系到每一细节。高等院校各级党组织必须认真履行党的若干文件，切实贯彻执行党的路线、方针和政策，为实现社会发展目标而不断努力，切实建立保持大学生党员先进性教育长效机制。在高等院校，要保持共产党员先进性教育的长效机制，必须切实加强党的领导，坚持社会主义办学方向，为社会主义现代化事业培养接班人。这就要求必须紧密围绕高等院校的中心工作而切实可行地开展，务求实效。

通过对上述问题的分析，对大学生进行思想政治教育，保持大学生党员的先进性，必须通过社会多方面的努力，紧密结合社会主义现代化建设的实际，对大学生灌输马克思主义理论，这是长期而艰巨的任务。全社会都要关心大学生的健康成长，支持大学生思想政治教育工作，努力营造大学生思想政治教育工作的良好社会环境。

## 二、加强马克思主义理论教育与保持大学生党员先进性教育的现实思考

### （一）对大学生党员进行先进性教育必须灌输马克思主义理论

1. 马克思主义理论是科学的世界观和方法论

回顾我们党辉煌的历史，众所周知，马克思主义理论是科学的世界观和方法论，指导中国人民不断进行革命又不断取得胜利。学习、掌握、传播和践行马克思主义中国化最新理论成果，是对大学生党员进行政治教育的主要内容。在当代中国，坚持中国特色社会主义理论体系，就是真正坚持马克思主义。“中国特色社会主义理论体系，就是包括邓小平理论、‘三个代表’重要思想以及科学发展观等重大战略思想在内的科学理论体系。这个理论体系，坚持和发展了马克思列宁主义、毛泽东思想，凝结了几代中国共产党人带领人民不懈探索实践的智慧和心血，是马克思主义中国化最新成果，是党最可宝贵的政治和精神

财富，是全国各族人民团结奋斗的共同思想基础。中国特色社会主义理论体系是不断发展的开放的理论体系。”① 一个国家、一个民族要有向心力、凝聚力、战斗力，必须要有科学的理论为指导，必须要有科学的理论武装人们的头脑，否则人们的思想阵地就会被消极、腐朽、没落的思想占领，进而影响人们的观念和价值取向。中国革命的胜利，就是因为有了马克思主义，武装和影响了一代进步青年毅然决然地走上了革命的道路，成立了伟大的中国共产党，使中国的面貌焕然一新；也正是在这些进步青年的组织和倡导下，贫苦大众不断地进行革命，才取得了一步又一步的胜利，建立了中华人民共和国。自 1949 年以来，正是在中国共产党的领导下，坚决贯彻和发展了马克思主义理论，中国革命和建设才取得了巨大的成就。我国改革开放以来所取得的伟大成就也是因为如此。这也是马克思主义中国化的必然基础。只有马克思主义中国化，才能更好地坚持马克思主义、发展马克思主义。实践证明，只有真正坚持马克思主义理论，中国的社会主义现代化建设才能有明确的方向，在实践中也会少走弯路。

2. 大学生党员是忠实践行马克思主义理论的接班人

大学生党员是青年马克思主义者，是忠实践行马克思主义理论的接班人，必须带头学习和掌握马克思主义理论。马克思主义理论是经过实践检验的科学的社会主义理论，是无产阶级政党成立、发展、壮大的重要的理论武器。各无产阶级政党必须坚持并发展马克思主义理论，使其更具生命力和战斗力。当今，要重视对大学生的培养，用马克思主义中国化最新理论成果武装大学生的头脑，特别是要紧密结合保持共产党员先进性教育活动所取得的伟大成果，加强对大学生党员先进性的教育，造就更加坚定的青年马克思主义者，教育和影响整个青年一代，为构建和谐社会、实现小康社会的奋斗目标而培养更多、更优秀的人才。

3. 大学生党员中所存在的问题必须通过马克思主义理论教育解决

对大学生党员中所存在的问题，必须通过马克思主义理论教育和以马克思

① 胡锦涛在中国共产党第十七次全国代表大会上的报告，《高举中国特色社会主义伟大旗帜　为夺取全面建设小康社会新胜利而奋斗》，2007 年 10 月 15 日。

主义理论为武器来疏导而解决。大学生党员的绝大多数是具有较高素质的，能与党中央保持一致，在学习和以后的工作中，对社会主义现代化建设也起到了一定的作用。但是，由于受到社会上不良风气的影响，在大学生党员中也存在许多问题。例如，有的大学生党员政治信念淡薄、个人主义思想严重、学习积极性不高、缺乏诚信、道德失范等。这就要求必须通过马克思主义理论、毛泽东思想及马克思主义中国化最新理论成果对大学生党员进行教育，并以马克思主义理论为武器来疏导而解决。

## （二）对大学生党员灌输马克思主义理论是时代的要求

### 1. 我国社会主义现代化建设需要各方面高素质人才

自党的十一届三中全会以来，特别是党的十六大以来，我国的社会主义建设事业得到了突飞猛进的发展，我国的经济实力得到了进一步的增强，我国社会主义现代化建设正处于关键时期，但是，为了真正实现全面建设小康社会的奋斗目标、构建和谐社会，我们还有很多的事要做，还有很长的路要走。这就需要加强对大学生进行马克思主义理论教育，培养各级各类的高素质人才，为社会主义现代化建设而努力工作。这正如党的十七大报告所指出的，“贯彻尊重劳动、尊重知识、尊重人才、尊重创造的方针，坚持党管人才原则，统筹抓好以高层次人才和高技能人才为重点的各类人才队伍建设”①。

### 2. 大学生党员是社会主义的建设者和接班人

人才资源是第一资源。进行社会主义现代化建设，需要我们长期努力。今天，世情、国情、党情深刻变化，利益、价值、观念日趋多元。发挥青年作用，重视青年工作，具有更加重要的战略意义。全党必须深刻认识到，赢得青年，必须用先进的理论引导青年、用光辉的事业凝聚青年、用良好的作风吸引青年。大学生是祖国的栋梁和民族的希望，是社会主义的建设者和接班人。大学生党

① 胡锦涛在中国共产党第十七次全国代表大会上的报告，《高举中国特色社会主义伟大旗帜 为夺取全面建设小康社会新胜利而奋斗》，2007 年 10 月 15 日。

员更是栋梁中的精英、希望中的未来。同时，大学生党员的最终素质，体现着高等教育人才培养的质量，也影响着高等院校的学习风气，影响着社会环境的变化。在高等院校加强对大学生党员进行先进性教育尤为重要。

3. 社会主义市场经济的负面作用对大学生党员有着重要的影响

在市场经济大潮中，我国经济发展迅猛，取得了举世瞩目的巨大成就，但不可否认的是，人们在精神、文化方面确实也受到了许多实用主义思潮的影响。当今高等院校也受着许多实用主义、功利主义的影响。实际上，办大学是要讲究精神因素的，不完全是钱的问题。在大学精神诸因素中，爱国主义、国家利益当然是主线。办大学不能仅仅为了学术而搞学术研究，应该注重教学水平，培养高素质、全面发展的人才。时下经常是国学受冷落，洋文受青睐。例如，对于出国进修学习，美其名曰“镀金”、“深造”，甚至孩童时，有些家长即崇尚将孩子送出国门，似乎国外是“人才的摇篮”、“成长的天堂”，而忽视了对青少年加强爱国主义教育、集体主义教育和社会主义教育，对他们来说何谈爱国、奉献？当然，这并不是说所有出国的人都不爱国、不乐于奉献，而是说有许多人因此缺少了爱国、奉献的基础，更容易被西方腐朽的资产阶级思想、文化感染。

另外，大学生对专业的选择，社会对大学生的培养，也存在许多问题。在大学生当中确实存在“追求唯利是图，只为赚钱而学习”的倾向；“60 分万岁”的现象还时常存在。一些单位畸形的选人、用人标准，也对大学生的思想、观念及就业去向产生重大的影响，如身高、长相、出身、学历、学位、地域、职称、性别等都成为选人、用人的重要标准，而不是唯才是举，以德才兼备为标准。在实践中，“老子”、“票子”等对大学生就业影响极大，令人担忧。这也败坏了社会风气，影响社会公平正义。

4. 社会、学校、家庭教育的乏力，制约着大学生党员综合素质的提高

从总体上看，我国的各级各类教育取得了巨大的发展，为我国的经济发展提供了强有力的智力支持。但是，不容否认的是，我国的教育还存在许多问题，这些年我们最大的失误还是教育。目前，我国的高考制度、研究生招生

制度，依然主要由“分数”来衡量。有些家长、教师更关注学生的学习成绩，而忽视对学生的思想政治教育，忽视对学生的教育和引导；有的学校也忽视马克思主义理论课与思想政治教育课教师的配备和选用，甚至忽视学生的思想政治工作；社会也缺乏实际而真正重视学生思想政治工作的氛围。另外，当今青少年痴迷上网的现象比较严重，而且网恋、杀人、不讲诚信、不懂礼貌、性格极端等现象也比比皆是。可见，由于社会（更主要的是指政府的政策、导向，公众的舆论氛围）、学校、家庭教育的乏力，这些问题的出现就似乎是顺理成章的了。但这些现象绝对不容继续下去了。在网络背景下，引导大学生确立正确的世界观、人生观和价值观，使他们生活得更有意义，真正实现人生的价值，至关重要。

### （三）对大学生党员进行先进性教育的现实思考

自 2005 年 1 月开始的为期一年半的全党范围开展的以实践“三个代表”重要思想为主要内容的保持共产党员先进性教育活动已经结束，达到了如期的目的，取得了突出的成绩。这正如党的十七大报告所总结的那样，“保持共产党员先进性教育活动取得重大成果”①。“在新的历史条件下，继续保持党的先进性，关系党执政能力的提高和执政地位的巩固，关系党和人民事业的兴旺发达和国家的长治久安。”② 开展先进性教育活动，要以邓小平理论和“三个代表”重要思想为指导，树立和落实科学发展观，按照立党为公、执政为民的要求，以学习实践“三个代表”重要思想为主要内容，为实现全面建设小康社会的宏伟目标提供坚强的政治保证和组织保证。

大学生是十分宝贵的人才资源，是民族的希望，是祖国的未来。加强和改进大学生思想政治教育，提高他们的思想政治素质，把他们培养成中国特色社会主

① 胡锦涛在中国共产党第十七次全国代表大会上的报告，《高举中国特色社会主义伟大旗帜　为夺取全面建设小康社会新胜利而奋斗》，2007 年 10 月 15 日。

② 中共中央颁布《中共中央关于在全党开展以实践“三个代表”重要思想为主要内容的保持共产党员先进性教育活动的意见》（2004 年 11 月 7 日），人民日报，2005 年 1 月 10 日，第 1 版。

义事业的建设者和接班人，对于全面实施科教兴国和人才强国战略，确保我国在激烈的国际竞争中始终立于不败之地，确保实现全面建设小康社会、加快推进社会主义现代化的宏伟目标，确保中国特色社会主义事业兴旺发达、后继有人，具有重大而深远的战略意义。在当今条件下，对大学生进行思想政治教育，保持大学生党员先进性必须通过社会多方面的努力，这是长期而艰巨的任务。

要保持大学生党员的先进性，我们必须进行现实而理性的思考，具体包括以下四个方面。

1. 保持大学生党员先进性必须灌输马克思主义理论

对大学生进行思想政治教育，靠空洞的、传统的说教是不行的，靠大学生的自觉行动也是行不通的。马克思主义理论是科学的世界观和方法论，是无产阶级及其政党的理论武器，是科学的，是理论与实践相结合的产物，是被实践检验了的真理。用马克思主义理论武装大学生的头脑，对于培养社会主义事业接班人有着积极的现实意义。

2. 保持大学生党员先进性必须坚持马克思主义中国化

只有马克思主义中国化，才能更好地坚持马克思主义、发展马克思主义。由于社会的发展和时代的变迁，马克思主义中国化的最新理论成果对人们的影响特别重要。在中国，不仅要学习和掌握马列主义、毛泽东思想，还要学习中国特色社会主义理论，即包括邓小平理论、“三个代表”重要思想以及科学发展观等重大战略思想在内的科学体系。“在当代中国，坚持中国特色社会主义理论体系，就是真正坚持马克思主义。”① 当今，要认真学习和坚决贯彻“三个代表”重要思想，坚持科学发展观，大力推进马克思主义中国化、时代化、大众化，并将科学的理论贯穿于社会主义现代化建设的实际。

3. 保持大学生党员先进性必须坚持改革开放

坚持改革开放，符合马克思主义基本原理，也适应社会主义现代化建设的

---

① 胡锦涛在中国共产党第十七次全国代表大会上的报告，《高举中国特色社会主义伟大旗帜　为夺取全面建设小康社会新胜利而奋斗》，2007年10月15日。

实际。在坚持改革开放的同时，一定要兼顾经济、政治、文化等方面同步、协调发展，不可偏废。在坚持改革以往的经济体制的同时，一定要改革人们的传统的腐朽观念，如封建意识、小农意识、权力意识，要使人们树立科学的世界观、人生观、价值观，树立共产主义远大理想。特别是当今的大学生党员，他们是青年群体中的精英和骨干力量，更应成为弘扬社会主义先进文化的先锋和主导，所以大学生党员必须真正起到先锋模范作用，成为社会主义先进文化的倡导者和实践者。各级政府及其教育主管部门，要切实履行“立党为公，执政为民”，不断调整利益分配关系，逐步消除两极分化，实现共同富裕，从而进一步调整、统一人们的思想、观念，倡导积极的人生，造就更多、更坚定的青年马克思主义者，保持大学生党员的先进性，使我们党始终充满着生机和活力。这正如党的十七大报告所指出的，改革开放是党在新的时代条件下带领人民进行的新的伟大革命，目的之一“就是要在引领当代中国发展进步中加强和改进党的建设，保持和发展党的先进性，确保党始终走在时代前列”①。

4. 保持大学生党员先进性必须强调多方努力

有了先进的理论，制定了若干规章制度，关键是政府及其教育主管部门、各类学校要切实履行、坚决贯彻。如果制定了若干文件而不能很好地落实，这可以说是另外一种“形象工程”，只能是自欺欺人、坑害教育，贻害无穷。各高等院校领导和各基层单位的领导要高度重视，特别是党政一把手必须对此给予充分的关注和指导。除了广大教师必须教会大学生学习、生存、发展的能力外，大学生家长也必须给予密切的配合，教育和引导大学生；大学生在自我成长、不断发展的同时，必须自尊自爱、立志成才、志存高远，更好地为他人服务，为社会主义现代化建设服务。这样才能形成社会、学校、家庭三位一体的新型教育模式。

对大学生进行思想政治教育，保持大学生党员的先进性，必须通过社会多

① 胡锦涛在中国共产党第十七次全国代表大会上的报告，《高举中国特色社会主义伟大旗帜 为夺取全面建设小康社会新胜利而奋斗》，2007年10月15日。

方面的努力，紧密结合社会主义现代化建设的实际，对大学生灌输马克思主义理论，这是长期而艰巨的任务。

## 三、保持大学生党员先进性教育长效机制的思考

在世情、国情、党情发生深刻变化的新形势下，对全体党员，包括大学生党员进行先进性教育永远不会结束，加强和改进大学生的思想道德建设依然是广大的思想政治工作者必须承担的任务。大学生党员必须始终保持共产党员的先进性，这是历史赋予的责任和时代对大学生的要求。

### （一）保持大学生党员先进性教育长效机制的基本内容

保持大学生党员先进性教育的长效机制，对于加强和改进大学生思想政治教育，不断提高大学生的培养质量，培养社会主义事业接班人具有极其重要的意义。关于保持大学生党员先进性教育的长效机制，第八章已有所论及。保持大学生党员先进性教育的长效机制，从不同角度，可以有不同的表达方式。但就其内容而言，笔者认为无外乎有以下四个方面。

1. 学习教育机制

学生的天职就是学习。大学生的主要任务就是学习，就要接受教育。这不仅包括学习专业知识和其他各类知识，更包括党的基础知识和马克思主义理论、毛泽东思想和中国特色社会主义理论体系。对于大学生党员来说，必须不断地加强自己的理论素养，不断地学习党的路线、方针和政策，自觉地学习马克思主义理论、毛泽东思想和中国特色社会主义理论体系，加强自我教育。这就是人们常说的要“活到老，学到老”、“生命不息，运动不止”。这一点最为重要，因为大学生入党，首先必须从思想上入党，做坚定的马克思主义理论的促进派和传播者，然后才能真正地从行动上入党。这关系到党的前途和命运，关系到党的事业兴衰成败，关系到为谁培养人和培养什么人的问题。而学习是人生必须始终坚持的活动。

2. 管理培训机制

对大学生党员进行先进性教育，除了加强自我学习、自我教育以外，各级党组织必须加强对大学生党员进行科学化管理和经常性培训。因为总是靠大学生党员自我学习、自我教育是不行的，必须对他们进行管理和培训，加强大学生党员世界观、人生观和价值观的培养和改造，对他们进行理想信念教育，使他们成为坚定的马克思主义者，从而为社会主义现代化建设培养合格的接班人。列宁在《怎么办?》一书中明确指出，“工人本来也不可能有社会民主主义的意识。这种意识只能从外面灌输进去，各国的历史都证明：工人单靠自己本身的力量，只能形成工联主义的意识”[①]。工人群众自己绝不能在他们的运动进程中创造出独立的思想体系，这是因为他们受当时所处的经济地位、生活条件、文化条件等的限制。对大学生党员的教育和培养也是如此。今天，虽然国际国内的条件发生了巨大的变化，但是，非但社会主义思想必须灌输的理论、原则没有过时，而且对灌输的要求更高了。因此我们只有不断改进对大学生党员灌输社会主义思想的方法，创新教育模式，才能真正弘扬主旋律，在社会主义现代化建设中充分发挥党的领导作用和党员队伍中自觉成分的作用，开创思想政治教育工作的新局面。

3. 制度约束机制

制度是重要的。要想真正发挥大学生党员的先锋模范作用，保持大学生党员的先进性，必须从制度上给予保障，从行为上予以约束，从而使保持大学生党员先进性教育活动能经常性地进行下去，不断地提高教育水平，不断地提高大学生党员的综合素质，进而提高大学生一代的整体质量。近年来，中共中央、国务院及地方教育主管部门也颁发了许多关于大学生或大学生党员行为规范的文件，对加强和改进大学生思想政治教育、保持大学生党员的先进性教育提出了具体的意见，这对培养社会主义事业接班人具有极其重要的意义。同时，各

① 中共中央马克思恩格斯列宁斯大林著作编译局．1995．列宁选集．第1卷，北京：人民出版社：317.

级党组织还应结合各单位的实际，着眼于大学生党员的理想信念教育、大学生成才教育、大学生就业与创业教育，制定有关文件或规定、标准，不断地督促大学生党员自觉地学习，并加以切实贯彻，从而使大学生党员的理想信念不动摇、大学生党员的综合素质不下降，进而加强大学生党员在社会上的影响力和战斗力。

4. 检查评估机制

对大学生党员加强教育、管理培训、制度约束还不够，必须加强对大学生党员的检查评估机制。要建立保持大学生党员先进性教育的长效机制，必须从制度上确保党组织活动和党员参加活动的可追溯性。党的工作是一种责任，所以需要不断检查；党的工作是一项事业，所以需要不断提高。检查评估机制的建立有助于将大学生党员先进性教育工作落到实处，有利于调动广大大学生党员的积极性。为此，在先进性教育活动中，要求大学生党员在规定篇目学习和开展谈心活动中作好记录，以备检查；在先进性教育活动后，要求大学生党员一如既往，充分发挥学生党支部的作用，不断加强教育和管理，对所开展的活动要经常检查。要求广大学生党员在学习党的各种理论的同时要认真作好读书笔记，并且要撰写心得体会。另外，各党支部要根据各项工作的记录，包括平时所要求提交的各种书面材料、组织生活的出勤情况等，在广泛征求群众意见的基础上坚持定期对所有党员进行评估，表现好的党员要表扬，表现一般的党员要教育其进一步提高，对表现差的党员要督促其改进。

关于上述四个方面的内容，还可以参看第八章第三个问题：保持大学生党员先进性教育长效机制的主要内容。

## （二）对保持大学生党员先进性教育长效机制的理性思考

1. 加强大学生党员的先进性教育是无限期的

在全党范围内开展的保持共产党员先进性教育活动虽然已经结束，是有限期的，但是加强党的先进性和党员的先进性教育则是无限期的。因为从无产阶级政党成立那天起，它就为了广大人民的根本利益而奋斗，为了人类的解放、最终实现共产主义，始终保持着政党的先进性，始终代表着社会生产力的发展要求。只是在不同的历史时期，对党员的先进性要求会有所不同而已。我们党也只有在永无止境的创新和追求中才能真正体现党的先进性。党的先进性是我们党员需要毕生努力的方向，全党范围的保持共产党员先进性教育活动正是为了达到这种要求而采取的集中教育形式。那种认为全党范围的保持共产党员先进性教育活动已经结束，没有必要再讲先进性的观点是极其错误的。

面临许多前所未有的新情况、新问题、新挑战，作为世界上最大的政党，执政考验、改革开放考验、市场经济考验、外部环境考验是长期的、复杂的、严峻的。我们党也只有时刻坚持“三个代表”重要思想，坚持科学发展观，大力推进马克思主义中国化、时代化、大众化，才能始终保持党的先进性、代表社会历史发展的方向，并且一直持续下去。可见，加强大学生党员的先进性教育是无限期的，不是单纯的阶段性活动。

2. 加强大学生党员先进性教育必须是经常性的

对大学生党员要加强党员先进性教育，使他们严格要求自己，提高党性修养，充分发挥他们在大学生思想政治教育中的骨干带头作用和先锋模范作用。大家知道，在全党范围内开展的保持共产党员先进性教育活动，在很大层面上是针对在职广大党员、干部的，并且其必须紧密结合各自工作和生活的实际，查找问题，及时整改，以保持共产党员的先进性和党的先进性。但是，对大学生党员的教育绝不容忽视。这正如党的文件所强调指出的，“大学生是十分宝贵的人才资源，是民族的希望，是祖国的未来”①。加强大学生党员的先进性教育，是经常性的教育，是常见常新的话题。这就要求，各级党组织必须高度重视对大学生党员进行先进性教育，并且要求加强大学生党员先进性教育必须是经常性的，保持对大学生党员教育和管理的长效机制，积极倡导正气，净化校园，引领大学校园的新风尚，积极构建现代大学制度，从而影响大学

① 《中共中央国务院关于进一步加强和改进大学生思想政治教育的意见》（2004 年 8 月 26 日），人民日报，2004 年 10 月 15 日，第 1 版。

生整体的精神风貌。这样，才能为社会主义现代化建设事业培养更多优秀的接班人。

3. 加强大学生党员先进性教育是培养社会主义事业接班人的需要

大学生是青年群体的精英，是青年群体的积极部分；大学生党员更是精英中的精华部分。他们的所言所行、日常规范，是整个社会风气的折射，也反映了我国素质教育开展的情况，反映了高等院校的人才培养质量。要做事，必须先做人。做人，就要做好人，做思想品德高尚的人。这正如毛泽东曾在《纪念白求恩》中所指出的："我们大家要学习他毫无自私自利之心的精神。从这点出发，就可以变为大有益于人民的人。一个人能力有大小，但只要有这点精神，就是一个高尚的人，一个纯粹的人，一个有道德的人，一个脱离了低级趣味的人，一个有益于人民的人。"① 这就要求在新形势下，必须加强大学生思想道德建设，注重大学生创新思维和就业能力的培养，把他们培养成为"一个有益于人民的人"。《中国共产党章程》明确规定："党按照德才兼备的原则选拔干部，坚持任人唯贤，反对任人唯亲，努力实现干部队伍的革命化、年轻化、知识化、专业化。"② "加强和改进大学生思想政治教育，提高他们的思想政治素质，把他们培养成中国特色社会主义事业的建设者和接班人，对于全面实施科教兴国和人才强国战略，确保我国在激烈的国际竞争中始终立于不败之地，确保实现全面建设小康社会、加快推进社会主义现代化的宏伟目标，确保中国特色社会主义事业兴旺发达、后继有人，具有重大而深远的战略意义。"③ 因此，加强大学生党员先进性教育是培养社会主义事业接班人的需要。

4. 增加对大学生思想政治教育工作的投入与稳定政工干部队伍

这支干部队伍不仅包括学校党政干部和共青团干部，还包括思想政治理论课和哲学社会科学课专任教师队伍，包括广大的辅导员和班主任。思想政治教育工

① 毛泽东．1991．毛泽东选集．第1卷．北京：人民出版社：660.

② 《中国共产党章程》，中国共产党第十七次全国代表大会部分修改，2007年10月21日。

③ 《中共中央国务院关于进一步加强和改进大学生思想政治教育的意见》（2004年8月26日），人民日报，2004年10月15日，第1版。

作队伍是加强和改进大学生思想政治教育的组织保证。高等院校教育工作者的综合素质，直接关系到人才培养的质量。目前，在高等院校教育工作者中普遍存在这样一些问题，一方面，高等院校教育工作者主观上很努力、客观上有压力，工作上有热心、对将来的前途担心，年轻的难以引导学生，年老的不愿指导学生；另一方面，高等院校教育工作者又面临着专业知识结构要适应学生和自我的发展、知识储备的更新要与社会协调的发展的问题。这样，广大教育工作者既要积极投入工作，又要考虑将来分流或专业方向问题，致使个别思想政治教育工作者不安心工作。这对高等院校党建和思想政治工作是极为不利的。这就要求各级政府、各高等院校要严格执行中央有关文件精神，切实保证和提高思想政治工作者的待遇，从而稳定思想政治工作干部队伍。我们认为，在高等院校，应努力建设一支老中青三结合的专业的思想政治工作干部队伍，通过政策和实践上的重视，使更多的人愿意投身于大学生思想政治教育事业之中，而不是形式上的重视或一纸空文而已。

5. 强化高等院校教师的育人功能，强调马克思主义理论课与思想政治教育课的主渠道作用

“高等学校思想政治理论课是大学生思想政治教育的主渠道。”“要按照充分体现当代马克思主义中国化最新理论成果的要求，全面加强思想政治理论课的学科建设、课程建设、教材建设和教师队伍建设，进一步推动邓小平理论和‘三个代表’重要思想进教材、进课堂、进大学生头脑工作。”① 当然，高等院校各门课程都具有育人功能，不论是思想政治理论课教师还是专业课教师都负有育人职责。那种认为高等院校教师只管教书而不必管育人的论调是极其荒谬的。列宁认为，社会主义意识不可能自发产生，只有通过各种形式的灌输，才能为人民群众所接受和掌握。在高等院校，各级领导要高度重视大学生思想政治教育工作，必须强化这种意识，形成风气，才能释放高等院校的理论优势和育人

① 《中共中央国务院关于进一步加强和改进大学生思想政治教育的意见》（2004 年 8 月 26 日），人民日报，2004 年 10 月 15 日，第 1 版。

功能。

总之，广大的思想政治工作者必须始终重视大学生党员先进性教育，时刻加强对大学生的思想道德建设。当前，我们的政府和学校必须完善保持大学生党员先进性教育的长效机制，绝不可放松，从而不断地净化社会，为构建社会主义和谐社会而不断培养更多、更优秀的人才，努力为社会主义现代化建设服务。

### （三）党的建设必须把党的执政能力建设和先进性建设作为主线

党的十七大报告指出，必须把党的执政能力建设和先进性建设作为主线，全面推进党的建设新的伟大工程。[①] 这是新形势下党的建设的总体要求和根本思路，为进一步加强和改进党的建设指明了努力方向，提出了检验标准。

党的执政能力建设是党执政后的一项根本建设。我们党作为马克思主义政党，始终高度重视执政能力建设问题。毛泽东同志在新中国成立前夕，就强调要做到“两个务必”，警惕资产阶级“糖衣炮弹”的袭击，提高做经济工作的本领，学会自己不懂的东西。[②] 邓小平同志针对改革开放的新形势，明确提出了“执政党应该是一个什么样的党，执政党的党员应该怎样才合格，党怎样才叫善于领导”[③] 的问题。江泽民同志创立了“三个代表”重要思想，强调要按照“三个代表”要求，全面深入地加强和改进党的建设，使我们党在世界形势深刻变化的历史进程中始终走在时代前列，在应对国内外各种风险考验的历史进程中始终成为全国人民的主心骨，在建设中国特色社会主义的历史进程中始终成为坚强的领导核心。[④] 胡锦涛同志强调，我们党是执政党，党的各方面建设，最终

① 胡锦涛在中国共产党第十七次全国代表大会上的报告，《高举中国特色社会主义伟大旗帜 为夺取全面建设小康社会新胜利而奋斗》，2007 年 10 月 15 日。

② 毛泽东 . 1949 - 03 - 05. 在中国共产党第七届中央委员会第二次全体会议上的报告//毛泽东 . 1986. 毛泽东著作选读 . 北京：人民出版社：667.

③ 邓小平 . 1994. 邓小平文选 . 北京：人民出版社：276.

④ 江泽民 . 2001 - 07 - 01. 在庆祝中国共产党成立八十周年大会上的讲话//中央保持共产党员先进性教育活动领导小组办公室 . 2005. 保持共产党员先进性教育读本 . 北京：党建读物出版社：172.

都要体现到巩固党的执政地位、提高党的执政能力上来。[①] 党的十六大明确把加强党的执政能力建设、提高党的执政能力和执政水平作为新时期党的建设的重要任务。党的十六届四中全会通过的《中共中央关于加强党的执政能力建设的决定》，全面部署了加强党的执政能力建设的各方面工作。可以说，党执政后的全部实践活动，都是围绕着执政展开的，都是围绕着提高执政水平、完成执政使命来进行的。执政能力建设是党自身建设的一个重要组成部分，贯穿于党的建设的各个方面。回顾我们党 90 年发展历程，在世情、国情、党情发生深刻变化的新形势下，提高党的领导水平和执政水平，提高拒腐防变和抵御风险能力，加强党的执政能力建设和先进性建设，面临许多前所未有的新情况、新问题、新挑战，精神懈怠的危险、能力不足的危险、脱离群众的危险、消极腐败的危险，更加尖锐地摆在全党面前，落实党要管党、从严治党的任务比以往任何时候都更为繁重、更为紧迫。[②]

党的先进性建设是加强和改进党的建设的根本任务和永恒课题。先进性是马克思主义政党的本质属性，是马克思主义政党的生命所系、力量所在，要靠千千万万高素质的党员来体现。胡锦涛同志指出："任何政党的兴衰存亡，归根结底取决于它在推动历史前进中的作用，取决于人民群众对这种作用的认可程度。"[③] 党的先进性是党存在和发展的根本依据，是党赢得人民信赖和拥护的根本条件。我们党之所以能够执政并且执好政，根本原因就在于党能够始终代表中国先进生产力的发展要求，代表中国先进文化的前进方向，代表中国最广大人民的根本利益，始终站在引领中国社会发展进步的前列，因而对广大人民群众具有极大的感召力、凝聚力。可以说，党的建设的一切活动，归根到底都是为了保持党的先进性；党的执政地位的巩固，归根到底要靠自身理论、路线、纲领、政策和实践的先进性；抓住了先进性建设，就抓

① 赵子平 . 2003 - 12 - 23. 执政能力建设与党的建设 . 人民日报，第 9 版 .

② 胡锦涛在庆祝中国共产党成立 90 周年大会上的讲话，新华网，2011 年 7 月 1 日。

③ 胡锦涛在新时期保持共产党员先进性专题报告会上的讲话（2005 年 1 月 14 日），人民网。

住了党的建设的根本，抓住了加强党的执政能力建设、巩固党的执政地位的关键。

党的先进性是历史的、具体的，既是一以贯之的，又是与时俱进的，是随着形势和任务的变化而不断丰富和发展的。理论上的成熟是政治坚定的基础，理论上的与时俱进是行动上锐意进取的前提，思想上的统一是全党步调一致的重要保证。我们党的三代中央领导集体都高度重视党的先进性建设，并在理论与实践的结合上进行了长期探索，形成了一系列重要思想。以胡锦涛同志为总书记的党中央明确提出加强党的先进性建设的重大战略思想，在全党开展保持共产党员先进性教育活动，这正是基于对不断解决好这个重大课题的战略思考，标志着我们党对共产党执政规律和自身建设规律的认识达到了新的高度。在这样的历史条件下，强调大学生党员先进性教育，加强大学生党员先进性教育的经常性，建立保持大学生党员先进性教育长效机制具有重要的现实意义。

党的执政能力建设和先进性建设紧密联系、相互促进，内在地统一于党的建设新的伟大工程和中国特色社会主义伟大事业之中。先进性建设是执政能力建设的基础和前提，离开了党的先进性，党的执政基础不可能巩固，执政能力不可能提高。开展党的先进性建设，就是要通过全面推进思想建设、组织建设、作风建设、制度建设和反腐倡廉建设，充分发挥党的领导作用，充分发挥基层党组织的战斗堡垒作用，充分发挥广大党员的先锋模范作用，使党的理论和路线方针政策顺应时代发展的潮流和我国社会发展进步的要求，反映全国各族人民的利益和愿望，使我们党保持与时俱进的品质，始终走在时代前列，不断提高执政能力、巩固执政地位、完成执政使命。执政能力建设是先进性建设的现实要求和具体体现。党的执政能力是执政条件下党的先进性的现实体现。一个执政党，如果不能通过提高执政能力完成执政使命，就不可能促进社会的发展与进步，也就谈不上保持和发展先进性。

因此，我们必须按照党的十七大报告的要求和胡锦涛同志在庆祝中国共产党成立 90 周年大会上的讲话精神，在新的发展阶段，坚持把党的执政能力建设和先进性建设作为主线，全面推进党的思想建设、组织建设、作风建设、制度建设和反腐倡廉建设。在高等院校，要不断深化人事制度改革，紧紧围绕人才培养质量这个核心，切实提高教育教学质量，坚持把党的执政能力建设和先进性建设作为主线，为社会主义现代化建设培养更多、更优秀的人才。只有这样，才能把党的建设的各个方面和各个环节有机贯通起来，进一步提高党的领导水平和执政能力，进一步提高拒腐防变和抵御风险的能力，保证我们党始终充满创造力、凝聚力、战斗力，始终成为中国特色社会主义伟大事业的坚强领导核心，团结带领人民夺取全面建设小康社会新胜利，开创中国特色社会主义事业新局面。

### （四）以改革创新精神全面推进党的建设新的伟大工程

改革创新是当今时代精神的核心，也是增强党的创造力、凝聚力、战斗力的必由之路。中国特色社会主义事业是改革创新的事业。党领导的中国特色社会主义伟大事业，要靠党的建设新的伟大工程来保证。我们党作为领导中国特色社会主义伟大事业的马克思主义政党，要始终保持蓬勃生机和旺盛活力，始终成为中国特色社会主义事业的坚强领导核心，始终站在时代前列，团结带领人民不断开创事业发展新局面，党的建设必须与时俱进，党的工作必须改革创新。这是新的形势下坚持和改善党的领导、加强党的执政能力建设和先进性建设的关键所在。

首先，以改革创新精神全面推进党的建设新的伟大工程，是顺利完成党肩负的执政使命的现实需要。党的十七大报告中关于党的建设部分最突出的特点，就是强调“以改革创新精神全面推进党的建设新的伟大工程”，并且提出了体现改革创新精神的总要求和一系列创新举措。胡锦涛同志在庆祝中国共产党成立90周年大会上的讲话中指出，我们必须从新的实际出发，坚持以科学理论指导党的建设，以改革创新精神研究和解决党的建设面临的重大理论和实际问题，着眼于全面建设小康社会、加快推进社会主义现代化，全面认识和自觉运用马克思主义执政党建设规律，全面推进党的建设新的伟大工程，不断提高党的建设科学化水平。[①] 这充分体现了我们党准确把握时代潮流和世界大势、与时俱进的远见卓识。

其次，以改革创新精神全面推进党的建设新的伟大工程，是党正确应对新课题、新考验的现实需要。改革创新是马克思主义政党的鲜明特征。我们党在革命、建设、改革各个时期的奋斗历史，实质上就是一部适应党的历史方位和目标任务的发展变化，不断创新党的理论、丰富党的实践、完善党的制度的历史。我们党已经成立90年，执政62年，这使我们党积累了治国理政和加强自身建设的宝贵经验，但也容易使一些党员、干部产生惰性和脱离群众的倾向。党领导的改革开放既给党注入了巨大活力，也使党面临着许多前所未有的新课题、新考验。我们党已经拥有8000多万名党员，新党员数量大量增加，新老干部队伍交替不断进行，一大批年轻干部走上领导岗位，这不断给党增添了新鲜血液，也使党的自身建设任务比过去任何时候都更为繁重。要适应新变化、经受新考验、解决新课题，就必须在党的建设中大力倡导改革创新精神，不断进行党的建设制度、机制和工作方式等方面的创新。

最后，以改革创新精神全面推进党的建设新的伟大工程，是解决党的建设自身存在问题的现实需要。党的十六大以来，我们把党的建设新的伟大工程同党领导的伟大事业结合起来，以改革创新的思路谋划和推进党的建设，以求真务实的作风抓好党的建设各项工作的落实，党的执政能力建设和先进性建设进一步加强，党的理论创新和实践创新的能力和水平进一步提高，党同人民群众的关系进一步密切，党组织的创造力、凝聚力、战斗力进一步增强，为改革开放和现代化建设提供了坚强的政治和组织保证。我们党的建设在取得巨大成绩的同时，也还存在一些问题和不足。例如，党的执政能力同新形势、新任务不完全适应；一些基层党组织软弱涣散；少数党员干部作风不正，形式主义、官僚主义问题比较突出，奢侈浪费、消极腐败现象仍然比较严重等。要从根本上解决这些问题，就必须把改革创新精神贯彻到党的建设新的伟大工程之中，以

① 胡锦涛在庆祝中国共产党成立90周年大会上的讲话，新华网，2011年7月1日。

改革的思路寻求解决问题的新途径、新举措，以创新的精神健全和完善各项制度和办法。

当今世界正在发生广泛而深刻的变化，当代中国正在发生广泛而深刻的变革。世情、国情、党情的发展变化，决定了以改革创新精神加强党的建设既十分重要又十分紧迫。我们必须全面贯彻党的十七大以来的文件精神，把党的执政能力建设和先进性建设作为主线，使党始终成为立党为公、执政为民，求真务实、改革创新，艰苦奋斗、清正廉洁，富有活力、团结和谐的马克思主义执政党，始终成为领导中国特色社会主义事业的坚强领导核心。以改革创新精神加强党的建设，为新世纪新阶段全面推进党的建设新的伟大工程提供了指导原则和行动纲领。特别是在高等院校，加强和改进大学生思想政治工作，保持大学生党员先进性教育活动的经常性、时效性，进一步巩固保持共产党员先进性教育活动成果，是十分艰巨的任务。

### （五）保持共产党员先进性的根本体现是党风根本好转

党风根本好转是永葆党的先进性的不竭动力。早在20世纪80年代，陈云同志就强调指出，党风问题关系到党的生死存亡。[①]《关于建国以来党的若干历史问题的决议》（1981年）中指出："执政党的党风问题是关系到党的生死存亡的问题。"把无产阶级执政党的党风问题提到和党的命运生死攸关的高度，具有深刻的理论意义和迫切的现实意义，当下更值得我们重视和深思。保持共产党员先进性的根本体现就是切实树立党的形象，实现党风根本好转。

作为拥有8000余万名党员的大党，我们的党员队伍总体上是好的，但在当前复杂的国际环境中，在各种思潮的冲击下，也还存在着许多不适应社会主义现代化建设发展的方面。例如，有的党员理想信念动摇，党性观念淡薄，干工作怕吃苦，对好处斤斤计较；有的党员对错误观念、歪风邪气不敢抵制和斗争，干工作怕得罪人，对错误不敢纠正，不能弘扬正气；有的党员是非观念不强，

① 中共中央文献研究室．1982．三中全会以来重要文献选编．上．北京：人民出版社：532.

感情用事，凭个人好恶、得失来看待和处理问题；有的党员文化水平低、观念落后、无科学精神和科学知识、无一技之长；有的党员价值观念畸变，以钱的多少、官的大小来衡量人的价值，把党的全心全意为人民服务的宗旨、无私奉献甘为人梯的精神统统弃之脑后，甚至把党和人民给的权利用于谋取私利，中饱私囊等。

党风问题关系到党的生死存亡。90 年来党的发展历程告诉我们，在新的历史条件下提高党的建设科学化水平，必须坚持标本兼治、综合治理、惩防并举，注重预防的方针，深入开展党风廉政建设和反腐败斗争，始终保持马克思主义政党的先进性和纯洁性。胡锦涛同志指出，“全党必须警钟长鸣，充分认识反腐败斗争的长期性、复杂性、艰巨性，把反腐倡廉建设摆在更加突出的位置，以更加坚定的信心、更加坚决的态度、更加有力的举措推进惩治和预防腐败体系建设，坚定不移把反腐败斗争进行到底”①。

造成有的党员不能发挥先锋模范作用，影响党的先进性的原因是多方面的，如教育机制不健全、管理机制落后、党员主体机制缺失、监督机制不够等。要充分发挥党员的先锋模范作用，保持党的先进性，主要还应从健全科学机制、坚决惩治腐败上下工夫。作为世界上最大的政党，我们党也经历着改革开放和执政的考验，也只有时刻坚持“三个代表”重要思想，坚持科学发展观，才能始终保持党的先进性、代表社会历史发展的方向，并且一直持续下去。

在新的历史条件下提高党的建设科学化水平，必须坚持用制度管权、管事、管人，健全民主集中制，不断推进党的建设制度化、规范化、程序化。坚决惩治和有效预防腐败，关系人心向背和党的生死存亡，是党必须始终抓好的重大政治任务。各级干部都要自重、自省、自警、自励，讲党性、重品行、做表率，做到立身不忘做人之本、为政不移公仆之心、用权不谋一已之私，永葆共产党人政治本色。在新形势下，加强或者重提大学生党员先进性教育是关乎当今、造福未来的事业。

---

① 胡锦涛在庆祝中国共产党成立 90 周年大会上的讲话，新华网，2011 年 7 月 1 日。

# 第十章 民生视阈下大学生党员先进性教育问题研究

## 一、大学生党员先进性教育与民生问题

### （一）民生与民生问题的概念

“民生”一词最早出现在《左传·宣公十二年》中，所谓“民生在勤，勤则不匮”。这里的“民”，就是百姓的意思。“民惟邦本，本固邦宁”（《尚书·五子之歌》），“以人为本，本治则国固，本乱则国危”（《管子·霸业》），“政之所兴，在顺民心”（《左传·庄公三十三年》），所表达的都是古代关于民生问题的思想。民不聊生，为官本位，也反映着老百姓的生活状态和对统治阶级的批评；道不拾遗，夜不闭户，则反映着老百姓安居乐业，社会风气良好的生活状态。民生问题关乎社会稳定与政权兴亡。“国以民为本，民以食为天”，是我国古代朴素的民本思想，也是对民生问题重要性的认识。可见，我国古代的统治者就非常重视和关注民生问题了。当然，古代关于民生问题的表述，显然具有统治阶级的烙印，是为当时统治阶级的利益服务的。

那么，什么是民生？简单地说，民生就是百姓的生计，就是人民的生活，是关于人们吃穿住行等的各个方面。《辞海》中对于“民生”的解释是“人民的生计”，是一个带有人本思想和人文关怀的词语，语境中显然渗透着一种大众情

怀。确切地讲，民生是与人权、需求、责任有关的概念。人权有两个方面，生存权与发展权。

所谓民生，从人权角度看，就是关于人的全部生存权和普遍发展权的方面。从需求角度看，民生是指与实现人的生存权利有关的全部需求和与实现人的发展权利有关的普遍需求的总和。从责任角度看，民生就是党和政府施政的最高准则、奋斗目标和行动纲领。

民生问题，就是关于人们吃穿住行等各方面的问题，是关于人们在人权、需求、责任相关方面的问题总和。民生问题，简单地说，就是与百姓生活密切相关的所有问题，最主要表现在吃穿住行、养老就医、子女教育等生活必需方面。随着时代的发展，关于民生和民生问题的具体内容也不尽相同。

在全面建设小康社会的进程中，建设社会主义和谐社会是一项系统工程，必须坚持以人为本，始终把最广大人民的根本利益作为一切工作的出发点和落脚点，正确处理新形势下人民内部矛盾，认真解决人民群众最关心、最直接、最现实的利益问题，把民生问题作为重中之重。具体来说，就是要把就业、教育、分配、社保、稳定五大现实问题抓紧抓好。从一般理论并结合中国的实际情况来看，改善民生，发展民生经济需要着重解决以下五个方面的问题：一是优先发展教育，二是扩大就业，三是深化收入分配制度改革，四是加快建立覆盖城乡居民的社会保障体系，五是建立基本医疗卫生制度。

胡锦涛同志在十七大报告中明确提出了加快推进以改善民生为重点的社会建设的六大任务。

（1）优先发展教育，建设人力资源强国。

（2）实施扩大就业的发展战略，促进以创业带动就业。

（3）深化收入分配制度改革，增加城乡居民收入。

（4）加快建立覆盖城乡居民的社会保障体系，保障人民基本生活。

（5）建立基本医疗卫生制度，提高全民健康水平。

（6）完善社会管理，维护社会安定团结。

通过上述内容，民生的内涵主要是就业、分配、教育、医疗、社会保障、住房、人身安全等。社会保障是与缴存养老保险金等有关的社会保险、为老年人提供看护服务的社会福利和为弱势群体提供救济的社会救济等。与生存权利有关的需求主要体现在衣食住行、生老病死等方面，也就是时下常说的劳有所得，住有所居，病有所医，老有所养。

在物品短缺时代，百姓开门七件事，即柴米油盐酱醋茶；保障民生，关键在于老百姓自己，要克勤克俭。随着社会发展进步，人们的需求已经不仅仅局限于满足基本的生存条件，而是开始追求生活质量，追求生命质量。人们有了更高的物质文化需要，有了更高的精神追求。这就使得民生内涵也更为丰富。与发展权利有关的各种普遍需求，如培训进修、人居条件、食品安全、环境质量、公共安全、大众文化等也被纳入民生范畴。

教育是民生之基，就业是民生之本，收入分配是民生之源，社会保障是民生之依（安全网），稳定是民生之盾。这五大问题都是民生的基本问题。当然，民生问题所包含的方面太广泛了。因此，作为党和政府的主要目标，要切实解决百姓的民生问题，确是极其繁重而复杂的任务。

### （二）必须结合民生问题对大学生党员进行先进性教育

民生问题与大学生党员有关吗？民生问题与大学生党员先进性教育有关吗？笔者的回答是肯定的。因为大学生党员是青年马克思主义者，是时代的弄潮儿，是大学生的引领者，肩负着积累知识、创新知识、服务社会、贡献未来的神圣使命。在当今环境下，更应该强调大学生党员的社会责任。这就要求，在对大学生党员继续进行先进性教育的过程中，大学生党员必须重视社会民生问题，应该明确大学生承担着服务社会、改造社会的历史责任。换句话来说，民生问题不仅是政府要切实解决的问题，也是大学生党员必须重视的问题，实际也是整个社会都应该重视的问题。只有如此，才能更好地、更快地解决民生问题。教育本身就是民生问题，更何况大学生党员走向社会之后，必定要面对民生问题，并且要力争切实解决民生问题。

## 二、大学生党员先进性教育是民生之基

### （一）大学生党员先进性教育存在的主要问题

教育是民生之基。对大学生党员进行先进性教育，是切实解决民生问题的重要方面。除在第七章“保持大学生党员先进性教育活动中存在的主要问题”所列举的方面外，仅从先进性教育的角度看，大学生党员先进性教育存在的主要问题有以下三个。

1. 缺乏持久性和时效性

有的基层党组织或者党务工作干部对对大学生党员进行先进性教育缺乏必要的认识，对当今民生问题也缺乏一定的了解和研究，更不能从大学生党员的社会责任、先进性教育与民生问题等视角审视这些问题；有的党务工作者本身对全党开展的保持共产党员先进性教育活动都缺乏了解、消化，甚至知之不多，或者偶尔地开展一定的教育，但是不能坚持下去，也不能从大学生党员的实际出发，因地制宜地进行先进性教育，工作缺乏时效性。

2. 有所忽视或弱化，甚至流于形式

因为在全党范围开展的保持共产党员先进性教育活动已经于 2006 年结束了，有的人就认为，当今就没有必要再对大学生党员进行先进性教育了，只要对大学生党员进行必要的形势与政策教育就可以了。当然，当今的形势与政策教育，包含有一定的先进性教育内容，但是还很不够，必须加以强化。加强大学生党员先进性教育是经常性的工作，必须建立长效机制。正所谓，大学生党员入党时先进，并不等于在学校永远先进，更不等于走向社会也永远先进。

3. 大学生入党启蒙教育不理想

大学生党员素质如何，能否真正地在广大学生中发挥党员的先锋模范作用，能否经受住走向社会的考验，关键在于对大学生进行的入党启蒙教育是否到位，是否达到预期效果。这主要是指在大学生刚刚走入大学的时候，就要紧密地结

合全党范围的保持共产党员先进性教育活动、新党章和当今社会热点难点问题，对大学生进行入情入理、有理有据、详略得当的世界观、人生观和价值观教育，使大学生更好地坚定共产主义的理想信念、坚持社会主义核心价值体系、坚持中国特色社会主义理论体系，使革命的理论入脑入心、根深蒂固。但是，在实践中，对大学生党员进行先进性教育，或者入党启蒙教育还不够理想。当然，对于一上大学就是党员的大学生来说，就是另外一回事了，这绝不排除在高中时根本没有入党启蒙教育而“火线入党”的。因此，加强大学生党员理想信念教育、新党章教育、先进模范人物的学习教育，就至关重要。

### （二）大学生党员先进性教育所应采取的根本措施

针对大学生党员先进性教育中存在的问题，除了第七章“保持大学生党员先进性教育活动所应采取的措施”所列举的方面外，主要还应该采取如下措施。

#### 1. 各级党组织要提高认识，切实重视大学生党员先进性教育

对大学生党员进行先进性教育，各级党组织必须提高认识，制定切实可行的相关政策。制定相关的政策，但不能流于形式。特别是各级党组织负责人要身先士卒，做好表率，积极构建学习型党组织，认真学习和深刻领会中国特色社会主义理论体系，坚持理论与实践相结合，切实重视大学生党员先进性教育，积极创设学习党建理论的良好氛围。同时，各高等院校党委要从政策上、在实践中重视基层党组织建设、党务工作队伍建设、大学生党员的成长。

#### 2. 广大党务干部要加强学习，不断深化建设学习型党组织的主动性

学习是一个民族、一个国家不断发达、充满活力的不竭动力。仅有各级党组织负责人主动学习还不够，广大党务工作干部都要加强学习，学习党的创新理论，在促进马克思主义中国化、时代化、大众化中做出自己应有的努力，并不断深化建设学习型党组织的主动性，使广大党员干部都成为理论与实践相结合的典范。

#### 3. 大学生党员要主动学习，成为先进性教育的引领者

复杂的国际国内形势，要求我们必须加强高等院校学生党建工作。在国际

上，西方敌对势力仍然加紧对我国实施“西化”、“分化”的图谋，特别是在我国加入世界贸易组织后，在我国当今的经济建设取得了巨大成就的情况下，高等院校反对西方“西化”、“分化”的任务就更加艰巨。在国内，随着改革不断深化，社会主义市场经济体制不断推进，意识形态领域多种思想文化交融，并且在高等院校表现得日趋激烈，经济利益差距的加大及社会组织形式、社会生活方式、就业方式与就业压力的多样化，都会影响到大学生以及大学生党员的价值观念和行为选择。例如，一些大学生入党的目的不十分明确，或者入党的功利思想较为突出，或者入党后先锋模范作用不突出等。这些都是高等院校党组织面对的紧迫问题，必须认真加以解决。为此，大学生党员要主动学习、深刻领会中国特色社会主义理论体系，造就真正的青年马克思主义者，成为先进性教育和影响大学生成长的引领者。

## 三、加强大学生党员先进性教育是提高大学生就业能力的重要方式

### （一）就业是民生之本

就业是民生之本。对此，《中华人民共和国宪法》第四十二条给出了明确的法律依据，“国家通过各种途径，创造劳动就业条件，加强劳动保护，改善劳动条件，并在发展生产的基础上，提高劳动报酬和福利待遇”。当然，就业包括各行各业的就业群体，一般意义上，就业主要是指农民工就业、大学生就业。因为农民工群体、大学生群体是当今就业困难的最具有代表性的两大群体。也只有他们的就业问题解决了，才能真正地实现提高人们的生活水平、逐步缩小贫富差距的目标，才能保持社会繁荣与稳定。就业问题是关乎经济社会发展与稳定的大问题。本书主要介绍和分析大学生就业的有关情况。

### （二）大学生的就业形势与就业能力分析

1. 大学生就业形势依然严峻

高等院校毕业生是就业工作的重中之重。随着20世纪90年代末大学扩招和

教育产业化政策推行以来，大学生人数的增幅远远超过经济增长所需要的人才增长。尽管如此，近年来，中国教育部决定继续扩大全日制专业学位硕士研究生招生规模，努力培养更多高层次、应用型人才。从表面上看，研究生扩招能提高大学生学历层次，可以缓解就业难。但是，如果不清理高等教育积弊，不能彻底改变大学生培养模式和提高大学生培养质量，以研究生扩招来应对就业难题将是饮鸩止渴，将会使就业矛盾更加突出。

每年的年底或者年初，都是高等院校毕业生求职的关键时期。“不在投简历的路上，就在去面试的路上。”高等院校毕业生急盼就业的心情可见一斑。然而，在近年高等院校毕业生数量急剧膨胀的形势下，就业的难题似乎变得更加严峻和突出。2010年应届毕业生规模约是21世纪初的6倍，2011年高等院校毕业生人数为660万人，“十二五”时期应届毕业生年平均规模将达到近700万人。[①] 总的来看，高等院校毕业生大部分可在离校后半年至一年实现就业，但就业质量有待提高。部分专业和一些特殊群体是就业的难点。面对严峻的就业形势，党和国家勉励大学生要心系国家、努力学习、甘于奉献，号召大学生到城乡基层、中西部和中小企业去。

由于大城市就业市场规模大、经济文化发展水平高、职业能力成长机会多，因此往往成为毕业生就业的首选，但毕业生实际就业城市类型主要集中在地级及以下城市。“漂族”比较多地集中在销售类职业，较高比例的毕业生受雇于民营企业和小企业。从背景来看，低收入就业“漂族”的毕业生更多地来源于农民与农民工的家庭阶层，多来自小城市或者农村。

教育部曾强调加强创业教育，优化政策环境。毕业生自主创业可以接受有补贴的创业培训，享受税收优惠政策，还可以申请小额担保贷款。但是当前大学生自主创业的现状是参与者少、旁观者多；从事的多是规模小的个体经营的行业，成功率低。而且，自主创业只适合少数人，具有创业素质和条件的人毕竟很少。依靠创业只能缓解就业难，要根本解决就业难问题基本上是天方夜谭。

① 冯蕾.2011-02-23.今年660万大学生如何就业？.光明日报，第5版.

### 2. 大学生就业难的原因分析

现在大学生就业难的问题，是由许多因素造成的，既有社会原因，也有历史原因及大学生个体的原因。不过值得关注的是，当今没有就业的大学生已经成为一个庞大的社会群体。如果就业问题不能得到很好解决，可能会引起社会不和谐、不稳定。

第一，毕业人数基数较大。大学生就业总量压力依然很大，劳动力供大于求的格局并未改变。近些年来，每年高等院校毕业生超过 600 万人，如果再加上往届毕业生、下岗再就业人员等将达 700 多万人，甚至要达到 1000 万人左右。[①] 在这样的基数下，要实现大学生充分就业、高质量就业，确实存在许多问题和困难。

第二，区域经济发展不平衡。当前，一些高等院校毕业生仍有这种心理——宁可成为大城市中的“漂族”和“蚁族”，也不愿意到二三线城市和基层就业，更不愿意回到农村去。多数高等院校毕业生仍然希望在机关事业单位和国有企业就业，希望在经济发达地区和大中城市生活和就业，而到中西部地区、城乡基层、中小企业就业的积极性不高。出现这种状况，主要是因为我国区域经济发展不平衡，自然条件与经济发展状况存在差异性。

第三，制度上存在许多障碍。现行高等院校毕业生就业制度、户籍制度、干部人事制度与市场就业机制还不完全适应。以干部身份和户籍为基础的管理方式与社会劳动力资源的统筹管理不协调，导致就业机会不均等，就业政策不平衡，毕业生在地区之间、企业与机关事业之间流动仍然存在许多障碍，毕业生身份转换困难，就业渠道不畅通，进一步加剧了结构性矛盾。特别是现行的人事管理制度、干部选人用人制度，还存在许多弊病，甚至腐败问题，如“萝卜招聘”、“我爸是××”等。

第四，结构不合理。大学生就业的结构性矛盾将进一步加剧，其现实表现是部分企业“招工难”与部分劳动者（含高等院校毕业生）“就业难”问题并存，并且有常态化趋势。随着经济结构战略性调整的推进，大学生就业结构性

---

① 参考了中国历年大学生毕业人数，详见 http：//www.360doc.com/content/11/0413/10/811743 109248855.shtml。

矛盾将会更加复杂。不论是产业转型升级，还是节能减排、淘汰落后产能等，都将对就业结构产生深刻影响，技能人才短缺问题势必更加凸显，结构性失业问题也会进一步加剧。与此同时，复杂多变的世界经济形势也给大学生就业形势增加了更多的变数。

另外，大学专业结构不合理对大学生就业产生重要的影响。就是说，有的高等院校招生专业、招生人数缺乏计划性，只顾是否赚钱，不顾市场需求，导致各专业的供应量失衡，甚至有的高等院校赚钱的专业（或合作办学形式）已经占据半壁江山。因此，对由专业结构不合理而导致的失业率和失业量进行监测和预警，以个别专业的招生指标控制为主要杠杆，瞄准市场，主动干预，调控专业结构，提高办学质量，是在我国高等教育“招生计划”体制下提高就业率的有效途径之一。

第五，大学生择业观念有偏差。这些年来，大学生就业观念趋于理性，但与现实仍有一定差距。有的毕业生期望值还较高，以致错失很多就业机会。与总量压力相伴随的，还有部分毕业生专业背景、就业意愿和岗位需求不匹配，人才培养质量与市场需求相脱节，现行公共服务、户籍制度、人事管理制度与新的就业形势不配套等问题。这些因素都会影响大学生择业观念的选择。

第六，中小企业和非公有制企业及其他单位用工不规范，缺乏制度约束。一些企事业单位需要大量毕业生，但工资待遇相对较低、发展空间较小；部分企事业单位用工不规范，违反劳动合同法的案例时有发生，对毕业生吸引力有限；基层教育、医疗、农技、社区等部门急需人才，但由于编制限制、待遇偏低等因素，吸纳毕业生的能力有限。各级政府主管部门对上述情况又缺乏监管，进一步影响毕业生就业选择的积极性。

### 3. 大学生就业能力不平衡

面对严峻的就业形势，为什么有的毕业生就业就好，而有的毕业生却处处碰壁呢？这除了名校、优势专业等原因外，就是大学生就业能力存在巨大的差异性。当然，因为“老子”、“票子”等因素而充分就业的，不在此讨论之列，虽然这确实对大学生就业有相当大的影响。

大学生在求职的时候，一定会遇到各种各样的挫折，性别因素的影响也很大。在这个时候，大学生要做的事情不是逃避现实，而是要给自己准确的定位，以获得更好的就业机会。

在大学生求职过程中，准确定位是求职的基础。如果没有合适的定位，很难在竞争中获得自己的位置。定位是什么？职业定位有两层含义：一是确定自己是谁，适合做什么工作；二是告诉别人你是谁，你能够帮助单位做什么。看看下列洗发商品定位就会给我们深刻的启示。同样是宝洁公司出品的洗发香波，海飞丝定位于“去头屑”，飘柔定位于“柔顺头发”，潘婷则定位于“营养头发”。不同的产品定位主要来自商家对市场需求的理解，同时来自产品内在的品质。人才培养、大学生就业同样如此。

### （三）加强大学生党员先进性教育是提高大学生就业能力的重要方式

大学生党员是大学生中的佼佼者，更有机会实现卓越，实现梦想。除了一些客观因素之外，加强大学生党员先进性教育对大学生党员成才成长是有益的。

1. 坚定的理想信念，是提高大学生就业能力的思想塔

思想指导行为。如果一个人的思想问题没有解决，要想实现自己预定的目标是不可想象的。加强大学生党员先进性教育，就必须解决理想信念问题。也只有使大学生党员树立了坚定的理想信念，才能燃起大学生党员为社会奉献青春的热情。只有思想问题解决了，才能落实到行动上。在大学生就业过程中，就要树立先就业后择业的观念，强调劳动者最光荣的理念，使自己更早地就业。

2. 创新思维的培养，是提高大学生就业能力的动力源

创新是一个民族、一个国家发展和进步的不竭动力。加强大学生党员先进性教育，不仅限于理论层面，还要与实践相结合。理论与实践相结合必须以创新思维的培养为前提。创新思维的培养是创造知识的基础。大学的责任不在于为企业培养标准的员工或称“标准件”，而是要培养一个具有独立思维，在某方面有特长，具有较强的适应能力、创新精神的人。这样的人，即使不是企业急需的人才，但经过几年的工作，定会成为企业发展的栋梁，是有培养前途的。

3. 扎实的专业知识，是实现个人理想的百宝箱

对大学生党员进行先进性教育，还要加强对大学生党员的专业知识培养和

灌输，因为这是大学生党员走向社会、实现卓越的基础和保障。虽然当今社会，越来越需要复合型人才，但是扎实的专业知识是必需的，是实现个人理想的百宝箱，是学好其他各门类知识的基础。

4．丰富的社会知识，是顺利走向社会的润滑剂

作为一个大学生党员，只具备上述的知识还不够，因为当今是日新月异、突飞猛进的时代，是知识经济的时代，各行各业对人才的需求也是多元的、复合的。这就要求大学生党员必须具备一定的生存技能、广泛的阅历，这也是实现理想的必备条件。

5．发现问题、解决问题的能力，是实现成功走向卓越的加速器

发现问题、解决问题是创新思维的延伸和体现，是大学生实现成功走向卓越的加速器。对大学生党员进行先进性教育，不仅是在理论与专业层面，还要注重能力的培养方面，因为大学生党员的能力是大学生综合素质的反映，是高等教育质量的体现。学习知识、传播知识，关键是发现工作中的问题，解决工作中的问题。只有这样，才能实现人生价值，更好地走向成功。高等院校培养更多优秀的人才是高等教育的落脚点。大学生党员的质量如何，是否能够有用武之地，取决于是否具有像建筑师一样能够将工作和生活中所经历的各个部件组装成功，建成具有现代气息的高楼大厦的能力。

从毛泽东同志把青年生动地比做早晨八九点钟的太阳，到邓小平同志鲜明提出，青年一代的成长是我们的事业必定要兴旺发达的希望所在；从江泽民同志反复强调“青年兴则国家兴，青年强则国家强”，到胡锦涛同志指出的“青年是祖国的未来、民族的希望，也是我们党的未来和希望”①。90年来，中国共产党始终注重发挥青年在革命、建设和改革中的作用，始终高度重视青年工作，党的伟大事业才有了继往开来的辉煌。在新形势下，加强大学生党员先进性教育，切实提高大学生党员的就业能力和社会影响力任重而道远。

---

① 胡锦涛在庆祝中国共产党成立90周年大会上的讲话，新华网，2011年7月1日。

# 主要参考文献


本书编写组．2002．“三个代表”重要思想论纲．北京：中国文史出版社．

本书编写组．2002．十六大报告辅导读本．北京：人民出版社．

本书编写组．2005．保持共产党员先进性教育机关党员读本．北京：人民出版社．

本书编写组．2007．十七大报告学习辅导百问．北京：党建读物出版社，学习出版社．

本书编写组．2007．十七大党章修正案学习问答．北京：党建读物出版社，学习出版社．

本书编写组．2007．中国民生问题政策解读．北京：中共中央党校出版社．

陈坚．2005．建立保持共产党员先进性的长效机制．党建研究，(9)：25－27．

程家源，杨和健．2006．论大学生党员再教育工作机制．黄山学院学报，(2)：5，6．

崔卫国．2003．现代经济学的跨学科断想．北京：经济科学出版社．

丁俊萍．2006．构建保持高校学生党员先进性长效机制的若干思考．思想理论教育导刊，(9)：75，76．

方喻．2006．对构建高校学生党员先进性教育长效机制的思考．学校党建与思想教育，(5)：32，33．

福建省委党校课题组．2005．构建保持共产党员先进性长效机制的调查与思考．中共福建省委党校学报，(12)：73－79．

高永平．2008．关于建立大学生党员先进性建设长效新机制的思考．中国电力教育，(18)：211－213．

耿显榜．2004．努力构建保持共产党员先进性的长效工作机制．中州学刊，(2)：16－18．

贺金瑞．2001．“三个代表”与新时期党的建设．北京：中央文献出版社．

胡鞍钢．2008．中国：民生与发展．北京：中国经济出版社．

胡秀英．2004．抓好“六个结合”构建大学生党员先进性教育长效机制．思想理论教育导刊，(10)：49－51．

江金权．2005．保持共产党员先进性教育学习读本．北京：人民出版社．

金钊．2005．保持共产党员先进性教育读本．北京：人民出版社．

康鹏军，张辉，曾志勇．2007．大学生党员先进性建设长效机制初探．西北工业大学学报（社会科学版），(3)：76－78．

李国兴，萧新生，邓坤金．2008．构建保持共产党员先进性教育机制．党建研究，(6)：38，39．

李君如．2004－12－30．论保持共产党员先进性与实践“三个代表”重要思想．人民日报，第10版．

李希臻．2005．先进性教育要在注重实效和建立长效机制上下功夫．南方论刊，(6)：4－7．

李新华．2006．建立大学生党员先进性教育的长效机制初探．桂林师范高等专科学校学报，(2)：31－35．

廖桂芳．2006．建立长效机制是解决高校党建面临突出问题的关键．理论月刊，(6)：73－76．

林常青，郑振华．2008．对构建高校学生党员先进性教育长效机制的思考．内蒙古师范大学学报（教育科学版），(11)：68－70．

林群．2006．高校党的先进性建设理论与实践．长春：吉林人民出版社．

刘昌明．2008．再论构建保持共产党员先进性长效机制．党史文苑，(10)：45－48．

罗洪铁，董娅．2005．思想政治教育原理与方法．北京：人民出版社．

雒文虎．2005．构建高校保持共产党员先进性长效机制的思考．思想政治教育研究，(6)：12－14．

马其南．2009．构建大学生党员先进性教育长效机制的实践研究．资治文摘（管理版），(4)：94，95．

马清民．2005．建立四项长效机制　永葆共产党员先进性．理论学习，(7)：24－37．

潘秀山，李文福．2004．践行“三个代表”　永葆党员先进性．中国轻工教育，(3)：23－25．

浦解明．2005．学生党员先进性建设长效机制探析．思想理论教育，(21)：58－61．

钱立洁．2007．保持党员先进性必须加强党的建设坚持全面创新．马克思主义与现实，(2)：207，208．

乔树桐．2006．创新大学生思想政治教育方法是时代赋予高校的新课题．政工师指南，(2)：32，33．

青连斌．2008．民生大于天．北京：人民出版社．

《求是》杂志评论部．2004．党员干部关心的25个科学发展观问题．北京：红旗出版社．

《求是》杂志社总编室．2004．加强党的执政能力建设大参考．北京：红旗出版社．

曲建武，杨秀香．2005．大学生诚信教育．北京：高等教育出版社．

曲建武，张贵仁．2004．大学生思想政治工作科学体系研究．大连：辽宁师范大学出版社．

任江林．2006．关于建立大学生党员先进性长效机制的思考．重庆三峡学院学报，(1)：4-7．

沈炜．2005．长效机制：高校学生党员先进性建设的重要保证．思想理论教育，(9)：51-54．

沈炜．2005．长效机制：高校学生党员先进性建设的重要保证．思想理论教育，(19)：53-56．

沈文青．2006．建立大学生党员保持先进性长效机制的初步探索．中国高教研究，(2)：93，94．

石炳文，陈智勇．2006．育人为本，构建保持大学生党员先进性长效机制．福建农林大学学报（哲学社会科学版），(3)：79-82．

宋晓路．2005．运用六大机制构建先进性教育的长效机制．当代贵州，(13)：47，48．

宋忠泽．2005．新时期党员先进性的平台建设——建立保持共产党员先进性长效机制探析．理论学习，(7)：14，15．

孙书光．2004．大学生思想道德建设仍是高校当前一项艰巨的任务．辽宁教育行政学院学报，(12)：33．

孙书光．2006．必须用马克思主义中国化最新理论成果对大学生进行思想政治教育．社会主义研究，(3)：95，96．

孙书光．2006．当代大学生思想道德建设面临的问题及对策．辽宁教育研究，(3)：76，77．

孙书光．2007．加强大学生思想政治教育工作干部队伍建设的思考．辽宁教育行政学院学报，(4)：137．

田维义．2006．积极探索高校保持共产党员先进性的长效机制．高校理论战线，(2)：42-45．

王炳林，阚和庆．2006．对构建党员先进性教育长效机制的若干思考．学校党建与思想教育，(4)：20，21．

王小明，高向东．2005．大学生党员先进性教育长效机制的实践研究．思想理论教育，(23)：

36－38.

吴建国．2006. 努力构建高校学生党员先进性教育的长效机制．科技信息（学术版），(5)．

吴起明．2008. 构建高校共产党员先进性教育长效机制的思考和探索．中国校外教育（理论），(S1)：1572，1573.

吴振坤，辛守良，王兆铮．2007. 构建社会主义和谐社会战略难题研究．北京：中共中央党校出版社．

夏安举．2005. 探索发展大学生党员的长效机制．红旗文稿，(8)：26，27.

夏东民，陆树程．2006. 关于保持共产党员先进性长效机制的理论思考．毛泽东邓小平理论研究，(2)：52－58，89，90.

杨小明，刘庆．2006. 高校学生党员先进性教育活动长效机制的落脚点：学生党支部建设．科教文汇，(5)：24，25.

姚志良．2005. 建立保持共产党员先进性教育的长效机制．中国工商管理研究，(5)：38，39.

岳爱武．2007. 关于构建高校学生党员先进性长效机制的现实思考．辽宁行政学院学报，(5)：83－85.

翟文豹，吴星杰．2001. 思想品德概论．沈阳：辽宁人民出版社．

张荣臣．2005－11－03. 如何构建永葆先进性的长效机制．学习时报，第3版．

张蔚萍．2004. 思想政治工作学教程．北京：中共党史出版社．

张耀灿，陈万柏．2001. 思想政治教育学原理．北京：高等教育出版社．

张智．2006. 建立保持大学生党员先进性长效机制的途径．成都中医药大学学报（教育科学版），(1)：80，81.

张智勇．2007. 对巩固高校学生党员先进性教育长效机制的几点思考．思想政治教育研究，(3)：34，35，47.

赵兴明．2005. 探索构建保持党员先进性的长效机制．四川党的建设城市版，(7)：25.

郑功成．2006. 科学发展与共享和谐．北京：人民出版社．

郑禹．2005. 构建党员先进性教育的长效机制．阜阳师范学院学报（社科版），(2)：66，67.

中共哈尔滨市平房区委员会．2006－06－05. 建立保持共产党员先进性长效机制的探索与实践．哈尔滨日报，第7版．

中共中央宣传部．2003. “三个代表”重要思想学习纲要．北京：学习出版社．

中共中央宣传部理论局．2003. 干部群众关心的25个理论问题．北京：学习出版社．

中共中央宣传部理论局.2006.理论热点面对面（2006）.北京：学习出版社，人民出版社.

中共中央宣传部理论局.2007.理论热点面对面（2007）.北京：学习出版社，人民出版社.

中共中央宣传部宣传教育局，教育部社会科学研究与思想政治工作司，共青团中央学校部.2005.《中共中央国务院关于进一步加强和改进大学生思想政治教育的意见》学习辅导百问.北京：中国人民大学出版社.

《中国高等教育》编辑部.2006.德育为先——创新大学生思想政治教育的理论与实践.北京：高等教育出版社.

中国思想政治工作研究会.2006.牢固树立社会主义荣辱观.北京：党建读物出版社.

中央保持共产党员先进性教育活动领导小组办公室.2005.保持共产党员先进性教育读本.北京：党建读物出版社.

周慧兰，苏振华.2006.关于建立保持共产党员先进性长效机制的思考.党史文苑，（6）：41－43.

周永中.2005.探索保持先进性的长效机制.群众，（7）：40，41.

宗家富.2005.构建高校学生党员保持先进性的长效机制.东华理工学院学报（社会科学版），（4）：580－583.

附录一

# 中共中央国务院关于进一步加强和改进大学生思想政治教育的意见

（中发〔2004〕16号）

（2004年8月26日）

为了深入贯彻党的十六大精神，适应新形势、新任务的要求，提高大学生的思想政治素质，促进大学生的全面发展，现就进一步加强和改进大学生思想政治教育提出以下意见。

## 一、加强和改进大学生思想政治教育是一项重大而紧迫的战略任务

1. 大学生是十分宝贵的人才资源，是民族的希望，是祖国的未来。目前，我国在校大学生包括本科生、专科生和研究生约有2000万。加强和改进大学生思想政治教育，提高他们的思想政治素质，把他们培养成中国特色社会主义事业的建设者和接班人，对于全面实施科教兴国和人才强国战略，确保我国在激烈的国际竞争中始终立于不败之地，确保实现全面建设小康社会、加快推进社会主义现代化的宏伟目标，确保中国特色社会主义事业兴旺发达、后继有人，具有重大而深远的战略意义。

2. 改革开放特别是党的十三届四中全会以来，党中央坚持“两手抓、两手都要硬”的方针，切实加强和改进对大学生思想政治教育工作的领导。各地区各部门和高等院校认真贯彻落实中央要求，加强和改进思想政治教育工作，在培养高素质人才，推动高等教育改革发展，维护学校和社会稳定等方面发挥了

重要作用。当代大学生思想政治状况的主流积极、健康、向上。他们热爱党，热爱祖国，热爱社会主义，坚决拥护党的路线方针政策，高度认同邓小平理论和“三个代表”重要思想，充分信赖以胡锦涛同志为总书记的党中央，对坚持走中国特色社会主义道路、实现全面建设小康社会的宏伟目标充满信心。

3. 国际国内形势的深刻变化，使大学生思想政治教育既面临有利条件，也面临严峻挑战。国际敌对势力与我争夺下一代的斗争更加尖锐复杂，大学生面临着大量西方文化思潮和价值观念的冲击，某些腐朽没落的生活方式对大学生的影响不可低估。随着对外开放不断扩大、社会主义市场经济的深入发展，我国社会经济成分、组织形式、就业方式、利益关系和分配方式日益多样化，人们思想活动的独立性、选择性、多变性和差异性日益增强。这有利于大学生树立自强意识、创新意识、成才意识、创业意识，同时也带来一些不容忽视的负面影响。一些大学生不同程度地存在政治信仰迷茫、理想信念模糊、价值取向扭曲、诚信意识淡薄、社会责任感缺乏、艰苦奋斗精神淡化、团结协作观念较差、心理素质欠佳等问题。

4. 面对新形势、新情况，大学生思想政治教育工作还不够适应，存在不少薄弱环节。一些地方、部门和学校的领导对大学生思想政治教育工作重视不够，办法不多。全社会关心支持大学生思想政治教育的合力尚未形成。学校思想政治理论课实效性不强，哲学社会科学一些学科教材建设滞后，思想政治教育与大学生思想实际结合不紧，少数学校没有把大学生的思想政治教育摆在首位、贯穿于教育教学的全过程。学生管理工作与形势发展要求不相适应，思想政治教育工作队伍建设亟待加强，少数教师不能做到教书育人、为人师表。加强和改进大学生思想政治教育是一项极为紧迫的重要任务。

## 二、加强和改进大学生思想政治教育的指导思想和基本原则

5. 加强和改进大学生思想政治教育的指导思想是：坚持以马克思列宁主义、毛泽东思想、邓小平理论和“三个代表”重要思想为指导，深入贯彻党的十六

大精神，全面落实党的教育方针，紧密结合全面建设小康社会的实际，以理想信念教育为核心，以爱国主义教育为重点，以思想道德建设为基础，以大学生全面发展为目标，解放思想、实事求是、与时俱进，坚持以人为本，贴近实际、贴近生活、贴近学生，努力提高思想政治教育的针对性、实效性和吸引力、感染力，培养德智体美全面发展的社会主义合格建设者和可靠接班人。

6. 加强和改进大学生思想政治教育的基本原则是：（1）坚持教书与育人相结合。学校教育要坚持育人为本、德育为先，把人才培养作为根本任务，把思想政治教育摆在首要位置。（2）坚持教育与自我教育相结合。既要充分发挥学校教师、党团组织的教育引导作用，又要充分调动大学生的积极性和主动性，引导他们自我教育、自我管理、自我服务。（3）坚持政治理论教育与社会实践相结合。既重视课堂教育，又注重引导大学生深入社会、了解社会、服务社会。（4）坚持解决思想问题与解决实际问题相结合。既讲道理又办实事，既以理服人又以情感人，增强思想政治教育的实际效果。（5）坚持教育与管理相结合。把思想政治教育融于学校管理之中，建立长效工作机制，使自律与他律、激励与约束有机地结合起来，有效地引导大学生的思想和行为。（6）坚持继承优良传统与改进创新相结合。在继承党的思想政治工作优良传统的基础上，积极探索新形势下大学生思想政治教育的新途径、新办法，努力体现时代性，把握规律性，富于创造性，增强实效性。

## 三、加强和改进大学生思想政治教育的主要任务

7. 以理想信念教育为核心，深入进行树立正确的世界观、人生观和价值观教育。要坚持不懈地用马克思列宁主义、毛泽东思想、邓小平理论和“三个代表”重要思想武装大学生，深入开展党的基本理论、基本路线、基本纲领和基本经验教育，开展中国革命、建设和改革开放的历史教育，开展基本国情和形势政策教育，开展科学发展观教育，使大学生正确认识社会发展规律，认识国家的前途命运，认识自己的社会责任，确立在中国共产党领导下走中国特色社

会主义道路、实现中华民族伟大复兴的共同理想和坚定信念。同时，要积极引导大学生不断追求更高的目标，使他们中的先进分子树立共产主义的远大理想，确立马克思主义的坚定信念。

8. 以爱国主义教育为重点，深入进行弘扬和培育民族精神教育。深入开展中华民族优良传统和中国革命传统教育，开展各民族平等团结教育，培养团结统一、爱好和平、勤劳勇敢、自强不息的精神，树立民族自尊心、自信心和自豪感。要把民族精神教育与以改革创新为核心的时代精神教育结合起来，引导大学生在中国特色社会主义事业的伟大实践中，在时代和社会的发展进步中汲取营养，培养爱国情怀、改革精神和创新能力，始终保持艰苦奋斗的作风和昂扬向上的精神状态。

9. 以基本道德规范为基础，深入进行公民道德教育。要认真贯彻《公民道德建设实施纲要》，以为人民服务为核心、以集体主义为原则、以诚实守信为重点，广泛开展社会公德、职业道德和家庭美德教育，引导大学生自觉遵守爱国守法、明礼诚信、团结友善、勤俭自强、敬业奉献的基本道德规范。坚持知行统一，积极开展道德实践活动，把道德实践活动融入大学生学习生活之中。修订完善大学生行为准则，引导大学生从身边的事情做起，从具体的事情做起，着力培养良好的道德品质和文明行为。

10. 以大学生全面发展为目标，深入进行素质教育。加强民主法制教育，增强遵纪守法观念。加强人文素质和科学精神教育，加强集体主义和团结合作精神教育，促进大学生思想道德素质、科学文化素质和健康素质协调发展，引导大学生勤于学习、善于创造、甘于奉献，成为有理想、有道德、有文化、有纪律的社会主义新人。

## 四、充分发挥课堂教学在大学生思想政治教育中的主导作用

11. 高等学校思想政治理论课是大学生思想政治教育的主渠道。思想政治理论课是大学生的必修课，是帮助大学生树立正确世界观、人生观、价值观的重

要途径，体现了社会主义大学的本质要求。要按照充分体现当代马克思主义最新成果的要求，全面加强思想政治理论课的学科建设、课程建设、教材建设和教师队伍建设，进一步推动邓小平理论和“三个代表”重要思想进教材、进课堂、进大学生头脑工作。要联系改革开放和社会主义现代化建设的实际，联系大学生的思想实际，把传授知识与思想教育结合起来，把系统教学与专题教育结合起来，把理论武装与实践育人结合起来，切实改革教学内容，改进教学方法，改善教学手段。要加强对思想政治理论课的宏观指导，采取有力措施，力争在几年内使思想政治理论课教育教学情况有明显改善。

12. 形势政策教育是思想政治教育的重要内容和途径。要建立大学生形势政策报告会制度，定期编写形势政策教育宣讲提纲，建立形势政策教育资源库。国家机关和地方党政负责人要经常为大学生作形势报告。学校要紧密结合国际国内形势变化和学生关注的热点、难点问题，制定形势政策教育教学计划，认真组织实施。

13. 高等学校哲学社会科学课程负有思想政治教育的重要职责。哲学社会科学中的绝大部分学科具有鲜明的意识形态属性，对于帮助大学生坚定正确的政治方向，正确认识和分析复杂的社会现象，提高思想道德修养和精神境界具有十分重要的作用。要坚持和巩固马克思主义在意识形态领域的指导地位，在哲学社会科学教学中充分体现马克思主义中国化的最新理论成果，用科学理论武装大学生，用优秀文化培育大学生。要发扬理论联系实际的优良学风，发挥哲学社会科学的优势，紧密围绕大学生普遍关心的、改革开放和现代化建设中的重大问题，做好释疑解惑和教育引导工作。

要结合实施马克思主义理论研究和建设工程，精心组织编写全面反映毛泽东思想、邓小平理论和“三个代表”重要思想的哲学、政治经济学、科学社会主义、中共党史以及政治学、社会学、法学、史学、新闻学和文学等哲学社会科学重点学科的教材，努力形成以当代中国马克思主义为指导的具有中国特色、中国风格、中国气派的哲学社会科学学科体系和教材体系。

14. 高等学校各门课程都具有育人功能，所有教师都负有育人职责。广大教师要以高度负责的态度，率先垂范、言传身教，以良好的思想、道德、品质和人格给大学生以潜移默化的影响。要把思想政治教育融入到大学生专业学习的各个环节，渗透到教学、科研和社会服务各个方面。要深入发掘各类课程的思想政治教育资源，在传授专业知识过程中加强思想政治教育，使学生在学习科学文化知识过程中，自觉加强思想道德修养，提高政治觉悟。要坚持学术研究无禁区、课堂讲授有纪律，严格教育教学纪律，切实加强教材管理，在讲台上和教材中不得散布违背宪法和党的路线方针政策的错误观点和言论。

## 五、努力拓展新形势下大学生思想政治教育的有效途径

15. 深入开展社会实践。社会实践是大学生思想政治教育的重要环节，对于促进大学生了解社会、了解国情，增长才干、奉献社会，锻炼毅力、培养品格，增强社会责任感具有不可替代的作用。要建立大学生社会实践保障体系，探索实践育人的长效机制，引导大学生走出校门，到工农群众中去。高等学校要把社会实践纳入学校教育教学总体规划和教学大纲，规定学时和学分，提供必要经费。积极探索和建立社会实践与专业学习相结合、与服务社会相结合、与勤工助学相结合、与择业就业相结合、与创新创业相结合的管理体制。增强社会实践活动的效果，培养大学生的劳动观念和职业道德。要认真组织大学生参加军政训练。利用好寒暑假，开展形式多样的社会实践活动。积极组织大学生参加社会调查、生产劳动、志愿服务、公益活动、科技发明和勤工助学等实践活动。重视社会实践基地建设，不断丰富社会实践的内容和形式，提高社会实践的质量和效果，使大学生在社会实践活动中受教育、长才干、作贡献，增强社会责任感。

16. 大力建设校园文化。校园文化具有重要的育人功能，要建设体现社会主义特点、时代特征和学校特色的校园文化，形成优良的校风、教风和学风。大力加强大学生文化素质教育，开展丰富多彩、积极向上的学术、科技、体育、艺术和娱乐活动，把德育与智育、体育、美育有机结合起来，寓教育于文化活

动之中。要善于结合传统节庆日、重大事件和开学典礼、毕业典礼等，开展特色鲜明、吸引力强的主题教育活动。重视校园人文环境和自然环境建设，完善校园文化活动设施，建设好大学生活动中心。加强校报、校刊、校内广播电视和学校出版社的建设，加强哲学社会科学研讨会、报告会、讲座的管理，绝不给错误观点和言论提供传播渠道。坚决抵制各种有害文化和腐朽生活方式对大学生的侵蚀和影响。禁止在学校传播宗教。

17. 主动占领网络思想政治教育新阵地。要全面加强校园网的建设，使网络成为弘扬主旋律、开展思想政治教育的重要手段。要利用校园网为大学生学习、生活提供服务，对大学生进行教育和引导，不断拓展大学生思想政治教育的渠道和空间。要建设好融思想性、知识性、趣味性、服务性于一体的主题教育网站或网页，积极开展生动活泼的网络思想政治教育活动，形成网上网下思想政治教育的合力。要密切关注网上动态，了解大学生思想状况，加强同大学生的沟通与交流，及时回答和解决大学生提出的问题。要运用技术、行政和法律手段，加强校园网的管理，严防各种有害信息在网上传播。加强网络思想政治教育队伍建设，形成网络思想政治教育工作体系，牢牢把握网络思想政治教育主动权。

18. 开展深入细致的思想政治工作和心理健康教育。要结合大学生实际，广泛深入开展谈心活动，有针对性地帮助大学生处理好学习成才、择业交友、健康生活等方面的具体问题，提高思想认识和精神境界。要重视心理健康教育，根据大学生的身心发展特点和教育规律，注重培养大学生良好的心理品质和自尊、自爱、自律、自强的优良品格，增强大学生克服困难、经受考验、承受挫折的能力。要制定大学生心理健康教育计划，确定相应的教育内容、教育方法。要建立健全心理健康教育和咨询的专门机构，配备足够数量的专兼职心理健康教育教师，积极开展大学生心理健康教育和心理咨询辅导，引导大学生健康成长。

19. 努力解决大学生的实际问题。思想政治教育既要教育人、引导人，又要关心人、帮助人。高等学校要从严治教，加强管理，改善办学条件，提高教育教学质量，为大学生成长成才创造条件。要加强对经济困难大学生的资助工作，以政府投入为主，多方筹措资金，不断完善资助政策和措施，形成以国家助学贷款为主体，包括助学奖学金、勤工助学基金、特殊困难补助和学费减免在内的助学体系，帮助经济困难大学生完成学业。要帮助大学生树立正确的就业观念，引导毕业生到基层、到西部、到祖国最需要的地方建功立业。要进一步建立健全大学生就业指导机构和就业信息服务系统，提供高效优质的就业创业服务。通过服务育人、管理育人，把党和政府对大学生的关怀落到实处。

## 六、充分发挥党团组织在大学生思想政治教育中的重要作用

20. 发挥党的政治优势和组织优势，做好大学生思想政治教育工作。高等学校党组织要高度重视学生党员发展工作，坚持标准，保证质量，把优秀大学生吸纳到党的队伍中来。对入党积极分子要注重早期培养，加强制度建设，严格发展程序，进行系统的党的知识教育和实践锻炼。对大学生党员要加强党员先进性教育，使他们严格要求自己，提高党性修养，充分发挥在大学生思想政治教育中的骨干带头作用和先锋模范作用。要坚持把党支部建在班上，努力实现本科学生班级“低年级有党员、高年级有党支部”的目标。创新学生党支部活动方式，丰富活动内容，增强凝聚力和战斗力，使其成为开展思想政治教育的坚强堡垒。高度重视研究生党组织建设，切实加强研究生思想政治教育。

21. 发挥共青团和学生组织作用，推进大学生思想政治教育。共青团是党领导下的先进青年的群众组织，是党的助手和后备军，在大学生思想政治教育中具有重要作用。高等学校团组织要把加强大学生思想政治教育工作摆在突出位置，充分发挥在教育、团结和联系大学生方面的优势，竭诚为大学生的成长成才服务。要全面实施大学生素质拓展计划，组织开展丰富多彩的思想政治教育活动。要加强对优秀团员的培养，认真做好推荐优秀共青团员入党工作。要支持党建带团建，把加强团的建设作为高等学校党建的重要任务。要切实加强团的组织建设，选拔优秀青年党员教师做团的工作，保证高校共青团组织机构设

置和人员配备。要把团干部作为思想政治教育工作队伍的重要组成部分，做好培养、锻炼和输送工作。高等学校学生会、研究生会是在党领导下的大学生群众组织，是加强和改进大学生思想政治教育的重要依靠力量，也是大学生自我教育的组织者。学生会、研究生会要自觉接受党的领导，在共青团指导下，针对大学生特点，开展生动有效的思想政治教育活动，把广大学生紧密团结在党的周围，在大学生思想政治教育中更好地发挥桥梁和纽带作用。

22. 依托班级、社团等组织形式，开展大学生思想政治教育。班级是大学生的基本组织形式，是大学生自我教育、自我管理、自我服务的主要组织载体。要着力加强班级集体建设，组织开展丰富多彩的主题班会等活动，发挥团结学生、组织学生、教育学生的职能。要加强对大学生社团的领导和管理，帮助大学生社团选聘指导教师，支持和引导大学生社团自主开展活动。要高度重视大学生生活社区、学生公寓、网络虚拟群体等新型大学生组织的思想政治教育工作，选拔大学生骨干参与学生公寓、网络的教育管理，发挥大学生自身的积极性和主动性，增强教育效果。

## 七、大力加强大学生思想政治教育工作队伍建设

23. 思想政治教育工作队伍是加强和改进大学生思想政治教育的组织保证。大学生思想政治教育工作队伍主体是学校党政干部和共青团干部，思想政治理论课和哲学社会科学课教师，辅导员和班主任。学校党政干部和共青团干部负责学生思想政治教育的组织、协调、实施；思想政治理论和哲学社会科学课教师根据学科和课程的内容、特点，负责对学生进行思想理论教育、思想品德教育和人文素质教育；辅导员、班主任是大学生思想政治教育的骨干力量，辅导员按照党委的部署有针对性地开展思想政治教育活动，班主任负有在思想、学习和生活等方面指导学生的职责。要采取切实措施，培养一批坚持以马克思主义为指导，理论功底扎实，勇于开拓创新，善于联系实际，老中青相结合的哲学社会科学学科带头人和教学骨干队伍，使他们在大学生思想政治教育中发挥

更大的作用。所有从事大学生思想政治教育的人员，都要坚持正确的政治方向，加强思想道德修养，增强社会责任感，成为大学生健康成长的指导者和引路人。在事关政治原则、政治立场和政治方向问题上不能与党中央保持一致的，不得从事大学生思想政治教育工作。

广大教职员工都负有对大学生进行思想政治教育的重要责任。要制定完善有关规定和政策，明确职责任务和考核办法，形成教书育人、管理育人、服务育人的良好氛围和工作格局。教师要提高师德和业务水平，爱岗敬业，教书育人，为人师表，以良好的思想政治素质和道德风范影响和教育学生。学校管理工作要体现育人导向，把严格日常管理与引导大学生遵纪守法、养成良好行为习惯结合起来。后勤服务人员要努力搞好后勤保障，为大学生办实事办好事，使大学生在优质服务中受到感染和教育。

24. 完善大学生思想政治教育工作队伍的选拔、培养和管理机制。按照政治强、业务精、纪律严、作风正的要求，坚持专兼结合的原则，研究和制定加强高校思想政治教育工作队伍建设的具体意见，吸引更多的优秀教师从事学生思想政治教育工作。要加强思想政治教育学科建设，培养思想政治教育工作专门人才。实施大学生思想政治教育队伍人才培养工程，建立思想政治教育人才培养基地。选拔推荐一批从事思想政治教育的骨干进一步深造，攻读思想政治教育相关专业的硕士、博士学位，学成后专职从事思想政治教育工作。采取有效措施，组织参加社会实践、挂职锻炼、学习考察等活动，不断提高他们的工作能力和水平。要建立完善大学生思想政治教育专职队伍的激励和保障机制。完善思想政治教育队伍的专业职务系列，从思想政治教育专职队伍的实际出发，解决好他们的教师职务聘任问题，鼓励支持他们安心本职工作，成为思想政治教育方面的专家。建立专项评优奖励制度，定期评比表彰思想政治教育工作先进集体和个人，树立、宣传、推广一批先进典型。

要采取有力措施，着力建设一支高水平的辅导员、班主任队伍，院（系）的每个年级都要按适当比例配备一定数量的专职辅导员，每个班级都要配备一名兼职班主任，鼓励优秀教师兼任班主任工作。辅导员、班主任工作在大学生思想政治教育第一线，任务繁重，责任重大，学校要从政治上、工作上、生活上关心他们，在政策和待遇方面给予适当倾斜。

## 八、努力营造大学生思想政治教育工作的良好社会环境

25. 全社会都要关心大学生的健康成长，支持大学生思想政治教育工作。宣传、理论、新闻、文艺、出版等方面要坚持弘扬主旋律，为大学生思想政治教育营造良好的社会舆论氛围，为大学生提供丰富的精神食粮。要坚持团结稳定鼓劲、正面宣传为主，反映高等学校思想政治教育工作的先进典型和优秀大学生的先进事迹。各类网站要牢牢把握正确导向，主动承担社会责任，积极开发教育资源，开展形式多样的网络思想政治教育活动。重点新闻网站要不断改进创新，切实增强吸引力和感染力，在大学生思想政治教育中发挥导向作用。要大力发展文化事业和文化产业，为学生提供更多更好的文化产品和文化服务。文化部门和艺术团体要进一步推进高雅文化进校园活动，丰富校园文化生活，提高学生艺术修养。充分发挥爱国主义教育基地对大学生的教育作用，各类博物馆、纪念馆、展览馆、烈士陵园等爱国主义教育基地，对大学生集体参观一律实行免票。各级政府和企事业单位要鼓励和支持面向大学生的公益性文化活动。坚持不懈地开展“扫黄”“打非”，依法加强对各类网站的管理，净化文化市场和网络环境。

26. 各级党委和政府要为高等学校创建良好的育人环境。要把优化校园周边环境作为推进社会主义精神文明建设的重要任务，结合城市改造和社区建设搞好规划，加强综合治理。要依法加强对学校周边的文化、娱乐、商业经营活动的管理，坚决取缔干扰学校正常教学、生活秩序的经营性娱乐活动场所，严厉打击各种刑事犯罪活动，及时处理侵害学生合法权益、身心健康的事件和影响学校、社会稳定的事端。要为大学生专业实习和社会实践创造条件，提供便利。要把高校毕业生就业作为就业工作的重要组成部分，常抓不懈，完善毕业生就业市场机制，健全毕业生就业服务体系，落实毕业生自主创业、灵活就业的各

项扶持政策。要动员社会各方力量，完善资助困难大学生的机制，帮助大学生解决实际困难。党政机关、社会团体、企事业单位以及街道、社区、村镇等要主动配合做好大学生思想政治教育工作。学校要探索建立与大学生家庭联系沟通的机制，相互配合对学生进行思想政治教育。

## 九、切实加强对大学生思想政治教育工作的领导

27. 各级党委和政府要从战略和全局的高度，充分认识加强和改进大学生思想政治教育的重大意义，把“培养什么人”、“如何培养人”这一重大课题始终摆在重要位置，切实加强领导。要弘扬求真务实精神，及时研究解决涉及大学生健康成长和切身利益的实际问题。制定有关政策和法规，不仅要有利于经济和各项事业的发展，而且要有利于大学生的健康成长。要建立健全党委统一领导、党政群齐抓共管、有关部门各负其责、全社会大力支持的领导体制和工作机制，形成全党全社会共同关心支持大学生思想政治教育的强大合力。教育部要对全国高等学校大学生思想政治教育工作统一规划、组织协调、宏观指导和督促检查。各地负责高校思想政治工作的部门，要切实负起责任。各有关部门要主动配合，共同做好大学生思想政治教育工作。要重视和加强民办高等学校党的建设和大学生的思想政治教育。

28. 高等学校要充分发挥大学生思想政治教育主阵地、主课堂、主渠道作用。要把大学生思想政治教育摆在学校各项工作的首位，贯穿于教育教学的全过程。要建立和完善党委统一领导、党政齐抓共管、专兼职队伍相结合、全校紧密配合、学生自我教育的领导体制和工作机制。高等学校党委要统一领导大学生思想政治教育工作，经常分析大学生思想状况和思想政治教育工作状况，制订思想政治教育的总体规划，对大学生思想政治教育作出全面部署和安排。校长要对大学生德智体美全面发展负责，把思想政治教育与教学、科研、社会服务工作结合起来，同时部署，同时检查，同时评估。学校各部门要明确各自责任，密切协作，切实完成相应任务。学校基层党团组织要认真履行学生思想

政治教育的职责，把加强和改进大学生思想政治教育的各项任务真正落到实处。

29. 不断完善大学生思想政治教育的保障机制。要建立健全与法律法规相协调、与高等教育全面发展相衔接、与大学生成长成才需要相适应的思想政治教育和管理的制度体系。要加大大学生思想政治教育工作的经费投入，教育行政部门和学校要合理确定思想政治教育工作方面的经费投入科目，列入预算，确保各项工作顺利开展。学校要为开展大学生思想政治教育工作提供必要的场所与设备，不断改善条件，优化手段。要把大学生思想政治教育工作作为对高等学校办学质量和水平评估考核的重要指标，纳入高等学校党的建设和教育教学评估体系。

30. 加强大学生思想政治教育科学研究工作。各级宣传和教育行政部门要组织专家学者积极开展科学研究，为加强和改进大学生思想政治教育提供理论支持和决策依据。各地哲学社会科学规划工作领导部门要把大学生思想政治教育重大问题研究列入规划。各级高等学校思想政治教育研究会等学术研究机构和团体要加强自身建设，发挥在大学生思想政治教育科学研究、决策咨询、工作指导等方面的重要作用。

（资料来源：人民日报，2004 年 10 月 15 日，第 1 版）

附录二

# 中共中央关于在全党开展以实践“三个代表”重要思想为主要内容的保持共产党员先进性教育活动的意见

（2004年11月7日）

根据党的十六大和十六届四中全会精神，为进一步加强党的执政能力建设，全面推进党的建设新的伟大工程，确保党始终走在时代前列，更好地肩负起历史使命，中央决定，从2005年1月开始，用一年半左右的时间，在全党开展以实践“三个代表”重要思想为主要内容的保持共产党员先进性教育活动。

## 一、开展先进性教育活动的重要性和必要性

中国共产党是在一个拥有13亿人口的大国执政的马克思主义政党。我们党在中国执政，是历史的选择、人民的选择。进一步为人民执好政、掌好权，是时代的要求、人民的要求。党成立80多年来，团结和带领人民取得了革命、建设、改革的伟大胜利。这一历程，是党代表中国先进生产力的发展要求、代表中国先进文化的前进方向、代表中国最广大人民的根本利益的历程，是始终保持党的先进性的历程。在新的历史条件下，继续保持党的先进性，关系党执政能力的提高和执政地位的巩固，关系党和人民事业的兴旺发达和国家的长治久安。

党的先进性要通过党员的先锋模范作用来体现。我们党已经拥有6800多万党员。当前，我们正处在全面建设小康社会、加快推进社会主义现代化的新的发展阶段，党所处的环境、党所肩负的任务、党员队伍的状况都发生了重大变

化。新的形势和任务，对保持共产党员的先进性提出了新的更高的要求。在新的历史条件下，共产党员保持先进性，就是要自觉学习实践邓小平理论和“三个代表”重要思想，坚定共产主义理想和中国特色社会主义信念，胸怀全局、心系群众，奋发进取、开拓创新，立足岗位、无私奉献，充分发挥先锋模范作用，团结带领广大群众前进，不断为改革开放和社会主义现代化建设作出贡献。从总体上看，我们的党员队伍是适应这些要求的，是有战斗力的。广大党员在改革发展稳定的各项工作中，在突发事件、关键时刻的考验面前，发挥了先锋模范作用。但是，在党员队伍中也存在着与保持先进性的要求不相适应的问题。一些党员理想信念动摇，党员意识和执政意识淡薄，带领群众前进的能力不强，难以发挥先锋模范作用。一些党员干部事业心和责任感不强，思想作风不端正，工作作风不扎实，脱离群众的问题比较突出。一些党员领导干部思想理论水平不高，解决复杂矛盾的能力不强，有的甚至以权谋私、腐化堕落。一些党的基层组织凝聚力、战斗力不强，有的甚至软弱涣散、不起作用。这些问题的存在，严重影响党的先进性，影响党的工作，损害党和人民的事业。

党的十六届四中全会就加强党的执政能力建设作出了全面部署，决定在全党开展以实践“三个代表”重要思想为主要内容的保持共产党员先进性教育活动。这是坚持用“三个代表”重要思想武装全党的重要举措，是提高党的执政能力、巩固党的执政基础、完成党的执政使命的重要举措，是实现全面建设小康社会宏伟目标、推进中国特色社会主义伟大事业的重要举措。坚持经常性教育与适当的集中教育相结合，是我们党解决自身存在问题、加强自身建设的一条重要经验。各级党委要按照胡锦涛同志在党的十六届四中全会上关于“各级党委要担负起组织领导责任，推动这项活动深入开展起来，取得良好成效”的重要指示精神，以高度的政治责任感，把开展先进性教育活动作为学习贯彻党的十六大和十六届四中全会精神的一项重大措施，作为关系全局和长远的一件大事，切实抓紧抓好。广大共产党员要按照中央要求，积极投入到这一活动中来，通过学习教育，提高思想认识，在建设中国特色社会主义的伟大实践中更好地发挥先锋模范作用。

## 二、开展先进性教育活动的指导思想和目标要求

开展先进性教育活动，要以邓小平理论和“三个代表”重要思想为指导，贯彻党的十六大和十六届三中、四中全会精神，树立和落实科学发展观，按照立党为公、执政为民的要求，坚持党要管党、从严治党的方针，紧密联系改革发展稳定工作实际和党员队伍建设现状，以学习实践“三个代表”重要思想为主要内容，引导广大党员学习贯彻党章，坚定理想信念，坚持党的宗旨，增强党的观念，发扬优良传统，认真解决党员和党组织在思想、组织、作风以及工作方面存在的突出问题，促进影响本地区本部门本单位改革发展稳定、涉及群众切身利益的实际问题的解决，不断增强党员队伍和党组织的创造力、凝聚力、战斗力，为实现全面建设小康社会的宏伟目标提供坚强的政治保证和组织保证。

开展先进性教育活动，要达到如下目标要求：

（一）提高党员素质。党员学习实践“三个代表”重要思想的自觉性、坚定性进一步增强，对新时期保持共产党员先进性的要求进一步明确，理想信念进一步坚定，先锋模范作用进一步发挥。

（二）加强基层组织。党的基层组织在成为贯彻“三个代表”重要思想的组织者、推动者和实践者上取得新进展，战斗堡垒作用进一步发挥，党执政的组织基础进一步巩固。

（三）服务人民群众。党员全心全意为人民服务的宗旨观念进一步增强，作风进一步改进，组织群众、宣传群众、教育群众、服务群众的本领进一步提高，党群、干群关系进一步密切，真正做到为民、务实、清廉。

（四）促进各项工作。党的路线方针政策在各地区各部门各单位进一步贯彻，科学发展观和正确政绩观进一步树立和落实，各项工作取得新的进展。

开展先进性教育活动，要在解决实际问题上下工夫，把是否解决了群众反映强烈、通过努力能够解决的突出问题和群众是否满意作为衡量先进性教育活

动成效的重要标准。

## 三、开展先进性教育活动的指导原则

（一）坚持理论联系实际，务求实效。大力弘扬求真务实精神，用科学理论武装头脑、指导实践、推动工作。把先进性教育活动与促进改革发展稳定紧密结合起来，与推动本地区本部门本单位的各项工作紧密结合起来，不搞形式主义，不做表面文章，切实做到学习教育和推动工作两不误、两促进。

（二）坚持正面教育为主，认真开展批评与自我批评。树立和宣传先进典型，弘扬正气。引导党员提高学习的自觉性，主动查找和切实解决自身存在的问题，同时互相帮助，共同进步。开展主题实践活动，为党员加强党性锻炼、发挥先锋模范作用创造条件。

（三）坚持发扬党内民主，走群众路线。尊重党员的民主权利，调动党员参加先进性教育活动的积极性。坚持从群众中来、到群众中去，广泛听取群众意见，自觉接受群众的评议和监督。

（四）坚持领导干部带头，发挥表率作用。从中央到地方的各级党员领导干部都要以普通党员的身份参加先进性教育活动，带头参加学习，带头查找问题，带头制定和落实整改措施。党员领导干部尤其要认真解决理想信念、廉洁从政、求真务实、联系群众等方面存在的问题。党员领导干部还要认真负责地抓好本地区本部门本单位的先进性教育活动。

（五）坚持区别情况，分类指导。根据党政机关、城市基层和农村等各方面党员的不同情况，有针对性地提出党员保持先进性的具体要求，确定各自的重点学习内容和重点解决的问题。对新的经济和社会组织中的党员、流动人员中的党员、下岗失业人员中的党员和离退休职工中的党员等，可在坚持先进性教育活动基本要求的前提下，采取切合实际的方式方法，开展有效的教育活动。

## 四、开展先进性教育活动的总体安排和方法步骤

全党的先进性教育活动分三批进行，每批半年左右时间。

第一批：县及县以上党政机关和部分企事业单位，从2005年1月开始到2005年6月基本结束。包括中央和地方各级党政机关，全国和地方各级人大、政协机关，各级法院、检察院和人民团体机关，中央金融机构总部机关，中央、国务院直属事业单位，中央直属机关、中央国家机关各部门和地方各级机关管理的部分事业单位，部分中央企业的总部机关，铁道部所属铁路局、铁路分局机关。

第二批：城市基层和乡镇机关，从2005年7月开始到2005年12月基本结束。包括街道社区和社会团体、社会中介组织，中央金融机构的省级分支机构、派出机构和市、县分支机构及其营业网点，部属和地方所属高等院校、中等专业学校、城市中小学校，尚未参加第一批集中教育活动的中央企业及其他企事业单位，乡镇机关及其直属单位、县（市、区）派驻乡镇的基层单位。

第三批：农村和部分党政机关，从2006年1月开始到2006年6月基本结束。包括村，党的组织关系在乡镇、村的企事业单位，农村中小学校等，承担先进性教育活动组织和指导工作的中央和地方有关机关、部门。

在这个总体安排的前提下，对个别情况特殊的县（市、区）先进性教育活动的安排，省（自治区、直辖市）党委可根据党员在城乡分布的实际情况作适当调整。党员在县内流动的，一般应在原单位党组织参加先进性教育活动；在县外流动的，一般应在流入地党组织参加先进性教育活动。停产关闭破产、生产经营困难和正在改制的国有企业，如党组织不健全或不能正常发挥作用，其先进性教育活动的安排，可在坚持总的要求的前提下，区别对待，灵活安排。要保证先进性教育活动覆盖到全党所有的基层组织，力争使每个党员都参加活动、受到教育。

在每批的半年时间内，各单位集中学习教育的起止时间，可在确保质量的

前提下，根据实际情况灵活掌握和安排，但一般不得少于 3 个月。集中学习教育分三个阶段进行。

第一阶段：学习动员。进行广泛深入的思想发动，组织好党员的学习培训，使广大党员进一步深化对邓小平理论和“三个代表”重要思想的理解，深化对党的十六大和十六届三中、四中全会精神的理解，提高对加强党的执政能力建设的认识，明确新时期保持共产党员先进性的基本要求。组织党员认真学习《保持共产党员先进性教育读本》，重点学习党章。根据党员的实际情况，采取个人自学、专题辅导和上党课等多种形式，确保学习培训的效果。党员领导干部要积极参加所在党支部组织的专题学习，参加党委（党组）理论学习中心组的专题学习。

第二阶段：分析评议。在认真学习的基础上，组织党员和党员领导干部，对照党章规定的党员义务和党员领导干部的基本条件，按照“两个务必”和“八个坚持、八个反对”的要求，全面总结自己近年来的思想、工作和作风等方面的情况，重点检查存在的问题，从世界观、人生观、价值观上剖析思想根源，领导干部还要从权力观、地位观、利益观方面进行剖析。有书写能力的要撰写党性分析材料。党组织要采取适当方式广泛征求群众意见，并将征求到的意见如实向党员反馈；领导机关和党员领导干部要多渠道多层次征求有关方面的意见。在广泛开展谈心活动的基础上，召开专题组织生活会，党员之间进行评议，开展批评与自我批评。领导班子还要召开党员领导干部专题民主生活会。党支部根据民主评议的情况、征求到的群众意见和党员的一贯表现，提出对每个党员的评议意见。

第三阶段：整改提高。针对征求意见、自我剖析中查找出的问题和民主评议中反映的问题，认真制定整改措施，明确整改重点，落实整改责任，并按照党章的要求切实进行整改。党员个人、基层党组织和领导机关的问题，要分别制定整改措施。上级机关和党员领导干部的整改，要为下级机关和其他党员作出表率。制定整改措施和进行整改的情况，要在一定范围内公布，充分听取群众意见，自觉接受群众监督。

集中学习教育基本结束后，要用一定的时间，切实做好巩固和扩大整改成果的工作。对应当解决而没有解决的问题，要集中力量切实解决；对暂时解决不了的问题，要向群众作出说明；整改效果不好、多数群众不满意的，要在上级党组织的监督下重新进行整改。要搞好建章立制，建立健全党员教育管理常抓不懈的工作机制。党组织对优秀党员要进行表扬。要把那些符合党员条件的先进分子及时吸收到党内来，壮大党员队伍。

这次教育活动，不单独搞一个组织处理阶段。对那些不履行党员义务、不具备党员条件的，要多做教育工作，促使他们尽快转化为合格的共产党员。对经教育不改、不符合党员条件的，要根据党章和有关规定，按照正常程序进行处理。对违纪党员，要按照《中国共产党纪律处分条例》的规定，给予纪律处分。

## 五、加强对先进性教育活动的组织领导

开展先进性教育活动，是全党政治生活中的一件大事。各级党组织要高度重视，统筹安排，精心组织，切实做到把学习实践“三个代表”重要思想作为主线贯穿始终，把学习贯彻党章、党的十六大和十六届三中、四中全会精神贯穿始终，把不断提高党员的思想认识贯穿始终，把进一步调动党员的积极性贯穿始终，把抓落实、求实效贯穿始终，把加强领导贯穿始终。

（一）建立领导责任制。先进性教育活动的领导关系，原则上按照党组织隶属关系确定。党的组织关系在地方的中央所属企事业单位的先进性教育活动，由地方党委领导，上级主管部门协助配合。各地区各部门的先进性教育活动，党委（党组）要全面负责，主要负责同志要亲自抓，一级抓一级，层层抓落实。要充分发挥机关党委等基层党组织的作用，发挥基层党组织负责人作为直接责任人的作用。中央成立保持共产党员先进性教育活动领导小组，在党中央的领导下开展工作。中央先进性教育活动领导小组下设办公室，负责对先进性教育活动的具体指导。各地区各部门也要成立相应的领导机构和工作机构，落实领

导和指导责任。对那些软弱涣散、不能领导先进性教育活动的基层党组织，要先进行整顿，再开展先进性教育活动。对那些开展先进性教育活动确有困难的基层党组织，要切实帮助他们解决困难，为他们开展好先进性教育活动创造必要条件。先进性教育活动要本着勤俭节约的精神进行，同时保证必要的经费。

（二）建立党员领导干部联系点制度。各级党员领导干部都要根据不同批次先进性教育活动的特点，结合各自分工确定联系点。通过深入联系点调查研究、督促检查、具体指导，使联系点成为先进性教育活动的示范点。要帮助联系点进一步找出工作差距，理清工作思路，解决实际问题。

（三）建立督查制度。在第一批先进性教育活动开展时，中央先进性教育活动领导小组向各省（自治区、直辖市）、中央直属机关和中央国家机关各部门以及中央和国务院直属事业单位、中央金融机构、部分中央企业派出督导组，各地区各部门也要向所属地方和单位派出督导组。在第二批和第三批开展时，中央先进性教育活动领导小组向各省（自治区、直辖市）和有关部门派出巡回检查组，各地区各部门向所属地方和单位派出督导组或巡回检查组。督导组和巡回检查组通过各种有效方式，了解所去地方和单位的先进性教育活动情况，提出建议，督促解决问题，防止形式主义，防止走过场。

（四）建立群众监督评价制度。先进性教育活动的有关情况要及时向群众公布，广泛征求和听取群众意见，充分吸收群众参与，主动接受群众监督。在先进性教育活动结束前，采取群众代表评议和在群众中随机抽样调查等形式，由上级党组织对下一级的先进性教育活动进行群众满意度测评。多数群众不满意的，必须及时“补课”。

各级党组织要在坚持先进性教育活动基本要求的前提下，结合本地区本部门本单位实际，积极探索，大胆创新，运用行之有效的活动方式和载体，丰富活动内容，强化活动效果，使先进性教育活动充分体现时代性和创造性。要搞好舆论宣传，充分运用报刊、广播、电视、图书、互联网等媒体，大力宣传开展先进性教育活动的重大意义，宣传党员和党员领导干部中的先进典型，宣传先进性教育活动的做法、经验和成效，为先进性教育活动营造良好的舆论氛围。

先进性教育活动结束后，各省（自治区、直辖市）、中央直属机关和中央国家机关各部门党委（党组）要向中央报送总结报告。各地区各部门要表彰一批优秀共产党员。中央将在建党85周年前夕，表彰一批全国优秀共产党员和先进基层党组织。

各地区各部门要根据本意见制定具体实施办法。人民解放军和武警部队的先进性教育活动，由解放军总政治部作出部署。

（资料来源：新华社北京2005年1月9日电，人民日报，2005年1月10日，第1版）

附录三

# 中国共产党章程

（中国共产党第十七次全国代表大会部分
修改，2007 年 10 月 21 日通过）

## 总　纲

中国共产党是中国工人阶级的先锋队，同时是中国人民和中华民族的先锋队，是中国特色社会主义事业的领导核心，代表中国先进生产力的发展要求，代表中国先进文化的前进方向，代表中国最广大人民的根本利益。党的最高理想和最终目标是实现共产主义。

中国共产党以马克思列宁主义、毛泽东思想、邓小平理论和“三个代表”重要思想作为自己的行动指南。

马克思列宁主义揭示了人类社会历史发展的规律，它的基本原理是正确的，具有强大的生命力。中国共产党人追求的共产主义最高理想，只有在社会主义社会充分发展和高度发达的基础上才能实现。社会主义制度的发展和完善是一个长期的历史过程。坚持马克思列宁主义的基本原理，走中国人民自愿选择的适合中国国情的道路，中国的社会主义事业必将取得最终的胜利。

以毛泽东同志为主要代表的中国共产党人，把马克思列宁主义的基本原理同中国革命的具体实践结合起来，创立了毛泽东思想。毛泽东思想是马克思列宁主义在中国的运用和发展，是被实践证明了的关于中国革命和建设的正确的理论原则和经验总结，是中国共产党集体智慧的结晶。在毛泽东思想指引下，中国共产党领导全国各族人民，经过长期的反对帝国主义、封建主义、官僚资本主义的革命斗争，取得了新民主主义革命的胜利，建立了人民民主专政的中华人民共和国；建国以后，顺利地进行了社会主义改造，完成了从新民主主义到社会主义的过渡，确立了社会主义基本制度，发展了社会主义的经济、政治和文化。

十一届三中全会以来，以邓小平同志为主要代表的中国共产党人，总结建国以来正反两方面的经验，解放思想，实事求是，实现全党工作中心向经济建设的转移，实行改革开放，开辟了社会主义事业发展的新时期，逐步形成了建设中国特色社会主义的路线、方针、政策，阐明了在中国建设社会主义、巩固和发展社会主义的基本问题，创立了邓小平理论。邓小平理论是马克思列宁主义的基本原理同当代中国实践和时代特征相结合的产物，是毛泽东思想在新的历史条件下的继承和发展，是马克思主义在中国发展的新阶段，是当代中国的马克思主义，是中国共产党集体智慧的结晶，引导着我国社会主义现代化事业不断前进。

十三届四中全会以来，以江泽民同志为主要代表的中国共产党人，在建设中国特色社会主义的实践中，加深了对什么是社会主义、怎样建设社会主义和建设什么样的党、怎样建设党的认识，积累了治党治国新的宝贵经验，形成了“三个代表”重要思想。“三个代表”重要思想是对马克思列宁主义、毛泽东思想、邓小平理论的继承和发展，反映了当代世界和中国的发展变化对党和国家工作的新要求，是加强和改进党的建设、推进我国社会主义自我完善和发展的强大理论武器，是中国共产党集体智慧的结晶，是党必须长期坚持的指导思想。始终做到“三个代表”，是我们党的立党之本、执政之基、力量之源。

十六大以来，党中央坚持以邓小平理论和“三个代表”重要思想为指导，根据新的发展要求，集中全党智慧，提出了以人为本、全面协调可持续发展的科学发展观。科学发展观，是同马克思列宁主义、毛泽东思想、邓小平理论和“三个代表”重要思想既一脉相承又与时俱进的科学理论，是我国经济社会发展的重要指导方针，是发展中国特色社会主义必须坚持和贯彻的重大战略思想。

改革开放以来我们取得一切成绩和进步的根本原因，归结起来就是：开辟了中国特色社会主义道路，形成了中国特色社会主义理论体系。全党同志要倍加珍惜、长期坚持和不断发展党历经艰辛开创的这条道路和这个理论体系，高举中国特色社会主义伟大旗帜，为实现推进现代化建设、完成祖国统一、维护世界和平与促进共同发展这三大历史任务而奋斗。

我国正处于并将长期处于社会主义初级阶段。这是在经济文化落后的中国建设社会主义现代化不可逾越的历史阶段，需要上百年的时间。我国的社会主义建设，必须从我国的国情出发，走中国特色社会主义道路。在现阶段，我国社会的主要矛盾是人民日益增长的物质文化需要同落后的社会生产之间的矛盾。由于国内的因素和国际的影响，阶级斗争还在一定范围内长期存在，在某种条件下还有可能激化，但已经不是主要矛盾。我国社会主义建设的根本任务，是进一步解放生产力，发展生产力，逐步实现社会主义现代化，并且为此而改革生产关系和上层建筑中不适应生产力发展的方面和环节。必须坚持和完善公有制为主体、多种所有制经济共同发展的基本经济制度，坚持和完善按劳分配为主体、多种分配方式并存的分配制度，鼓励一部分地区和一部分人先富起来，逐步消灭贫穷，达到共同富裕，在生产发展和社会财富增长的基础上不断满足人民日益增长的物质文化需要，促进人的全面发展。发展是我们党执政兴国的第一要务。各项工作都要把有利于发展社会主义社会的生产力，有利于增强社会主义国家的综合国力，有利于提高人民的生活水平，作为总的出发点和检验标准，尊重劳动、尊重知识、尊重人才、尊重创造，做到发展为了人民、发展依靠人民、发展成果由人民共享。跨入新世纪，我国进入全面建设小康社会、加快推进社会主义现代化的新的发展阶段。必须按照中国特色社会主义事业总体布局，全面推进经济建设、政治建设、文化建设、社会建设。在新世纪新阶段，经济和社会发展的战略目标是，巩固和发展已经初步达到的小康水平，到建党一百年时，建成惠及十几亿人口的更高水平的小康社会；到建国一百年时，人均国内生产总值达到中等发达国家水平，基本实现现代化。

中国共产党在社会主义初级阶段的基本路线是：领导和团结全国各族人民，以经济建设为中心，坚持四项基本原则，坚持改革开放，自力更生，艰苦创业，为把我国建设成为富强民主文明和谐的社会主义现代化国家而奋斗。

中国共产党在领导社会主义事业中，必须坚持以经济建设为中心，其他各项工作都服从和服务于这个中心。要抓紧时机，加快发展，实施科教兴国战略、人才强国战略和可持续发展战略，充分发挥科学技术作为第一生产力的作用，依靠科技进步，提高劳动者素质，促进国民经济又好又快发展。

坚持社会主义道路、坚持人民民主专政、坚持中国共产党的领导、坚持马克思列宁主义毛泽东思想这四项基本原则，是我们的立国之本。在社会主义现代化建设的整个过程中，必须坚持四项基本原则，反对资产阶级自由化。

坚持改革开放，是我们的强国之路。要从根本上改革束缚生产力发展的经济体制，坚持和完善社会主义市场经济体制；与此相适应，要进行政治体制改革和其他领域的改革。要坚持对外开放的基本国策，吸收和借鉴人类社会创造的一切文明成果。改革开放应当大胆探索，勇于开拓，提高改革决策的科学性，增强改革措施的协调性，在实践中开创新路。

中国共产党领导人民发展社会主义市场经济。毫不动摇地巩固和发展公有制经济，毫不动摇地鼓励、支持、引导非公有制经济发展。发挥市场在资源配置中的基础性作用，建立完善的宏观调控体系。统筹城乡发展、区域发展、经济社会发展、人与自然和谐发展、国内发展和对外开放，调整经济结构，转变经济发展方式。建设社会主义新农村，走中国特色新型工业化道路，建设创新型国家，建设资源节约型、环境友好型社会。

中国共产党领导人民发展社会主义民主政治。坚持党的领导、人民当家作主、依法治国有机统一，走中国特色社会主义政治发展道路，扩大社会主义民主，健全社会主义法制，建设社会主义法治国家，巩固人民民主专政，建设社会主义政治文明。坚持和完善人民代表大会制度、中国共产党领导的多党合作和政治协商制度、民族区域自治制度以及基层群众自治制度。切实保障人民管理国家事务和社会事务、管理经济和文化事业的权利。尊重和保障人权。广开言路，建立健全民主选举、民主决策、民主管理、民主监督的制度和程序。加强国家立法和法律实施工作，实现国家各项工作法治化。

中国共产党领导人民发展社会主义先进文化。建设社会主义精神文明，实行依法治国和以德治国相结合，提高全民族的思想道德素质和科学文化素质，为改革开放和社会主义现代化建设提供强大的思想保证、精神动力和智力支持。

坚持马克思主义指导思想，树立中国特色社会主义共同理想，弘扬以爱国主义为核心的民族精神和以改革创新为核心的时代精神，倡导社会主义荣辱观，增强民族自尊、自信和自强精神，抵御资本主义和封建主义腐朽思想的侵蚀，扫除各种社会丑恶现象，努力使我国人民成为有理想、有道德、有文化、有纪律的人民。对党员还要进行共产主义远大理想教育。大力发展教育、科学、文化事业，弘扬民族优秀传统文化，繁荣和发展社会主义文化。

中国共产党领导人民构建社会主义和谐社会。按照民主法治、公平正义、诚信友爱、充满活力、安定有序、人与自然和谐相处的总要求和共同建设、共同享有的原则，以改善民生为重点，解决好人民最关心、最直接、最现实的利益问题，努力形成全体人民各尽其能、各得其所而又和谐相处的局面。严格区分和正确处理敌我矛盾和人民内部矛盾这两类不同性质的矛盾。加强社会治安综合治理，依法坚决打击各种危害国家安全和利益、危害社会稳定和经济发展的犯罪活动和犯罪分子，保持社会长期稳定。

中国共产党坚持对人民解放军和其他人民武装力量的领导，加强人民解放军的建设，切实保证人民解放军履行新世纪新阶段军队历史使命，充分发挥人民解放军在巩固国防、保卫祖国和参加社会主义现代化建设中的作用。

中国共产党维护和发展平等团结互助和谐的社会主义民族关系，积极培养、选拔少数民族干部，帮助少数民族和民族地区发展经济、文化和社会事业，实现各民族共同团结奋斗、共同繁荣发展。全面贯彻党的宗教工作基本方针，团结信教群众为经济社会发展作贡献。

中国共产党同全国各民族工人、农民、知识分子团结在一起，同各民主党派、无党派人士、各民族的爱国力量团结在一起，进一步发展和壮大由全体社会主义劳动者、社会主义事业的建设者、拥护社会主义的爱国者、拥护祖国统一的爱国者组成的最广泛的爱国统一战线。不断加强全国人民包括香港特别行政区同胞、澳门特别行政区同胞、台湾同胞和海外侨胞的团结。按照“一个国家、两种制度”的方针，促进香港、澳门长期繁荣稳定，完成祖国统一大业。

中国共产党坚持独立自主的和平外交政策，坚持和平发展道路，坚持互利共赢的开放战略，统筹国内国际两个大局，积极发展对外关系，努力为我国的改革开放和现代化建设争取有利的国际环境。在国际事务中，维护我国的独立和主权，反对霸权主义和强权政治，维护世界和平，促进人类进步，努力推动建设持久和平、共同繁荣的和谐世界。在互相尊重主权和领土完整、互不侵犯、互不干涉内政、平等互利、和平共处五项原则的基础上，发展我国同世界各国的关系。不断发展我国同周边国家的睦邻友好关系，加强同发展中国家的团结与合作。按照独立自主、完全平等、互相尊重、互不干涉内部事务的原则，发展我党同各国共产党和其他政党的关系。

中国共产党要领导全国各族人民实现社会主义现代化的宏伟目标，必须紧密围绕党的基本路线，加强党的执政能力建设和先进性建设，以改革创新精神全面推进党的建设新的伟大工程。坚持立党为公、执政为民，坚持党要管党、从严治党，发扬党的优良传统和作风，不断提高党的领导水平和执政水平，提高拒腐防变和抵御风险的能力，不断增强党的阶级基础和扩大党的群众基础，不断提高党的创造力、凝聚力、战斗力，使我们党始终走在时代前列，成为领导全国人民沿着中国特色社会主义道路不断前进的坚强核心。党的建设必须坚决实现以下四项基本要求：

第一，坚持党的基本路线。全党要用邓小平理论、“三个代表”重要思想和党的基本路线统一思想，统一行动，深入贯彻落实科学发展观，并且毫不动摇地长期坚持下去。必须把改革开放同四项基本原则统一起来，全面落实党的基本路线，全面执行党在社会主义初级阶段的基本纲领，反对一切“左”的和右的错误倾向，要警惕右，但主要是防止“左”。加强各级领导班子建设，选拔使用在改革开放和社会主义现代化建设中政绩突出、群众信任的干部，培养和造就千百万社会主义事业接班人，从组织上保证党的基本理论、基本路线、基本纲领、基本经验的贯彻落实。

第二，坚持解放思想，实事求是，与时俱进。党的思想路线是一切从实际出发，理论联系实际，实事求是，在实践中检验真理和发展真理。全党必须坚持这条思想路线，弘扬求真务实精神，积极探索，大胆试验，开拓创新，创造性地开展工作，不断研究新情况，总结新经验，解决新问题，在实践中丰富和发展马克思主义，推进马克思主义中国化。

第三，坚持全心全意为人民服务。党除了工人阶级和最广大人民群众的利益，没有自己特殊的利益。党在任何时候都把群众利益放在第一位，同群众同甘共苦，保持最密切的联系，坚持权为民所用、情为民所系、利为民所谋，不允许任何党员脱离群众，凌驾于群众之上。党在自己的工作中实行群众路线，一切为了群众，一切依靠群众，从群众中来，到群众中去，把党的正确主张变为群众的自觉行动。我们党的最大政治优势是密切联系群众，党执政后的最大危险是脱离群众。党风问题、党同人民群众联系问题是关系党生死存亡的问题。党坚持标本兼治、综合治理、惩防并举、注重预防的方针，建立健全惩治和预防腐败体系，坚持不懈地反对腐败，加强党风建设和廉政建设。

第四，坚持民主集中制。民主集中制是民主基础上的集中和集中指导下的民主相结合。它既是党的根本组织原则，也是群众路线在党的生活中的运用。必须充分发扬党内民主，保障党员民主权利，发挥各级党组织和广大党员的积极性创造性。必须实行正确的集中，保证全党的团结统一和行动一致，保证党的决定得到迅速有效的贯彻执行。加强组织性纪律性，在党的纪律面前人人平等。加强对党的领导机关和党员领导干部的监督，不断完善党内监督制度。党在自己的政治生活中正确地开展批评和自我批评，在原则问题上进行思想斗争，坚持真理，修正错误。努力造成又有集中又有民主，又有纪律又有自由，又有统一意志又有个人心情舒畅的生动活泼的政治局面。

党的领导主要是政治、思想和组织的领导。党要适应改革开放和社会主义现代化建设的要求，坚持科学执政、民主执政、依法执政，加强和改善党的领导。党必须按照总揽全局、协调各方的原则，在同级各种组织中发挥领导核心作用。党必须集中精力领导经济建设，组织、协调各方面的力量，同心协力，围绕经济建设开展工作，促进经济社会全面发展。党必须实行民主的科学的决策，制定和执行正确的路线、方针、政策，做好党的组织工作和宣传教育工作，发挥全体党员的先锋模范作用。党必须在宪法和法律的范围内活动。党必须保证国家的立法、司法、行政机关，经济、文化组织和人民团体积极主动地、独立负责地、协调一致地工作。党必须加强对工会、共产主义青年团、妇女联合会等群众组织的领导，充分发挥它们的作用。党必须适应形势的发展和情况的变化，完善领导体制，改进领导方式，增强执政能力。共产党员必须同党外群众亲密合作，共同为建设中国特色社会主义而奋斗。

## 第一章　党员

**第一条**　年满十八岁的中国工人、农民、军人、知识分子和其他社会阶层的先进分子，承认党的纲领和章程，愿意参加党的一个组织并在其中积极工作、执行党的决议和按期交纳党费的，可以申请加入中国共产党。

**第二条**　中国共产党党员是中国工人阶级的有共产主义觉悟的先锋战士。

中国共产党党员必须全心全意为人民服务，不惜牺牲个人的一切，为实现共产主义奋斗终身。

中国共产党党员永远是劳动人民的普通一员。除了法律和政策规定范围内的个人利益和工作职权以外，所有共产党员都不得谋求任何私利和特权。

**第三条**　党员必须履行下列义务：

（一）认真学习马克思列宁主义、毛泽东思想、邓小平理论和“三个代表”重要思想，学习科学发展观，学习党的路线、方针、政策和决议，学习党的基本知识，学习科学、文化、法律和业务知识，努力提高为人民服务的本领。

（二）贯彻执行党的基本路线和各项方针、政策，带头参加改革开放和社会主义现代化建设，带动群众为经济发展和社会进步艰苦奋斗，在生产、工作、学习和社会生活中起先锋模范作用。

（三）坚持党和人民的利益高于一切，个人利益服从党和人民的利益，吃苦在前，享受在后，克己奉公，多做贡献。

（四）自觉遵守党的纪律，模范遵守国家的法律法规，严格保守党和国家的秘密，执行党的决定，服从组织分配，积极完成党的任务。

（五）维护党的团结和统一，对党忠诚老实，言行一致，坚决反对一切派别组织和小集团活动，反对阳奉阴违的两面派行为和一切阴谋诡计。

（六）切实开展批评和自我批评，勇于揭露和纠正工作中的缺点、错误，坚决同消极腐败现象作斗争。

（七）密切联系群众，向群众宣传党的主张，遇事同群众商量，及时向党反映群众的意见和要求，维护群众的正当利益。

（八）发扬社会主义新风尚，带头实践社会主义荣辱观，提倡共产主义道德，为了保护国家和人民的利益，在一切困难和危险的时刻挺身而出，英勇斗争，不怕牺牲。

**第四条** 党员享有下列权利：

（一）参加党的有关会议，阅读党的有关文件，接受党的教育和培训。

（二）在党的会议上和党报党刊上，参加关于党的政策问题的讨论。

（三）对党的工作提出建议和倡议。

（四）在党的会议上有根据地批评党的任何组织和任何党员，向党负责地揭发、检举党的任何组织和任何党员违法乱纪的事实，要求处分违法乱纪的党员，要求罢免或撤换不称职的干部。

（五）行使表决权、选举权，有被选举权。

（六）在党组织讨论决定对党员的党纪处分或作出鉴定时，本人有权参加和进行申辩，其他党员可以为他作证和辩护。

（七）对党的决议和政策如有不同意见，在坚决执行的前提下，可以声明保留，并且可以把自己的意见向党的上级组织直至中央提出。

（八）向党的上级组织直至中央提出请求、申诉和控告，并要求有关组织给以负责的答复。

党的任何一级组织直至中央都无权剥夺党员的上述权利。

**第五条** 发展党员，必须经过党的支部，坚持个别吸收的原则。

申请入党的人，要填写入党志愿书，要有两名正式党员作介绍人，要经过支部大会通过和上级党组织批准，并且经过预备期的考察，才能成为正式党员。

介绍人要认真了解申请人的思想、品质、经历和工作表现，向他解释党的纲领和党的章程，说明党员的条件、义务和权利，并向党组织作出负责的报告。

党的支部委员会对申请入党的人，要注意征求党内外有关群众的意见，进行严格的审查，认为合格后再提交支部大会讨论。

上级党组织在批准申请人入党以前，要派人同他谈话，作进一步的了解，并帮助他提高对党的认识。

在特殊情况下，党的中央和省、自治区、直辖市委员会可以直接接收党员。

**第六条** 预备党员必须面向党旗进行入党宣誓。誓词如下：我志愿加入中国共产党，拥护党的纲领，遵守党的章程，履行党员义务，执行党的决定，严守党的纪律，保守党的秘密，对党忠诚，积极工作，为共产主义奋斗终身，随时准备为党和人民牺牲一切，永不叛党。

**第七条** 预备党员的预备期为一年。党组织对预备党员应当认真教育和考察。

预备党员的义务同正式党员一样。预备党员的权利，除了没有表决权、选举权和被选举权以外，也同正式党员一样。

预备党员预备期满，党的支部应当及时讨论他能否转为正式党员。认真履行党员义务，具备党员条件的，应当按期转为正式党员；需要继续考察和教育的，可以延长预备期，但不能超过一年；不履行党员义务，不具备党员条件的，应当取消预备党员资格。预备党员转为正式党员，或延长预备期，或取消预备党员资格，都应当经支部大会讨论通过和上级党组织批准。

预备党员的预备期，从支部大会通过他为预备党员之日算起。党员的党龄，从预备期满转为正式党员之日算起。

**第八条** 每个党员，不论职务高低，都必须编入党的一个支部、小组或其他特定组织，参加党的组织生活，接受党内外群众的监督。党员领导干部还必须参加党委、党组的民主生活会。不允许有任何不参加党的组织生活、不接受党内外群众监督的特殊党员。

**第九条** 党员有退党的自由。党员要求退党，应当经支部大会讨论后宣布除名，并报上级党组织备案。

党员缺乏革命意志，不履行党员义务，不符合党员条件，党的支部应当对他进行教育，要求他限期改正；经教育仍无转变的，应当劝他退党。劝党员退党，应当经支部大会讨论决定，并报上级党组织批准。如被劝告退党的党员坚持不退，应当提交支部大会讨论，决定把他除名，并报上级党组织批准。

党员如果没有正当理由，连续六个月不参加党的组织生活，或不交纳党费，或不做党所分配的工作，就被认为是自行脱党。支部大会应当决定把这样的党员除名，并报上级党组织批准。

## 第二章　党的组织制度

**第十条**　党是根据自己的纲领和章程，按照民主集中制组织起来的统一整体。党的民主集中制的基本原则是：

（一）党员个人服从党的组织，少数服从多数，下级组织服从上级组织，全党各个组织和全体党员服从党的全国代表大会和中央委员会。

（二）党的各级领导机关，除它们派出的代表机关和在非党组织中的党组外，都由选举产生。

（三）党的最高领导机关，是党的全国代表大会和它所产生的中央委员会。党的地方各级领导机关，是党的地方各级代表大会和它们所产生的委员会。党的各级委员会向同级的代表大会负责并报告工作。

（四）党的上级组织要经常听取下级组织和党员群众的意见，及时解决他们提出的问题。党的下级组织既要向上级组织请示和报告工作，又要独立负责地解决自己职责范围内的问题。上下级组织之间要互通情报、互相支持和互相监督。党的各级组织要按规定实行党务公开，使党员对党内事务有更多的了解和参与。

（五）党的各级委员会实行集体领导和个人分工负责相结合的制度。凡属重大问题都要按照集体领导、民主集中、个别酝酿、会议决定的原则，由党的委员会集体讨论，作出决定；委员会成员要根据集体的决定和分工，切实履行自己的职责。

（六）党禁止任何形式的个人崇拜。要保证党的领导人的活动处于党和人民的监督之下，同时维护一切代表党和人民利益的领导人的威信。

**第十一条** 党的各级代表大会的代表和委员会的产生，要体现选举人的意志。选举采用无记名投票的方式。候选人名单要由党组织和选举人充分酝酿讨论。可以直接采用候选人数多于应选人数的差额选举办法进行正式选举。也可以先采用差额选举办法进行预选，产生候选人名单，然后进行正式选举。选举人有了解候选人情况、要求改变候选人、不选任何一个候选人和另选他人的权利。任何组织和个人不得以任何方式强迫选举人选举或不选举某个人。

党的地方各级代表大会和基层代表大会的选举，如果发生违反党章的情况，上一级党的委员会在调查核实后，应作出选举无效和采取相应措施的决定，并报再上一级党的委员会审查批准，正式宣布执行。

党的各级代表大会代表实行任期制。

**第十二条** 党的中央和地方各级委员会在必要时召集代表会议，讨论和决定需要及时解决的重大问题。代表会议代表的名额和产生办法，由召集代表会议的委员会决定。

**第十三条** 凡是成立党的新组织，或是撤销党的原有组织，必须由上级党组织决定。

在党的地方各级代表大会和基层代表大会闭会期间，上级党的组织认为有必要时，可以调动或者指派下级党组织的负责人。

党的中央和地方各级委员会可以派出代表机关。

党的中央和省、自治区、直辖市委员会实行巡视制度。

**第十四条** 党的各级领导机关，对同下级组织有关的重要问题作出决定时，在通常情况下，要征求下级组织的意见。要保证下级组织能够正常行使他们的职权。凡属应由下级组织处理的问题，如无特殊情况，上级领导机关不要干预。

**第十五条** 有关全国性的重大政策问题，只有党中央有权作出决定，各部门、各地方的党组织可以向中央提出建议，但不得擅自作出决定和对外发表主张。

党的下级组织必须坚决执行上级组织的决定。下级组织如果认为上级组织的决定不符合本地区、本部门的实际情况，可以请求改变；如果上级组织坚持原决定，下级组织必须执行，并不得公开发表不同意见，但有权向再上一级组织报告。

党的各级组织的报刊和其他宣传工具，必须宣传党的路线、方针、政策和决议。

**第十六条** 党组织讨论决定问题，必须执行少数服从多数的原则。决定重要问题，要进行表决。对于少数人的不同意见，应当认真考虑。如对重要问题发生争论，双方人数接近，除了在紧急情况下必须按多数意见执行外，应当暂缓作出决定，进一步调查研究，交换意见，下次再表决；在特殊情况下，也可将争论情况向上级组织报告，请求裁决。

党员个人代表党组织发表重要主张，如果超出党组织已有决定的范围，必须提交所在的党组织讨论决定，或向上级党组织请示。任何党员不论职务高低，都不能个人决定重大问题；如遇紧急情况，必须由个人作出决定时，事后要迅速向党组织报告。不允许任何领导人实行个人专断和把个人凌驾于组织之上。

**第十七条** 党的中央、地方和基层组织，都必须重视党的建设，经常讨论和检查党的宣传工作、教育工作、组织工作、纪律检查工作、群众工作、统一战线工作等，注意研究党内外的思想政治状况。

## 第三章 党的中央组织

**第十八条** 党的全国代表大会每五年举行一次，由中央委员会召集。中央委员会认为有必要，或者有三分之一以上的省一级组织提出要求，全国代表大会可以提前举行；如无非常情况，不得延期举行。

全国代表大会代表的名额和选举办法，由中央委员会决定。

**第十九条** 党的全国代表大会的职权是：

（一）听取和审查中央委员会的报告；

（二）听取和审查中央纪律检查委员会的报告；

（三）讨论并决定党的重大问题；

（四）修改党的章程；

（五）选举中央委员会；

（六）选举中央纪律检查委员会。

**第二十条** 党的全国代表会议的职权是：讨论和决定重大问题；调整和增选中央委员会、中央纪律检查委员会的部分成员。调整和增选中央委员及候补中央委员的数额，不得超过党的全国代表大会选出的中央委员及候补中央委员各自总数的五分之一。

**第二十一条** 党的中央委员会每届任期五年。全国代表大会如提前或延期举行，它的任期相应地改变。中央委员会委员和候补委员必须有五年以上的党龄。中央委员会委员和候补委员的名额，由全国代表大会决定。中央委员会委员出缺，由中央委员会候补委员按照得票多少依次递补。

中央委员会全体会议由中央政治局召集，每年至少举行一次。中央政治局向中央委员会全体会议报告工作，接受监督。

在全国代表大会闭会期间，中央委员会执行全国代表大会的决议，领导党的全部工作，对外代表中国共产党。

**第二十二条** 党的中央政治局、中央政治局常务委员会和中央委员会总书记，由中央委员会全体会议选举。中央委员会总书记必须从中央政治局常务委员会委员中产生。

中央政治局和它的常务委员会在中央委员会全体会议闭会期间，行使中央委员会的职权。

中央书记处是中央政治局和它的常务委员会的办事机构；成员由中央政治局常务委员会提名，中央委员会全体会议通过。

中央委员会总书记负责召集中央政治局会议和中央政治局常务委员会会议，

并主持中央书记处的工作。

党的中央军事委员会组成人员由中央委员会决定。

每届中央委员会产生的中央领导机构和中央领导人，在下届全国代表大会开会期间，继续主持党的经常工作，直到下届中央委员会产生新的中央领导机构和中央领导人为止。

**第二十三条** 中国人民解放军的党组织，根据中央委员会的指示进行工作。中央军事委员会的政治工作机关是中国人民解放军总政治部，总政治部负责管理军队中党的工作和政治工作。军队中党的组织体制和机构，由中央军事委员会作出规定。

## 第四章 党的地方组织

**第二十四条** 党的省、自治区、直辖市的代表大会，设区的市和自治州的代表大会，县（旗）、自治县、不设区的市和市辖区的代表大会，每五年举行一次。

党的地方各级代表大会由同级党的委员会召集。在特殊情况下，经上一级委员会批准，可以提前或延期举行。

党的地方各级代表大会代表的名额和选举办法，由同级党的委员会决定，并报上一级党的委员会批准。

**第二十五条** 党的地方各级代表大会的职权是：

（一）听取和审查同级委员会的报告；

（二）听取和审查同级纪律检查委员会的报告；

（三）讨论本地区范围内的重大问题并作出决议；

（四）选举同级党的委员会，选举同级党的纪律检查委员会。

**第二十六条** 党的省、自治区、直辖市、设区的市和自治州的委员会，每届任期五年。这些委员会的委员和候补委员必须有五年以上的党龄。

党的县（旗）、自治县、不设区的市和市辖区的委员会，每届任期五年。这些委员会的委员和候补委员必须有三年以上的党龄。

党的地方各级代表大会如提前或延期举行，由它选举的委员会的任期相应地改变。

党的地方各级委员会的委员和候补委员的名额，分别由上一级委员会决定。党的地方各级委员会委员出缺，由候补委员按照得票多少依次递补。

党的地方各级委员会全体会议，每年至少召开两次。

党的地方各级委员会在代表大会闭会期间，执行上级党组织的指示和同级党代表大会的决议，领导本地方的工作，定期向上级党的委员会报告工作。

**第二十七条** 党的地方各级委员会全体会议，选举常务委员会和书记、副书记，并报上级党的委员会批准。党的地方各级委员会的常务委员会，在委员会全体会议闭会期间，行使委员会职权；在下届代表大会开会期间，继续主持经常工作，直到新的常务委员会产生为止。

党的地方各级委员会的常务委员会定期向委员会全体会议报告工作，接受监督。

**第二十八条** 党的地区委员会和相当于地区委员会的组织，是党的省、自治区委员会在几个县、自治县、市范围内派出的代表机关。它根据省、自治区委员会的授权，领导本地区的工作。

## 第五章　党的基层组织

**第二十九条** 企业、农村、机关、学校、科研院所、街道社区、社会组织、人民解放军连队和其他基层单位，凡是有正式党员三人以上的，都应当成立党的基层组织。

党的基层组织，根据工作需要和党员人数，经上级党组织批准，分别设立党的基层委员会、总支部委员会、支部委员会。基层委员会由党员大会或代表大会选举产生，总支部委员会和支部委员会由党员大会选举产生，提出委员候选人要广泛征求党员和群众的意见。

**第三十条** 党的基层委员会每届任期三年至五年，总支部委员会、支部委员会每届任期两年或三年。基层委员会、总支部委员会、支部委员会的书记、副书记选举产生后，应报上级党组织批准。

**第三十一条** 党的基层组织是党在社会基层组织中的战斗堡垒，是党的全部工作和战斗力的基础。它的基本任务是：

（一）宣传和执行党的路线、方针、政策，宣传和执行党中央、上级组织和本组织的决议，充分发挥党员的先锋模范作用，团结、组织党内外的干部和群众，努力完成本单位所担负的任务。

（二）组织党员认真学习马克思列宁主义、毛泽东思想、邓小平理论和“三个代表”重要思想，学习科学发展观，学习党的路线、方针、政策和决议，学习党的基本知识，学习科学、文化、法律和业务知识。

（三）对党员进行教育、管理、监督和服务，提高党员素质，增强党性，严格党的组织生活，开展批评和自我批评，维护和执行党的纪律，监督党员切实履行义务，保障党员的权利不受侵犯。加强和改进流动党员管理。

（四）密切联系群众，经常了解群众对党员、党的工作的批评和意见，维护群众的正当权利和利益，做好群众的思想政治工作。

（五）充分发挥党员和群众的积极性创造性，发现、培养和推荐他们中间的优秀人才，鼓励和支持他们在改革开放和社会主义现代化建设中贡献自己的聪明才智。

（六）对要求入党的积极分子进行教育和培养，做好经常性的发展党员工作，重视在生产、工作第一线和青年中发展党员。

（七）监督党员干部和其他任何工作人员严格遵守国法政纪，严格遵守国家的财政经济法规和人事制度，不得侵占国家、集体和群众的利益。

（八）教育党员和群众自觉抵制不良倾向，坚决同各种违法犯罪行为作斗争。

**第三十二条** 街道、乡、镇党的基层委员会和村、社区党组织，领导本地区的工作，支持和保证行政组织、经济组织和群众自治组织充分行使职权。

国有企业和集体企业中党的基层组织，发挥政治核心作用，围绕企业生产经营开展工作。保证监督党和国家的方针、政策在本企业的贯彻执行；支持股东会、董事会、监事会和经理（厂长）依法行使职权；全心全意依靠职工群众，支持职工代表大会开展工作；参与企业重大问题的决策；加强党组织的自身建设，领导思想政治工作、精神文明建设和工会、共青团等群众组织。

非公有制经济组织中党的基层组织，贯彻党的方针政策，引导和监督企业遵守国家的法律法规，领导工会、共青团等群众组织，团结凝聚职工群众，维护各方的合法权益，促进企业健康发展。

实行行政领导人负责制的事业单位中党的基层组织，发挥政治核心作用。实行党委领导下的行政领导人负责制的事业单位中党的基层组织，对重大问题进行讨论和作出决定，同时保证行政领导人充分行使自己的职权。

各级党和国家机关中党的基层组织，协助行政负责人完成任务，改进工作，对包括行政负责人在内的每个党员进行监督，不领导本单位的业务工作。

## 第六章　党的干部

**第三十三条**　党的干部是党的事业的骨干，是人民的公仆。党按照德才兼备的原则选拔干部，坚持任人唯贤，反对任人唯亲，努力实现干部队伍的革命化、年轻化、知识化、专业化。

党重视教育、培训、选拔和考核干部，特别是培养、选拔优秀年轻干部。积极推进干部制度改革。

党重视培养、选拔女干部和少数民族干部。

**第三十四条**　党的各级领导干部必须模范地履行本章程第三条所规定的党员的各项义务，并且必须具备以下的基本条件：

（一）具有履行职责所需要的马克思列宁主义、毛泽东思想、邓小平理论的水平，认真实践“三个代表”重要思想，带头贯彻落实科学发展观，努力用马克思主义的立场、观点、方法分析和解决实际问题，坚持讲学习、讲政治、讲正气，经得起各种风浪的考验。

（二）具有共产主义远大理想和中国特色社会主义坚定信念，坚决执行党的基本路线和各项方针、政策，立志改革开放，献身现代化事业，在社会主义建设中艰苦创业，树立正确政绩观，做出经得起实践、人民、历史检验的实绩。

（三）坚持解放思想，实事求是，与时俱进，开拓创新，认真调查研究，能够把党的方针、政策同本地区、本部门的实际相结合，卓有成效地开展工作，讲实话，办实事，求实效，反对形式主义。

（四）有强烈的革命事业心和政治责任感，有实践经验，有胜任领导工作的组织能力、文化水平和专业知识。

（五）正确行使人民赋予的权力，依法办事，清正廉洁，勤政为民，以身作则，艰苦朴素，密切联系群众，坚持党的群众路线，自觉地接受党和群众的批评和监督，加强道德修养，做到自重、自省、自警、自励，反对官僚主义，反对任何滥用职权、谋求私利的不正之风。

（六）坚持和维护党的民主集中制，有民主作风，有全局观念，善于团结同志，包括团结同自己有不同意见的同志一道工作。

**第三十五条** 党员干部要善于同党外干部合作共事，尊重他们，虚心学习他们的长处。

党的各级组织要善于发现和推荐有真才实学的党外干部担任领导工作，保证他们有职有权，充分发挥他们的作用。

**第三十六条** 党的各级领导干部，无论是由民主选举产生的，或是由领导机关任命的，他们的职务都不是终身的，都可以变动或解除。

年龄和健康状况不适宜于继续担任工作的干部，应当按照国家的规定退、离休。

## 第七章 党的纪律

**第三十七条** 党的纪律是党的各级组织和全体党员必须遵守的行为规则，

是维护党的团结统一、完成党的任务的保证。党组织必须严格执行和维护党的纪律，共产党员必须自觉接受党的纪律的约束。

**第三十八条** 党组织对违犯党的纪律的党员，应当本着惩前毖后、治病救人的精神，按照错误性质和情节轻重，给以批评教育直至纪律处分。

严重触犯刑律的党员必须开除党籍。

党内严格禁止用违反党章和国家法律的手段对待党员，严格禁止打击报复和诬告陷害。违反这些规定的组织或个人必须受到党的纪律和国家法律的追究。

**第三十九条** 党的纪律处分有五种：警告、严重警告、撤销党内职务、留党察看、开除党籍。

留党察看最长不超过两年。党员在留党察看期间没有表决权、选举权和被选举权。党员经过留党察看，确已改正错误的，应当恢复其党员的权利；坚持错误不改的，应当开除党籍。

开除党籍是党内的最高处分。各级党组织在决定或批准开除党员党籍的时候，应当全面研究有关的材料和意见，采取十分慎重的态度。

**第四十条** 对党员的纪律处分，必须经过支部大会讨论决定，报党的基层委员会批准；如果涉及的问题比较重要或复杂，或给党员以开除党籍的处分，应分别不同情况，报县级或县级以上党的纪律检查委员会审查批准。在特殊情况下，县级和县级以上各级党的委员会和纪律检查委员会有权直接决定给党员以纪律处分。

对党的中央委员会和地方各级委员会的委员、候补委员，给以撤销党内职务、留党察看或开除党籍的处分，必须由本人所在的委员会全体会议三分之二以上的多数决定。在特殊情况下，可以先由中央政治局和地方各级委员会常务委员会作出处理决定，待召开委员会全体会议时予以追认。对地方各级委员会委员和候补委员的上述处分，必须经过上级党的委员会批准。

严重触犯刑律的中央委员会委员、候补委员，由中央政治局决定开除其党籍；严重触犯刑律的地方各级委员会委员、候补委员，由同级委员会常务委员会决定开除其党籍。

**第四十一条** 党组织对党员作出处分决定，应当实事求是地查清事实。处分决定所依据的事实材料和处分决定必须同本人见面，听取本人说明情况和申辩。如果本人对处分决定不服，可以提出申诉，有关党组织必须负责处理或者迅速转递，不得扣压。对于确属坚持错误意见和无理要求的人，要给以批评教育。

**第四十二条** 党组织如果在维护党的纪律方面失职，必须受到追究。

对于严重违犯党的纪律、本身又不能纠正的党组织，上一级党的委员会在查明核实后，应根据情节严重的程度，作出进行改组或予以解散的决定，并报再上一级党的委员会审查批准，正式宣布执行。

## 第八章　党的纪律检查机关

**第四十三条** 党的中央纪律检查委员会在党的中央委员会领导下进行工作。党的地方各级纪律检查委员会和基层纪律检查委员会在同级党的委员会和上级纪律检查委员会双重领导下进行工作。

党的各级纪律检查委员会每届任期和同级党的委员会相同。

党的中央纪律检查委员会全体会议，选举常务委员会和书记、副书记，并报党的中央委员会批准。党的地方各级纪律检查委员会全体会议，选举常务委员会和书记、副书记，并由同级党的委员会通过，报上级党的委员会批准。党的基层委员会是设立纪律检查委员会，还是设立纪律检查委员，由它的上一级党组织根据具体情况决定。党的总支部委员会和支部委员会设纪律检查委员。

党的中央纪律检查委员会根据工作需要，可以向中央一级党和国家机关派驻党的纪律检查组或纪律检查员。纪律检查组组长或纪律检查员可以列席该机关党的领导组织的有关会议。他们的工作必须受到该机关党的领导组织的支持。

**第四十四条** 党的各级纪律检查委员会的主要任务是：维护党的章程和其他党内法规，检查党的路线、方针、政策和决议的执行情况，协助党的委员会加强党风建设和组织协调反腐败工作。

各级纪律检查委员会要经常对党员进行遵守纪律的教育，作出关于维护党纪的决定；对党员领导干部行使权力进行监督；检查和处理党的组织和党员违反党的章程和其他党内法规的比较重要或复杂的案件，决定或取消对这些案件中的党员的处分；受理党员的控告和申诉；保障党员的权利。

各级纪律检查委员会要把处理特别重要或复杂的案件中的问题和处理的结果，向同级党的委员会报告。党的地方各级纪律检查委员会和基层纪律检查委员会要同时向上级纪律检查委员会报告。

各级纪律检查委员会发现同级党的委员会委员有违犯党的纪律的行为，可以先进行初步核实，如果需要立案检查的，应当报同级党的委员会批准，涉及常务委员的，经报告同级党的委员会后报上一级纪律检查委员会批准。

**第四十五条**　上级纪律检查委员会有权检查下级纪律检查委员会的工作，并且有权批准和改变下级纪律检查委员会对于案件所作的决定。如果所要改变的该下级纪律检查委员会的决定，已经得到它的同级党的委员会的批准，这种改变必须经过它的上一级党的委员会批准。

党的地方各级纪律检查委员会和基层纪律检查委员会如果对同级党的委员会处理案件的决定有不同意见，可以请求上一级纪律检查委员会予以复查；如果发现同级党的委员会或它的成员有违犯党的纪律的情况，在同级党的委员会不给予解决或不给予正确解决的时候，有权向上级纪律检查委员会提出申诉，请求协助处理。

## 第九章　党组

**第四十六条**　在中央和地方国家机关、人民团体、经济组织、文化组织和其他非党组织的领导机关中，可以成立党组。党组发挥领导核心作用。党组的任务，主要是负责贯彻执行党的路线、方针、政策；讨论和决定本单位的重大问题；做好干部管理工作；团结党外干部和群众，完成党和国家交给的任务；指导机关和直属单位党组织的工作。

**第四十七条**　党组的成员，由批准成立党组的党组织决定。党组设书记，必要时还可以设副书记。

党组必须服从批准它成立的党组织领导。

**第四十八条**　对下属单位实行集中统一领导的国家工作部门可以建立党委，

党委的产生办法、职权和工作任务，由中央另行规定。

## 第十章　党和共产主义青年团的关系

**第四十九条**　中国共产主义青年团是中国共产党领导的先进青年的群众组织，是广大青年在实践中学习中国特色社会主义和共产主义的学校，是党的助手和后备军。共青团中央委员会受党中央委员会领导。共青团的地方各级组织受同级党的委员会领导，同时受共青团上级组织领导。

**第五十条**　党的各级委员会要加强对共青团的领导，注意团的干部的选拔和培训。党要坚决支持共青团根据广大青年的特点和需要，生动活泼地、富于创造性地进行工作，充分发挥团的突击队作用和联系广大青年的桥梁作用。

团的县级和县级以下各级委员会书记，企业事业单位的团委员会书记，是党员的，可以列席同级党的委员会和常务委员会的会议。

## 第十一章　党徽党旗

**第五十一条**　中国共产党党徽为镰刀和锤头组成的图案。

**第五十二条**　中国共产党党旗为旗面缀有金黄色党徽图案的红旗。

**第五十三条**　中国共产党的党徽党旗是中国共产党的象征和标志。党的各级组织和每一个党员都要维护党徽党旗的尊严。要按照规定制作和使用党徽党旗。

（资料来源：http：//news.xinhuanet.com/ziliao/2002－11/18/content_633225_12.htm）

附录四

# 在庆祝中国共产党成立90周年大会上的讲话

（2011年7月1日）

胡锦涛

同志们，朋友们：

今天，我们在这里隆重集会，同全党全国各族人民一道，庆祝中国共产党成立90周年，回顾中国发展进步的伟大历程，瞻望中国发展繁荣的光明前景。

90年前的今天，中国共产党成立了。这是中华民族发展史上开天辟地的大事变。从此，中国人民踏上了争取民族独立、人民解放的光明道路，开启了实现国家富强、人民富裕的壮丽征程。

90年来，中国共产党人和全国各族人民前赴后继、顽强奋斗，不断夺取革命、建设、改革的重大胜利。今天，一个生机盎然的社会主义中国已经巍然屹立在世界东方，13亿中国人民正在中国特色社会主义伟大旗帜指引下满怀信心走向中华民族伟大复兴。

同志们、朋友们！

1840年鸦片战争以来中国170多年的历史，概括地说就是，我们伟大的祖国经历了刻骨铭心的磨难，我们伟大的民族进行了感天动地的奋斗，我们伟大的人民创造了彪炳史册的伟业。

鸦片战争以后，中国逐步成为半殖民地半封建社会，列强对中国的侵略步步进逼，封建统治日益腐败，祖国山河破碎、战乱不已，人民饥寒交迫、备受奴役。救亡图存的民族使命迫在眉睫。争取民族独立、人民解放，实现国家富强、人民富裕，成为中国人民必须完成的历史任务。

在那个风雨如晦的年代，为改变中华民族的命运，中国人民和无数仁人志士进行了千辛万苦的探索和不屈不挠的斗争。太平天国运动，戊戌变法，义和团运动，不甘屈服的中国人民一次次抗争，但又一次次失败。孙中山先生领导的辛亥革命，结束了统治中国几千年的君主专制制度，对推动中国社会进步具有重大意义，但也未能改变中国半殖民地半封建的社会性质和中国人民的悲惨命运。

事实说明，不触动封建根基的自强运动和改良主义，旧式的农民战争，资产阶级革命派领导的革命，照搬西方资本主义的其他种种方案，都不能完成中华民族救亡图存的民族使命和反帝反封建的历史任务。要解决中国发展进步问题，必须找到能够指导中国人民进行反帝反封建革命的先进理论，必须找到能够领导中国社会变革的先进社会力量。

1921年，在马克思列宁主义同中国工人运动相结合的进程中，中国共产党应运而生。中国共产党的诞生，是近现代中国历史发展的必然产物，是中国人民在救亡图存斗争中顽强求索的必然产物。从此，中国革命有了正确前进方向，中国人民有了强大精神力量，中国命运有了光明发展前景。

90年来，我们党团结带领人民在中国这片古老的土地上，书写了人类发展史上惊天地、泣鬼神的壮丽史诗，集中体现为完成和推进了三件大事。

第一件大事，我们党紧紧依靠人民完成了新民主主义革命，实现了民族独立、人民解放。经过北伐战争、土地革命战争、抗日战争、解放战争，党和人民进行28年浴血奋战，打败日本帝国主义侵略，推翻国民党反动统治，建立了中华人民共和国。新中国的成立，使人民成为国家、社会和自己命运的主人，实现了中国从几千年封建专制制度向人民民主制度的伟大跨越，实现了中国高度统一和各民族空前团结，彻底结束了旧中国半殖民地半封建社会的历史，彻底结束了旧中国一盘散沙的局面，彻底废除了列强强加给中国的不平等条约和帝国主义在中国的一切特权。中国人从此站立起来了，中华民族发展进步从此开启了新的历史纪元。

第二件大事，我们党紧紧依靠人民完成了社会主义革命，确立了社会主义基本制度。我们创造性地实现由新民主主义到社会主义的转变，使占世界人口四分之一的东方大国进入社会主义社会，实现了中国历史上最广泛最深刻的社会变革。我们建立起独立的比较完整的工业体系和国民经济体系，积累了在中国这样一个社会生产力水平十分落后的东方大国进行社会主义建设的重要经验。

第三件大事，我们党紧紧依靠人民进行了改革开放新的伟大革命，开创、坚持、发展了中国特色社会主义。党的十一届三中全会以来，我们总结我国社会主义建设经验，同时借鉴国际经验，以巨大的政治勇气、理论勇气、实践勇气实行改革开放，经过艰辛探索，形成了党在社会主义初级阶段的基本理论、基本路线、基本纲领、基本经验，建立和完善社会主义市场经济体制，坚持全方位对外开放，推动社会主义现代化建设取得举世瞩目的伟大成就。

这三件大事，从根本上改变了中国人民和中华民族的前途命运，不可逆转地结束了近代以后中国内忧外患、积贫积弱的悲惨命运，不可逆转地开启了中华民族不断发展壮大、走向伟大复兴的历史进军，使具有5000多年文明历史的中国面貌焕然一新，中华民族伟大复兴展现出前所未有的光明前景。

90年来，中国社会发生的变革，中国人民命运发生的变化，其广度和深度，其政治影响和社会意义，在人类发展史上都是十分罕见的。

事实充分证明，在近代以来中国社会发展进步的壮阔进程中，历史和人民选择了中国共产党，选择了马克思主义，选择了社会主义道路，选择了改革开放。

事实充分证明，中国共产党不愧为伟大、光荣、正确的马克思主义政党，不愧为领导中国人民不断开创事业发展新局面的核心力量。

同志们、朋友们！

90年来，我们取得的一切成就，是一代一代中国共产党人同人民一道顽强拼搏、接续奋斗的结果。以毛泽东同志为核心的党的第一代中央领导集体团结带领全党全国各族人民，夺取了新民主主义革命的伟大胜利，确立了社会主义基本制度，为当代中国一切发展进步奠定了根本政治前提和制度基础。以邓小平同志为核心的党的第二代中央领导集体团结带领全党全国各族人民，开启了改革开放的伟大历程，吹响了建设中国特色社会主义的时代号角，开辟了社会主义事业发展新时期。以江泽民同志为核心的党的第三代中央领导集体团结带领全党全国各族人民，坚持改革开放、与时俱进，引领改革开放的航船沿着正确方向破浪前进，成功把中国特色社会主义伟大事业推向21世纪。党的十六大以来，党中央团结带领全党全国各族人民，以邓小平理论和“三个代表”重要思想为指导，深入贯彻落实科学发展观，着力推动科学发展、促进社会和谐，继续在全面建设小康社会实践中推进中国特色社会主义伟大事业。

在庆祝中国共产党成立90周年的时刻，我们深切怀念为中国革命、建设、改革，为中国共产党建立、巩固、发展作出重大贡献的毛泽东、周恩来、刘少奇、朱德、邓小平、陈云等老一辈无产阶级革命家，深切怀念为创立、捍卫、建设新中国而英勇牺牲的革命先烈，深切怀念近代以来为中华民族独立和解放而顽强奋斗的所有先驱。他们为祖国和民族建立的丰功伟绩永垂史册！

在这里，我代表中共中央，向全国广大工人、农民、知识分子，向各民主党派、各人民团体、各界爱国人士，向中国人民解放军、武警部队、公安民警，致以崇高的敬意！向香港特别行政区同胞、澳门特别行政区同胞和台湾同胞以及广大侨胞，致以诚挚的问候！向一切同中国人民友好相处，关心和支持中国革命、建设、改革事业的各国人民和朋友，表示衷心的谢意！

同志们、朋友们！

经过90年的奋斗、创造、积累，党和人民必须倍加珍惜、长期坚持、不断发展的成就是：开辟了中国特色社会主义道路，形成了中国特色社会主义理论体系，确立了中国特色社会主义制度。

中国特色社会主义道路，是实现社会主义现代化的必由之路，是创造人民美好生活的必由之路。中国特色社会主义道路，就是在中国共产党领导下，立足基本国情，以经济建设为中心，坚持四项基本原则，坚持改革开放，解放和发展社会生产力，巩固和完善社会主义制度，建设社会主义市场经济、社会主义民主政治、社会主义先进文化、社会主义和谐社会，建设富强民主文明和谐的社会主义现代化国家。

中国特色社会主义理论体系，是指导党和人民沿着中国特色社会主义道路实现中华民族伟大复兴的正确理论。我们党坚持把马克思主义基本原理同中国具体实际结合起来，在推进马克思主义中国化的历史进程中产生了两大理论成果。一大理论成果是毛泽东思想。毛泽东思想是马克思列宁主义在中国的运用和发展，系统回答了在一个半殖民地半封建的东方大国，如何实现新民主主义革命和社会主义革命的问题，并对建设什么样的社会主义、怎样建设社会主义进行了艰辛探索，以创造性的内容为马克思主义宝库增添了新的财富。另一大理论成果是中国特色社会主义理论体系。中国特色社会主义理论体系是包括邓小平理论、“三个代表”重要思想以及科学发展观等重大战略思想在内的科学理论体系，系统回答了在中国这样一个十几亿人口的发展中大国建设什么样的社会主义、怎样建设社会主义，建设什么样的党、怎样建设党，实现什么样的发展、怎样发展等一系列重大问题，是对毛泽东思想的继承和发展。

中国特色社会主义制度，是当代中国发展进步的根本制度保障，集中体现了中国特色社会主义的特点和优势。我们推进社会主义制度自我完善和发展，在经济、政治、文化、社会等各个领域形成一整套相互衔接、相互联系的制度体系。人民代表大会制度这一根本政治制度，中国共产党领导的多党合作和政治协商制度、民族区域自治制度以及基层群众自治制度等构成的基本政治制度，中国特色社会主义法律体系，公有制为主体、多种所有制经济共同发展的基本经济制度，以及建立在根本政治制度、基本政治制度、基本经济制度基础上的经济体制、政治体制、文化体制、社会体制等各项具体制度，符合我国国情，顺应时代潮流，有利于保持党和国家活力、调动广大人民群众和社会各方面的积极性、主动性、创造性，有利于解放和发展社会生产力、推动经济社会全面发展，有利于维护和促进社会公平正义、实现全体人民共同富裕，有利于集中力量办大事、有效应对前进道路上的各种风险挑战，有利于维护民族团结、社会稳定、国家统一。

面对风云变幻的国际形势，面对艰巨繁重的国内改革发展稳定任务，我们党要团结带领人民继续前进，开创工作新局面，赢得事业新胜利，最根本的就是要高举中国特色社会主义伟大旗帜，坚持和拓展中国特色社会主义道路，坚持和丰富中国特色社会主义理论体系，坚持和完善中国特色社会主义制度。

同志们、朋友们！

回顾90年中国的发展进步，可以得出一个基本结论：办好中国的事情，关键在党。

总结90年的发展历程，我们党保持和发展马克思主义政党先进性的根本点是：坚持解放思想、实事求是、与时俱进，以科学态度对待马克思主义，用发展着的马克思主义指导新的实践，坚持真理、修正错误，坚定不移走自己的路，始终保持党开拓前进的精神动力；坚持为了人民、依靠人民，诚心诚意为人民谋利益，从人民群众中汲取智慧和力量，始终保持党同人民群众的血肉联系；坚持任人唯贤、广纳人才，以事业感召、培养、造就人才，不断增加新鲜血液，始终保持党的蓬勃活力；坚持党要管党、从严治党，正视并及时解决党内存在的突出问题，始终保持党的肌体健康。

全党必须清醒地看到，在世情、国情、党情发生深刻变化的新形势下，提高党的领导水平和执政水平、提高拒腐防变和抵御风险能力，加强党的执政能力建设和先进性建设，面临许多前所未有的新情况新问题新挑战，执政考验、改革开放考验、市场经济考验、外部环境考验是长期的、复杂的、严峻的。精神懈怠的危险，能力不足的危险，脱离群众的危险，消极腐败的危险，更加尖锐地摆在全党面前，落实党要管党、从严治党的任务比以往任何时候都更为繁重、更为紧迫。

我们必须从新的实际出发，坚持以科学理论指导党的建设，以改革创新精神研究和解决党的建设面临的重大理论和实际问题，着眼于全面建设小康社会、加快推进社会主义现代化，全面认识和自觉运用马克思主义执政党建设规律，全面推进党的建设新的伟大工程，不断提高党的建设科学化水平。

在新的历史条件下提高党的建设科学化水平，必须坚持解放思想、实事求是、与时俱进，大力推进马克思主义中国化时代化大众化，提高全党思想政治水平。

90年来党的发展历程告诉我们，理论上的成熟是政治上坚定的基础，理论上的与时俱进是行动上锐意进取的前提，思想上的统一是全党步调一致的重要保证。中国共产党人坚信马克思主义基本原理是颠扑不破的科学真理，坚信马克思主义必须随着实践发展而不断丰富和发展，从来不把马克思主义看成是空洞、僵硬、刻板的教条。马克思主义，理论源泉是实践，发展依据是实践，检验标准也是实践。任何固守本本、漠视实践、超越或落后于实际生活的做法都不会得到成功。在历史上的一些时期，我们曾经犯过错误甚至遇到严重挫折，根本原因就在于当时的指导思想脱离了中国实际。我们党能够依靠自己和人民的力量纠正错误，在挫折中奋起，继续胜利前进，根本原因就在于重新恢复和坚持贯彻了实事求是。这方面的经验教训，我们党在《关于若干历史问题的决议》和《关于建国以来党的若干历史问题的决议》中进行了系统总结，我们必须牢牢记取。

实践发展永无止境，认识真理永无止境，理论创新永无止境。党和人民的实践是不断前进的，指导这种实践的理论也要不断前进。中国特色社会主义道路必将在党和人民的创造性实践中不断拓展，中国特色社会主义制度必将在深化改革、扩大开放中不断完善。这一过程必将为理论创新开辟广阔前景。在新的历史条件下坚持马克思主义，关键是要及时回答实践提出的新课题，为实践提供科学指导。我们要准确把握世界发展大势，准确把握社会主义初级阶段基本国情，深入研究我国发展的阶段性特征，及时总结党领导人民创造的新鲜经验，重点抓住经济社会发展重大问题，作出新的理论概括，永葆科学理论的旺盛生命力。

理论创新每前进一步，理论武装就跟进一步，这是我们党加强自身建设的一条重要经验。我们必须按照建设马克思主义学习型政党的要求，抓紧学习人类社会创造的一切科学的新思想新知识。全体党员、干部都要把学习作为一种精神追求，深入学习和掌握马克思列宁主义、毛泽东思想，深入学习和掌握中国特色社会主义理论体系，牢固树立辩证唯物主义和历史唯物主义世界观和方法论，真正做到学以立德、学以增智、学以创业。全党同志特别是党的各级领导干部都要不断提高思想政治水平，坚定理想信念，增强为党和人民事业不懈奋斗的自觉性和坚定性，咬定青山不放松，真正做到坚定不移、矢志不渝。

在新的历史条件下提高党的建设科学化水平，必须坚持五湖四海、任人唯贤，坚持德才兼备、以德为先用人标准，把各方面优秀人才集聚到党和国家事业中来。

90年来党的发展历程告诉我们，政治路线确定之后干部就是决定因素。坚持五湖四海、任人唯贤，是我们党性质和宗旨的必然要求。我们党除了人民利益，没有自己的特殊利益。我们党坚持这个崇高原则，为一切忠于人民、扎根人民、奉献人民的人们提供了施展才华的宽广舞台。中国特色社会主义道路能不能越走越宽广，中华民族能不能实现伟大复兴，要看能不能不断培养造就大批优秀人才，更要看能不能让各方面优秀人才脱颖而出、施展才华。

我们要以更宽的视野、更高的境界、更大的气魄，广开进贤之路，把各方面优秀干部及时发现出来、合理使用起来。要坚持把干部的德放在首要位置，选拔任用那些政治坚定、有真才实学、实绩突出、群众公认的干部，形成以德修身、以德服众、以德领才、以德润才、德才兼备的用人导向。要坚持凭实绩使用干部，让能干事者有机会、干成事者有舞台，不让老实人吃亏，不让投机钻营者得利，让所有优秀干部都能为党和人民贡献力量。

源源不断培养造就大批优秀年轻干部，是关系党和人民事业继往开来、薪火相传的根本大计。年轻干部要承担起事业重任，必须牢固树立正确的世界观、权力观、事业观，做到忠诚党的事业、心系人民群众、专心做好工作、不断完善自己。广大年轻干部要自觉到艰苦地区、复杂环境、关键岗位砥砺品质、锤炼作风、增长才干。经过艰苦复杂环境磨练、重大斗争考验、实践证明优秀、有培养前途的大批年轻干部能够不断涌现出来，党和人民事业就大有希望。

人才是第一资源，是国家发展的战略资源。全党同志和全社会都要坚持尊重劳动、尊重知识、尊重人才、尊重创造的重大方针，牢固树立人人皆可成才的观念，敢为事业用人才，让各类人才都拥有广阔的创业平台、发展空间，使每个人都成为对祖国、对人民、对民族的有用之才，特别是要抓紧培养造就青年英才，形成人才辈出、人尽其才、才尽其用的生动局面。

在新的历史条件下提高党的建设科学化水平，必须坚持以人为本、执政为民理念，牢固树立马克思主义群众观点、自觉贯彻党的群众路线，始终保持党同人民群众的血肉联系。

90 年来党的发展历程告诉我们，来自人民、植根人民、服务人民，是我们党永远立于不败之地的根本。以人为本、执政为民是我们党的性质和全心全意为人民服务根本宗旨的集中体现，是指引、评价、检验我们党一切执政活动的最高标准。全党同志必须牢记，密切联系群众是我们党的最大政治优势，脱离群众是我们党执政后的最大危险。我们必须始终把人民利益放在第一位，把实现好、维护好、发展好最广大人民根本利益作为一切工作的出发点和落脚点，做到权为民所用、情为民所系、利为民所谋，使我们的工作获得最广泛最可靠最牢固的群众基础和力量源泉。

每一个共产党员都要把人民放在心中最高位置，尊重人民主体地位，尊重人民首创精神，拜人民为师，把政治智慧的增长、执政本领的增强深深扎根于人民的创造性实践之中。要高度重视并切实做好新形势下群众工作，坚持问政于民、问需于民、问计于民，真诚倾听群众呼声，真实反映群众愿望，真情关心群众疾苦，依法保障人民群众经济、政治、文化、社会等各项权益。只有我们把群众放在心上，群众才会把我们放在心上；只有我们把群众当亲人，群众才会把我们当亲人。各级党政机关和干部要坚持工作重心下移，经常深入实际、深入基层、深入群众，做到知民情、解民忧、暖民心。要把基层一线作为培养锻炼干部的基础阵地，引导干部在同群众朝夕相处中增进对群众的思想感情、增强服务群众本领。要把服务群众、做群众工作作为基层党组织的核心任务和基层干部的基本职责，使基层党组织成为推动发展、服务群众、凝聚人心、促进和谐的坚强战斗堡垒。

在新的历史条件下提高党的建设科学化水平，必须坚持标本兼治、综合治理、惩防并举、注重预防的方针，深入开展党风廉政建设和反腐败斗争，始终保持马克思主义政党的先进性和纯洁性。

90 年来党的发展历程告诉我们，坚决惩治和有效预防腐败，关系人心向背和党的生死存亡，是党必须始终抓好的重大政治任务。我们党对长期执政条件下滋生腐败的严重性和危险性，对改革开放和社会主义现代化建设全过程都要反对腐败，认识是清醒的。我们党旗帜鲜明、一以贯之反对腐败，反腐倡廉建设不断取得新的明显进展，为推进改革开放和社会主义现代化建设提供了重要保障。同时，反腐败斗争形势依然严峻、任务依然艰巨。如果腐败得不到有效惩治，党就会丧失人民信任和支持。全党必须警钟长鸣，充分认识反腐败斗争的长期性、复杂性、艰巨性，把反腐倡廉建设摆在更加突出的位置，以更加坚定的信心、更加坚决的态度、更加有力的举措推进惩治和预防腐败体系建设，坚定不移把反腐败斗争进行到底。

各级领导干部都要牢记，我们手中的权力是人民赋予的，只能用来为人民谋利益。行使权力就必须为人民服务、对人民负责并自觉接受人民监督，决不能把权力变成牟取个人或少数人私利的工具。各级干部都要自重、自省、自警、自励，讲党性、重品行、作表率，做到立身不忘做人之本、为政不移公仆之心、用权不谋一己之私，永葆共产党人政治本色。

在新的历史条件下提高党的建设科学化水平，必须坚持用制度管权管事管人，健全民主集中制，不断推进党的建设制度化、规范化、程序化。

90年来党的发展历程告诉我们，建设好、管理好一个有几千万党员的大党，制度更带有根本性、全局性、稳定性、长期性。必须始终把制度建设贯穿党的思想建设、组织建设、作风建设和反腐倡廉建设之中，坚持突出重点、整体推进，继承传统、大胆创新，构建内容协调、程序严密、配套完备、有效管用的制度体系。

推进党的制度建设，要坚持以党章为根本、以民主集中制为核心，坚持和完善党的领导制度，改革和完善党的领导方式和执政方式，发展党内民主，积极稳妥推进党务公开，保障党员主体地位和民主权利，完善党代表大会制度和党内选举制度，完善党内民主决策机制，保障党的团结统一，增强党的创造活力，坚决克服违反民主集中制原则的个人独断专行和软弱涣散现象。全党同志都要牢固树立法律面前人人平等、制度面前没有特权、制度约束没有例外的观念，认真学习制度，严格执行制度，自觉维护制度。

总之，只要全党同志常怀忧党之心、恪尽兴党之责，以更加奋发有为的精神状态推进党的建设，我们党就一定能够更好把握历史大势、勇立时代潮头、引领社会进步。

同志们、朋友们！

中国共产党自诞生之日起就勇敢担当起团结带领人民实现中华民族伟大复兴的历史使命。继续推动中华民族伟大复兴进程，必须始终坚持党的基本路线不动摇，继续解放思想，坚持改革开放，推动科学发展，促进社会和谐，在新的历史起点上把中国特色社会主义伟大事业全面推向前进。

面向未来，全党同志必须牢记，我国过去30多年的快速发展靠的是改革开放，我国未来发展也必须坚定不移依靠改革开放。新时期最鲜明的特点是改革开放。改革开放是党在新的历史条件下领导人民进行的新的伟大革命，是决定当代中国命运的关键抉择，是坚持和发展中国特色社会主义、实现中华民族伟大复兴的必由之路。只有改革开放才能发展中国、发展社会主义、发展马克思主义。当前，世情、国情、党情继续发生深刻变化，我国发展中不平衡、不协调、不可持续问题突出，制约科学发展的体制机制障碍躲不开、绕不过，必须通过深化改革加以解决。我们一定要坚定不移坚持党的十一届三中全会以来的路线方针政策，坚定信心、砥砺勇气，坚持不懈把改革创新精神贯彻到治国理政各个环节，奋力把改革开放推向前进。要坚持社会主义市场经济的改革方向，提高改革决策的科学性，增强改革措施的协调性，找准深化改革开放的突破口，明确深化改革开放的重点，不失时机地推进重要领域和关键环节改革，继续推进经济体制、政治体制、文化体制、社会体制改革创新，继续解放和发展社会生产力，继续推动我国社会主义制度自我完善和发展，坚决破除一切妨碍科学发展的思想观念和体制机制弊端，为推进中国特色社会主义事业注入强大动力。

在前进道路上，我们要继续牢牢扭住经济建设这个中心不动摇，坚定不移走科学发展道路。

以经济建设为中心是兴国之要，是我们党、我们国家兴旺发达、长治久安的根本要求。只有推动经济又好又快发展，才能筑牢国家发展繁荣的强大物质基础，才能筑牢全国各族人民幸福安康的强大物质基础，才能筑牢中华民族伟大复兴的强大物质基础。改革开放 30 多年来，我们坚持以经济建设为中心，推动社会生产力以前所未有的速度发展起来，这是我国综合国力、人民生活水平、国际地位大幅度提升的根本原因。今后，我们必须继续牢牢坚持发展是硬道理的战略思想，牢牢扭住经济建设这个中心，决不能有丝毫动摇。

生产力是人类社会发展的根本动力。我们党是以中国先进生产力的代表登上历史舞台的。党的一切奋斗，归根到底都是为了解放和发展社会生产力，不断改善人民生活。我们已经取得了举世瞩目的伟大成就，但我国仍处于并将长期处于社会主义初级阶段的基本国情没有变，人民日益增长的物质文化需要同落后的社会生产之间的矛盾这一社会主要矛盾没有变，我国是世界上最大的发展中国家的国际地位没有变。发展仍然是解决我国所有问题的关键。牢牢抓住和用好我国发展的重要战略机遇期，是我们赢得主动、赢得优势、赢得未来的关键所在，是对我们党执政能力的重大考验，也是对我们民族自强能力的重大考验。我们必须继续聚精会神搞建设、一心一意谋发展，不断夯实坚持和发展中国特色社会主义的物质基础。

在当代中国，坚持发展是硬道理的本质要求就是坚持科学发展。我们要以科学发展为主题，以加快转变经济发展方式为主线，更加注重以人为本，更加注重全面协调可持续发展，更加注重统筹兼顾，更加注重改革开放，更加注重保障和改善民生，加快经济结构战略性调整，加快科技进步和创新，加快建设资源节约型、环境友好型社会，促进社会公平正义，促进经济长期平稳较快发展和社会和谐稳定，不断在生产发展、生活富裕、生态良好的文明发展道路上取得新的更大的成绩，不断为全面建成小康社会、实现中华民族伟大复兴打下更为坚实的基础。

在前进道路上，我们要继续大力推进社会主义民主政治建设，坚定不移走中国特色社会主义政治发展道路。

人民民主是中国共产党始终高扬的光辉旗帜。改革开放以来，我们党总结发展社会主义民主的正反两方面经验，明确提出没有民主就没有社会主义，就没有社会主义现代化，人民当家作主是社会主义民主政治的本质和核心。我们坚持推进政治体制改革，在发展社会主义民主政治方面取得了重大进展。我们废除了实际上存在的领导干部职务终身制，确保了国家政权机关和领导人员有序更替。我们不断扩大人民有序政治参与，人民实现了内容广泛的当家作主。我们坚持和完善中国共产党领导的多党合作，深入开展政治协商、民主监督、参政议政，发展最广泛的爱国统一战线。我们建立健全深入了解民情、充分反映民意、广泛集中民智、切实珍惜民力的决策机制，保证决策符合人民利益和愿望。我们建立健全广纳群贤、人尽其才、能上能下、充满活力的用人机制，为各方面优秀人才建功立业开辟了广阔渠道。我们形成了中国特色社会主义法律体系，我们党自觉在宪法和法律范围内活动，支持人大、政府、政协、司法机关等依照法律和各自章程独立负责、协调一致开展工作。我们建立健全权力运行制约和监督体系，保证党和国家机关按照法定权限和程序行使权力。事实充分证明，我国社会主义民主政治具有强大生命力，中国特色社会主义政治发展道路是保证人民当家作主的正确道路。

同时，我们也要看到，我国社会主义民主法制建设与扩大人民民主和促进经济社会发展的要求还不完全适应，社会主义民主政治的具体制度方面还存在不完善的地方，在保障人民民主权利、发挥人民创造精神方面还存在不足。随着中国特色社会主义事业持续推进，我国社会主义民主政治建设需要也必然会继续向前推进。

发展社会主义民主政治，必须坚持中国特色社会主义政治发展道路，关键是要坚持党的领导、人民当家作主、依法治国有机统一。我们要积极稳妥推进政治体制改革，以保证人民当家作主为根本，以增强党和国家活力、调动人民积极性为目标，扩大社会主义民主，建设社会主义法治国家，发展社会主义政治文明。要坚持发挥党总揽全局、协调各方的领导核心作用，提高党科学执政、民主执政、依法执政水平，保证党领导人民有效治理国家。要坚持国家一切权力属于人民，健全民主制度，丰富民主形式，拓宽民主渠道，保证人民依法实行民主选举、民主决策、民主管理、民主监督。要全面落实依法治国基本方略，在全社会大力弘扬社会主义法治精神，不断推进科学立法、严格执法、公正司法、全民守法进程，实现国家各项工作法治化。总之，我们要不断推进社会主义民主政治制度化、规范化、程序化，进一步把我国社会主义政治制度的优越性发挥出来，为党和国家兴旺发达、长治久安提供更加完善的制度保障。

在前进道路上，我们要继续大力推动社会主义文化大发展大繁荣，坚定不移发展社会主义先进文化。

社会主义先进文化是马克思主义政党思想精神上的旗帜。面对当今文化越来越成为综合国力竞争重要因素的新形势，我们必须以高度的文化自觉和文化自信，着眼于提高民族素质和塑造高尚人格，以更大力度推进文化改革发展，在中国特色社会主义伟大实践中进行文化创造，让人民共享文化发展成果。

要坚持发展面向现代化、面向世界、面向未来的，民族的科学的大众的社会主义文化，推动社会主义先进文化更加深入人心，推动社会主义精神文明和物质文明全面发展，不断开创全民族文化创造活力持续迸发、社会文化生活更加丰富多彩、人民基本文化权益得到更好保障、人民思想道德素质和科学文化素质全面提高的新局面，建设中华民族共有精神家园。

发展社会主义先进文化，必须把社会主义核心价值体系建设融入国民教育、精神文明建设和党的建设全过程。要坚持用马克思主义中国化最新成果武装全党、教育人民，引导广大干部群众深刻领会党的理论创新成果，坚定理想信念。要在全体人民中大力弘扬以爱国主义为核心的民族精神和以改革创新为核心的时代精神，增强民族自尊心、自信心、自豪感，激励全党全国各族人民为实现中华民族伟大复兴而团结奋斗。要坚持用社会主义荣辱观引领社会风尚，深入推进社会公德、职业道德、家庭美德、个人品德建设，加强对青少年的德育培养，在全社会形成积极向上的精神追求和健康文明的生活方式。要加快文化体制改革，加快构建公共文化服务体系，加快发展文化事业和文化产业。要着眼于推动中华文化走向世界，形成与我国国际地位相对称的文化软实力，提高中华文化国际影响力。中华民族创造了源远流长、博大精深的中华文化，中华民族也一定能够在弘扬中华优秀传统文化的基础上创造出中华文化新的辉煌。

在前进道路上，我们要继续大力保障和改善民生，坚定不移推进社会主义和谐社会建设。

保障和改善民生，促进社会和谐，是实现全面建设小康社会宏伟目标的必然要求。我们必须从维护最广大人民根本利益和实现国家长治久安的战略高度抓好社会建设，推动社会建设与经济建设、政治建设、文化建设协调发展。

推进社会建设，要以保障和改善民生为重点，着力解决好人民最关心最直接最现实的利益问题。要坚持发展为了人民、发展依靠人民、发展成果由人民共享，完善保障和改善民生的制度安排，把促进就业放在经济社会发展优先位置，加快发展教育、社会保障、医药卫生、保障性住房等各项社会事业，推进基本公共服务均等化，加大收入分配调节力度，坚定不移走共同富裕道路，努力使全体人民学有所教、劳有所得、病有所医、老有所养、住有所居。

正确处理改革发展稳定关系，实现改革发展稳定的统一，是关系我国社会主义现代化建设全局的重要指导方针。发展是硬道理，稳定是硬任务；没有稳定，什么事情也办不成，已经取得的成果也会失去。这个道理，不仅全党同志要牢记在心，还要引导全体人民牢记在心。

当代中国正经历着空前广泛的社会变革。这种变革在给我国发展进步带来巨大活力的同时，也必然带来这样那样的矛盾和问题。社会矛盾运动是推动社会发展的基本力量。我们要遵循社会发展规律，主动正视矛盾，妥善处理人民内部矛盾和其他社会矛盾，不断为减少和化解矛盾培植物质基础、增强精神力量、完善政策措施、强化制度保障，最大限度激发社会活力，最大限度增加和谐因素，最大限度减少不和谐因素。要加强和创新社会管理，完善党委领导、政府负责、社会协同、公众参与的社会管理格局，建设中国特色社会主义社会管理体系，全面提高社会管理科学化水平，确保人民安居乐业、社会和谐稳定。

巩固的国防和强大的军队，是国家主权、安全、领土完整的坚强后盾。我们必须统筹经济建设和国防建设，走中国特色军民融合式发展路子，在全面建设小康社会进程中实现富国和强军的统一。要着眼全面履行新世纪新阶段军队历史使命，以推动国防和军队科学发展为主题，以加快转变战斗力生成模式为主线，全面加强军队革命化、现代化、正规化建设，坚持党对军队绝对领导的根本原则和人民军队的根本宗旨，培育当代革命军人核心价值观，拓展和深化军事斗争准备，积极开展信息化条件下军事训练，提高国防科技和武器装备自主创新能力，加快全面建设现代后勤步伐，抓紧培养高素质新型军事人才，积极稳妥推进国防和军队改革，坚持依法治军、从严治军，全面提高以打赢信息化条件下局部战争能力为核心的完成多样化军事任务能力。要加快建设现代化武装警察力量。要深化全民国防教育，加强国防动员和后备力量建设，巩固和发展军政军民团结。

我们要一如既往坚持“一国两制”、“港人治港”、“澳人治澳”、高度自治的方针，全力支持香港特别行政区政府、澳门特别行政区政府依法施政、发展经济、改善民生，推进香港、澳门同内地的交流合作，团结一切爱国爱港、爱国爱澳力量，保持香港、澳门长期繁荣稳定。我们要牢牢把握两岸关系和平发展主题，全面深化两岸交流合作，扩大两岸各界往来，共同反对和遏制“台独”分裂活动，为两岸同胞谋幸福，为中华民族创未来。

同志们、朋友们！

环顾全球，和平、发展、合作的时代潮流没有变，但世界和平与发展面临诸多挑战。共同分享发展机遇，共同应对各种风险，推动建设持久和平、共同繁荣的和谐世界，是各国人民的共同愿望。

中国共产党和中国人民历来是促进世界和平与发展的积极力量。为人类作出应有贡献，是中国共产党和中国人民早就作出的庄严承诺。我们将坚持不懈为人类和平与发展的崇高事业作出自己的努力，争取对人类作出新的更大的贡献。

中国外交政策的宗旨是维护世界和平、促进共同发展。我们将继续坚持独立自主的和平外交政策，始终不渝走和平发展道路，始终不渝奉行互利共赢的开放战略，在和平共处五项原则的基础上同所有国家发展友好合作，维护发展中国家正当要求和共同利益，积极参与多边事务，推动国际政治经济秩序朝着更加公正合理的方向发展。我们将坚定不移实行对外开放的基本国策，完善开放型经济体系，全面提高开放型经济水平，加强同世界各国的互利合作，继续以自己的和平发展促进各国共同发展。

中国共产党将在独立自主、完全平等、相互尊重、互不干涉内部事务原则的基础上，同各国各地区政党和政治组织发展交流合作，相互学习借鉴治国理政经验，促进国家关系发展。

同志们、朋友们!

回顾我们党90年的发展历程，我们有一个共同的感觉，这就是，我们党从成立之日起，就始终代表广大青年、赢得广大青年、依靠广大青年。我们党的创始人之一李大钊说过，为世界进文明，为人类造幸福，以青春之我，创建青春之人类。我们党的创始人，一代又一代中国共产党人，大多数都是从青年时代就满腔热血参加了党，决心为党和人民奋斗终身。我们党的队伍里始终活跃着怀抱崇高理想、充满奋斗激情的青年人，这是我们党历经90年风雨而依然保持蓬勃生机的一个重要保证。青年是祖国的未来、民族的希望，也是我们党的未来和希望。全党都要关注青年、关心青年、关爱青年，倾听青年心声，鼓励青年成长，支持青年创业。党对青年寄予厚望，人民对青年寄予厚望。全国广大青年一定要深刻了解近代以来中国人民和中华民族不懈奋斗的光荣历史和伟大历程，永远热爱我们伟大的祖国，永远热爱我们伟大的人民，永远热爱我们伟大的中华民族，坚定理想信念，增长知识本领，锤炼品德意志，矢志奋斗拼搏，在人生的广阔舞台上充分发挥聪明才智、尽情展现人生价值，让青春在为党和人民建功立业中焕发出绚丽光彩。

同志们、朋友们!

90年前，中国共产党只有几十个成员，国家贫穷落后，人民苦不聊生。今天，中国共产党已经拥有8000多万党员，国家繁荣昌盛，人民幸福安康。90年来，我们党取得的所有成就都是依靠人民共同奋斗的结果，人民是真正的英雄，这一点我们永远不能忘记。

我们完全有理由为党和人民取得的一切成就而自豪，但我们没有丝毫理由因此而自满，我们决不能也决不会躺在过去的功劳簿上。

在本世纪上半叶，我们党要团结带领人民完成两个宏伟目标，这就是到中国共产党成立100年时建成惠及十几亿人口的更高水平的小康社会，到新中国成立100年时建成富强民主文明和谐的社会主义现代化国家。我们肩膀上的担子重、责任大。全党同志要牢记历史使命，永远保持谦虚、谨慎、不骄、不躁的作风，永远保持艰苦奋斗的作风，勇于变革、勇于创新，永不僵化、永不停滞，不动摇、不懈怠、不折腾，不为任何风险所惧，不被任何干扰所惑，坚定不移沿着中国特色社会主义道路奋勇前进，更加奋发有为地团结带领全国各族人民创造自己的幸福生活和中华民族的美好未来！

（资料来源：新华网北京2011年7月1日电）

附录五

# 保持大学生党员先进性教育的调查问卷

首先，特别感谢你参加我们的活动。“大学生是十分宝贵的人才资源，是民族的希望，是祖国的未来。”对于如何保持大学生党员先进性，提高大学生的整体素质，是我们思想政治工作者应尽的责任。作为一名在校大学生，对这个问题也应该作进一步的思考。本调查问卷只作为“促进工作，进行研究”之用。

本问卷采取不记名的方式进行，回答无对错之分，请你如实填写。每道选择题后均有不同答案，如已标明“多选”的，你可根据情况做出选择，否则只选一项。谢谢你的合作！

1. 你的基本情况是（　　）

(1) 性别：A. 男　B. 女

(2) 政治面貌：A. 中共党员　B. 入党积极分子　C. 其他

2. 你是受谁的影响写入党申请书的（　　）

A. 老师　　B. 同学　　C. 家长　　D. 其他

3. 你觉得入党是每个有志青年的必需选择吗？（　　）

A. 是　　B. 否　　C. 不一定

4. 你希望自己成为一个（多选）（　　）

A. 坚定的共产主义者　　B. 社会主义的建设者

C. 忠诚的爱国者　　D. 遵纪守法的公民

E. 其他

5. 你的入党动机是（　　）

A. 信仰共产主义

B. 为他人和社会多作贡献

C. 能够更好地发挥自己的社会作用并早日成才

D. 为使自己生活得充实而寻找一种精神寄托

E. 周围要求入党的人比较多，自己不要求不好

F. 能得到好处

6. 有的人尚未要求或不打算要求加入共产党，其主要原因是（　　）

A. 个人条件不成熟
B. 党的宗旨不符合个人的信仰
C. 和个人成才没有直接关系
D. 各方面受到约束，不自由
E. 党的威信下降
F. 党员形象不佳
G. 只愿加入民主党派

7. 你对共产党员的整体评价是（　　）

A. 模范带头作用突出，威信很高

B. 起到一定模范带头作用，威信较高

C. 模范带头作用不够突出，威信一般

D. 没有起到模范带头作用，威信很差

8. 对你思想和价值观形成影响最大的人是（　　）

A. 父母或抚养人
B. 老师
C. 朋友或同学
D. 兄弟姐妹
E. 名人、伟人
F. 其他

9. 你的生活目标是（　　）

A. 赚钱
B. 实现自己价值
C. 被周围人肯定
D. 衣食无忧
E. 其他

10. 下列价值取向中，你最赞同（　　）

A. 对社会贡献的大小
B. 人格是否高尚
C. 是否有自己的事业
D. 生活得是否舒适、潇洒
E. 社会名望的高低
F. 金钱的多少

G. 权力的大小　　　　　H. 其他

11. 对下列观点表明你的看法（多选）（　　）

A. 中国大学生应该用马列主义、毛泽东思想、邓小平理论和“三个代表”重要思想武装头脑，确立献身建设中国特色社会主义事业的政治方向

B. 奉献是人生最大的快乐

C. 个人利益应服从国家、集体利益

D. 人与人之间应该相互关心

E. 正当的索取，积极的奉献

F. 人的本质是自私的

G. 为了成功可以不择手段

H. 老实人总是吃亏

I. 无论什么情况都要最大限度地满足个人利益

J. 及时行乐

12. 当你向党组织递交入党申请书时，你的家人对你的态度（　　）

A. 非常支持　　B. 中立态度　　C. 反对　　D. 说风凉话

13. 当你向党组织递交入党申请书时，你的同学对你的态度（　　）

A. 对你表示鼓励　B. 中立　　C. 冷嘲热讽　　D. 劝你不入

14. 你认为现在的大学生党员在同学当中起到表率作用了吗？（　　）

A. 是　　B. 否　　C. 一部分

15. 你对共产主义是怎么看的（　　）

A. 对共产主义有必胜的信念　　B. 共产主义离我们太遥远

C. 对共产主义存怀疑态度　　D. 共产主义不可能实现

16. 你认为大学生入党积极分子应具备哪些素质（多选）（　　）

A. 具有一定的文化知识和专业理论水平

B. 有思想政治素质和道德修养

C. 政治热情较高

D. 思维活跃

17. 你认为作为一名入党积极分子，应该做到（多选）（　　）

A. 主动向党组织汇报思想　　B. 积极参加党的活动

C. 接受党组织的培训　　D. 解决好在思想上入党的问题

18. 你认为现在大学生的思想道德状况（　　）

A. 好　　B. 一般　　C. 不好　　D. 不关心

19. 你认为大学生考试作弊（　　）

A. 可以理解，学校应从轻处罚　　B. 可以理解，但学校应从重处罚

C. 不公平，学校应从重处罚

20. 你对大学生在宿舍内乱喊乱叫、乱扔杂物等行为（　　）

A. 反对，学校应从严管理，维护大学生形象

B. 反对，学校应加强教育引导，从轻处理

C. 赞成，这是个人自由

21. 你对违纪学生通报制（　　）

A. 赞成，能有效遏制违纪　　B. 不赞成，侵犯个人隐私

C. 无所谓

22. 你对大学生通宵上网（　　）

A. 赞成，大学生是成人，会对自己的行为负责

B. 不赞成，但学校也不应该管理

C. 不赞成，学校应从严管理

23. 你觉得上网对你的学习有无帮助（　　）

A. 有很大帮助　　B. 有一点帮助

C. 一般　　D. 没有任何帮助

24. 当你无意中在网上看到反动的宣传文章或讨论时，你一般是（　　）

A. 好奇，进去看看

B. 仔细阅读，做出自己的判断，并提醒相关部门

C. 奇闻共赏，并主动到相关网上了解信息

D. 置之不理

25. 对于“诚信”你怎么看？（　　）

A. 现在人们普遍不讲诚信

B. 大多数人还是讲究诚信的

C. 别人诚信与否我不管，但是我要讲诚信

D. 有严格的监督就讲诚信，否则就不讲

E. 对亲人朋友讲诚信

26. 如果你遭遇到别人对你不诚信，你会（　　）

A. 据理力争，要求保护自己正当权益

B. 自认倒霉，下回注意

C. 用同样的方法蒙骗别人，转嫁损失

27. 你认为应该怎样讲诚信？（　　）

A. 无论什么时候都要讲究诚信

B. 利益才是主要的，有利时就讲诚信

C. 希望别人对自己诚信，自己对别人不一定

D. 人对自己诚信，自己才对别人诚信

28. 你平时时事信息的主要来源是（多选）（　　）

A. 报纸　　B. 广播　　C. 电视　　D. 网络

E. 课堂　　F. 别人的谈论

29. 你一般比较关注哪方面的信息？(多选)（　　）

A. 国家政治经济　　B. 国际关系

C. 科技　　D. 军事

E. 体育和文艺娱乐　　F. 教育

G. 其他

30. 如果看到有人不讲公德，你会怎么做？（　　）

A. 严肃指出　　B. 委婉指出

C. 态度激烈的指出　　D. 如果关系自己利益就指出

E. 就当没看见

31. 你对学校开展“遵纪守法，文明修身”教育活动（　　）

A. 赞成，早就应该管一管　　B. 比较赞成，但应加强教育

C. 反对，不应干涉个人自由

32. 你大学期间的生活费用主要来源是（　　）

A. 父母给的　　B. 家庭负担一些，勤工俭学一些

C. 自己做兼职赚的　　D. 其他

33. 你对艰苦奋斗精神的看法是（　　）

A. 有必要提倡　　B. 没有必要提倡

C. 无所谓

34. 党的先进性主要体现在（多选）（　　）

A. 代表先进生产力　　B. 代表先进文化

C. 代表最广大人民的根本利益　　D. 全心全意为人民服务

35. 保持大学生党员先进性的最主要方式是（　　）

A. 对大学生进行素质教育　　B. 开展主题教育活动

C. 进行爱国主义教育　　D. 其他方式

36. 对大学生进行思想政治教育的最主要方法有（　　）

A. 专题报告　　B. 传统授课

C. 主题班会　　D. 演讲、辩论、看电教片

E. 社会实践

37. 大学生党员的先进性主要表现是（多选）（　　）

A. 思想进步　　B. 行为具有表率作用

C. 较好的意志品质　　D. 学习刻苦

E. 其他方面

38. 你身边的大学生党员表现如何（　　）

A. 非常好　　B. 一般　　C. 不好　　D. 不可置评

39. 对于发展大学生入党，你认为还应该（　　）

A. 控制好数量　　B. 控制好质量

C. 数量、质量都要控制　　　　　　D. 一切放宽

E. 严格按标准执行

40. 你认为当前大学生党员队伍中存在哪些问题？

41. 针对大学生党员队伍中存在的主要问题，你认为应该采取什么措施？

42. 对大学生进行思想政治教育、保持大学生党员先进性教育，你还有哪些建议？

**附录六**

# 大学生思想道德现状调查问卷

## （以下皆为单选题）

| | |
|---|---|
| 学校、院系________年级________性别______ | |
| 民族______政治面貌________籍贯________ | |

1. 当看到有人乱扔果皮纸屑时，您会怎么做？

（1）自己捡起来扔进垃圾箱

（2）上前制止

（3）多一事不如少一事

2. 教室地面上粘有许多口香糖残渣，您认为这是什么原因？

（4）习惯成自然

（5）我也干过，不吐咋办，也不能吞下去

（6）垃圾箱太难找

3. 在公共汽车上见到老弱病残幼，您是否会主动让座？

（7）假装没看见

（8）别人不让我也不让

（9）主动让座

4. 您外出遇到红灯时，将怎么做？

（10）经常闯红灯

（11）警察在时遵守交通法规，警察不在时不遵守

（12）一贯遵守交通法规

5. 您对校园中的“课桌文化”有何看法？

（13）蛮不错的，有品味

（14）视而不见

（15）没什么大不了，我也干过

（16）自己从来没做过

6. 您认为决定青少年社会公德意识的主要因素是什么？

（17）社会环境

（18）家庭陶冶

（19）学校教育

（20）成人表率

（21）舆论导向

（22）影视作品

7. 当您借到一本被污损的图书时，您的反应如何？

（23）公家的书就是这样

（24）没什么，自己也曾这样做过

（25）设法把书弄干净

8. 您对宿舍中长流水、长明灯的看法是什么？

（26）主动去关掉

（27）视而不见，谁爱管谁管

（28）没什么大不了，我也做过

9. 作为师范生，您毕业以后会选择做一名教师吗？

（29）会

（30）不会

（31）不知道

10. 假如您是一名教师，您更希望什么？

（32）始终保持老师的威严

（33）绝对与学生打成一片

（34）做学生的良师益友

11. 去某公司求职时，您更注重哪一方面？

(35) 个人兴趣爱好

(36) 薪水待遇

(37) 该公司的发展前景

12. 对待本职工作，您的态度是什么？

(38) 兢兢业业，力求完美

(39) 不求有功，但求无过

(40) 视情况而定

13. 对待单位同事工作上的失误，您会持何种态度？

(41) 充当老好人

(42) 一味指责挖苦

(43) 与同事齐心协力弥补失误

14. 您认为恪守职业道德最关键的是什么？

(44) 做好本职工作

(45) 充分发挥自身优势，不断创新

(46) 发扬团队精神

15. 对于下属的迟到或早退行为，您将采取何种做法？

(47) 睁一只眼闭一只眼

(48) 严厉斥责并扣发工资奖金

(49) 视心情好坏而定

(50) 找其谈心，端正他的工作态度

16. 当您的建议被上司否定时，您将怎么做？

(51) 立即放弃

(52) 私下进行，以实绩证明自己

(53) 说服上司采纳

17. 当面临家庭困难，您和您的弟弟（妹妹）都在念大学时，您将怎么办？

(54) 主动退出

(55) 听从父母安排

(56) 克服困难，继续学业

18. 在外读书，您一般多长时间打一次电话回家?

(57) 每天一次

(58) 每周一次

(59) 每月一次

(60) 一般不打，等家里人打过来

19. 快要下雨了，邻居家衣服还晒在外面，这时您会怎么办?

(61) 不会多管闲事

(62) 主动帮邻居收回来

(63) 根据心情好坏而定

20. 目睹公共场合下一对恋人的亲热行为，您会持何种态度?

(64) 赞同，自己也曾经有过

(65) 反感，认为有伤大雅

(66) 无所谓

21. 对于父母的苦口婆心，您会怎么做?

(67) 不理睬，认为你们之间有代沟

(68) 完全听从他们的安排

(69) 用他们的话勉励自己

22. 您认为目前孩子在家庭中处于怎样的地位?

(70) 主动地位，充分发展自我个性

(71) 被动地位，一切听从父母安排

(72) 两者兼而有之

23. 当您发现被朋友欺骗时，您会怎么办?

(73) 立即断交

(74) 以彼之道还治彼身

(75) 争取挽回的余地

24. 您认为未来社会更会趋于哪一方向？

（76）法治社会

（77）德治社会

（78）两者互补

25. 目前我国公民的道德现状怎样？

（79）很好

（80）一般

（81）较差

26. 您认为道德对公民的制约作用如何？

（82）作用很大

（83）作用在逐渐弱化

（84）没有任何作用

27. 您对考试时的作弊行为有何看法？

（85）为了考高分，可以理解

（86）总比补考好吧

（87）没什么大不了，我也干过

（88）反感，自己从来不作弊

28. 您在网上聊天时注意文明用语吗？

（89）从来不上网

（90）上网时从不聊天

（91）不太注意，因为大家都不文明

（92）非常注意

29. 您认为网络带给人们的影响是什么？

（93）正面影响大于负面影响

（94）负面影响大于正面影响

（95）没有影响

（96）说不清

30. 您认为了解大学生的思想道德现状有没有用处？

(97) 蛮好的，很有必要

(98) 一般化

(99) 可有可无

(100) 根本没有必要

# 后 记

随着知识经济的兴起，21世纪将是教育大发展大创新的世纪。中国特色社会主义理论体系为21世纪中国高等教育的发展指明了方向，也提出了更高的要求。“三个代表”重要思想是中国特色社会主义理论体系的重要组成部分。在当今，就必须用中国特色社会主义理论体系教育和引导青年，因为教育必须为发展先进生产力服务，必须为发展先进文化服务，必须为最广大人民群众的根本利益服务。高等教育要实践“三个代表”重要思想的根本做法就是坚持科学发展观，以人才培养质量为核心，切实把教学质量搞上去，为社会主义现代化建设培养更多更优秀的人才。因此，不断提高管理水平、教学质量和学术研究能力，加强大学生创新思维和实践能力的培养，造就更多高素质人才，为经济社会发展服务，是大学教育的重要任务和光荣使命。

2004年年末，笔者即产生动议，拟编写一本关于党的先进性教育方面的著作，特别是关于大学生党员先进性教育方面的著作，以供高等院校开展大学生党员政治理论学习、学生干部培训之用。当时由于信心不足，事务繁杂，特别是一些主观上的原因和经费的限制，一直未能如愿。因为笔者长期从事马克思主义理论与思想政治教育工作的教学与研究，随着工作的不断推进，笔者认为，思想政治工作者必须不断地学习、思考和实践，从而提高自己的工作绩效、研究能力和学术水平，所以，笔者更加认为必须马上成稿，以进一步地促进我们的学习，加强各方面的工作。

2005年1月，全党范围的保持共产党员先进性教育活动渐次展开，高等院校大多参加了第二批先进性教育活动。这再一次促使我必须马上动笔。

2007年1月初，笔者就积极斟酌题目、编撰提纲、撰写初稿。在即将定稿之际，有信息表明我们党的十七大可能要修改党章并可能有些新的提法，致使本书又耽搁了一段时日。在2007年年末完成了本书的写作，最终定稿，并用于部分高等院校大学生党员培训之用。

本书是笔者近年来结合自己学习和工作的实际，在科学发展观指导下，特别是在胡锦涛同志在庆祝中国共产党成立90周年大会讲话精神的基础上，参考了许多同行专家的观点，在上述定稿基础上又多次修改而写成的。本书所展现的内容虽然不是那么博大精深，甚至有的内容还很稚嫩，但是大多能从实际出发，紧密结合大学生党员的实际陈述问题、思考问题、解决问题，对于进一步加强大学生党员的教育和管理，切实提高人才培养质量、学生的学习能力和科研能力还是大有裨益的。特别是在当下如何加强对大学生的教育确是教育界必须思考的问题。

在本书编写过程中，为了使读者，特别是大学生读者学习方便，个别章节中涉及的重要名词或者人物事迹，以“相关链接”的形式列在该章之后，以供参考。这些词条均根据新华网、人民网、大众网、百度百科、谷歌搜索等网站内容整理得出。同时，本书还积极吸收了同行专家、学者的最新成果。在此，一并表示谢意。

另外，本书的出版，得到了沈阳师范大学有关领导的鼓励与支持；得到了科学出版社的领导和编辑的帮助，特别是李粪编辑多次与笔者联络并提出许多修改意见；还得到了笔者的亲属、朋友等的大力支持。在此，也表示深深的谢意。

由于时间仓促，加之作者水平有限，疏漏之处在所难免，诚请各专家、学者批评指正。

作　者

2011年7月31日